Historical And Cultural Resources
And City Style Orientation

历史文化资源与城市风格定位

——以广州为实例

人民出版社

自序

在城市的未来发展中，城市的独特性是值得关注的。独特性不仅呈现为不同的发展风貌，也形成了城市不同的发展道路。20 世纪 80 年代起国内开始把城市的独特性作为城市发展的综合竞争力之一，对不同城市进行相异性的研究设计，由此而取得了一系列的成果。同期，广州启动对城市独特性的研究是与改革开放的进程紧密联系的。

广州二十多年改革开放取得的成就与社会巨变，引发了全社会对其发展内因的探讨，从制度到体制变革，从经济指标到观念更新，这一从实践出发的理论探讨应当是发掘广州独特性的一个重要方向，其成果呈现了广州作为改革开放风向标的深层次动因。

目前，广州对未来的城市规划，着力于把山、城、田、海的自然生态与人文发展相结合，这一强调人与自然相和谐的方向，是以广州具有的独特而优越的自然生态以及可持续发展思路为基础的，尤其是着力体现了广州“六脉皆通海，青山半入城”的港市风貌。

如果说以上两个方面分别是在理论与政策制度层面上探讨了广州城市独特的发展道路，我们则立足于在深厚的历史文化资源里整理出广州的独特性，以古鉴今，探讨广州的城市文化风格。

从深厚的历史文化资源中发掘整理出广州成长发展的独特元素,以个案调查为基础,以国内外相关的城市设计理论为框架,本书提出了营造广州城市文化风格的概念设计方案。主要涵盖了四方面的内容:第一,吸取了有关国内外城市设计的理论,定位出广州的历史文化风格框架。第二,分析了广州历史文化资源的独特性,提炼出与广州现代化发展道路相结合的相关元素。第三,以区域性的个案调查为基础,选取了最具代表性的东山区与荔湾区案例进行跟踪,主要探讨了不同区域在相异的历史资源背景中可呈现的各具特色的发展方向,为广州城市文化风格的设计提出参照值。第四,综合了相关元素,提出了一套广州城市文化风格的设计方案,涵盖了从城市内质到声音色调的运用等,既是对理论与政策制度层面的独特性的相互补充,也是对广州未来城市规划的有建设性的建议。

城市的历史文化资源关系着城市的成长,更关乎着人的过去与未来。本书的构想与写作正是本着关注广州的根源与现代化相结合、人与自然的和谐与可持续发展。

目　录

总　论

历史文化资源整合概论

城市是一个不断发展、更新的有机整体，城市的现代化建设是建立在城市历史发展基础之上的。我国是历史悠久的文明古国，许多城市拥有大量的、极其宝贵的自然遗产和文化遗产。自然遗产和文化遗产来自天赋和历史积淀，一旦遭到破坏，就不可复得。在城市现代化建设中，必须高度重视和切实保护好自然遗产和文化遗产。城市现代化建设与城市历史文化传统的继承和保护之间，不是相互割裂的，更不是相互对立的，而是有机关联、相得益彰的。继承和保护城市的自然遗产和文化遗产，本身就是城市现代化建设的重要内容，也是城市现代文明进步的重要标志。当今世界上，许多著名的城市在现代化建设中，都采取严格措施保护历史文化遗产，从而使城市现代化建设与历史文化遗产浑然一体、交相辉映，既显示了现代文明的崭新风貌，又保留了历史文化的奇光异彩，受到了世人的普遍称道。保护好自然遗产和文化遗产，使之流传后世，永续利用，是城市领导者义不容辞的历史责任。①

① 温家宝：《关于城市规划建设管理的几个问题》，《人民日报》2001 年 7 月 25 日。

第一节 历史文化资源整合的概念解析

一、含义解读

什么是资源整合？在战略思维的层面上，资源整合是系统论的思维方式；在战术选择的层面上，资源整合是优化配置的决策。历史文化资源整合，在城市建设的实践层面，也就是复原历史，还历史的本来面目；进而根据实际需要优化配置，古为今用。这种“优化配置”的核心，是“保护第一”的思想。由于历史文化资源的特殊性——不可逆转性，保护珍贵的历史遗存成为资源整合首要的前提条件。因此，“保护”是整合的前提。但保护的含义不是静止的、孤立的，而是一个动态的不断发展和修正的概念。这也是引入“整合”一词的由来。从城市文化发展的动态过程进行探讨，“整合”比“保护”更为形象和精确。

在我国，保护历史文化名城的概念最早可追溯到 20 世纪初，但直到 80 年代我国实行改革开放，国际上普遍重视了历史环境的保护后，这一思想才逐渐受到重视并得以付诸实施。从实践上看，我国城市历史文化保护经历了普遍植树绿化、文物个体保护、历史文化名城与历史文化地段的保护四个阶段，有一个从单纯的保护到需要与社会、经济发展相联系和满足居民生活现代化要求的实践过程。① 这一概念在十多年的保护与实践中还有一次发展，即不仅重视和保护有形的文物古迹、历史街区等实体，而且还注意挖掘和深化认识无形的历史文化内涵。② 所谓历史文化内涵，是指名城历史文化的本质属性。名城的历史文化特征和现状特色是揭示其历史文化内涵的前提和基础。③ 1964 年在威尼斯通过的《国际古迹保护与修复宪章》第一条就明确指出：“历史古迹的概念不仅包括单个建筑物，而且包括能从中找

① 裘行洁：《对城市历史文化保护的认识》，载《城市规划汇刊》1992 年第 4 期。
② 王景慧：《中国历史文化名城的保护概念》，载《城市规划汇刊》1994 年第 4 期。
③ 仇保兴：《历史文化名城的功能及其实现途径》，载《城市发展研究》1996 年第 1 期。

出一种独特的文明、一种有意义的发展或一个历史事件见证的城市或乡村环境。”

与国外相比较,中国对城市历史文化资源的保护概念有所不同,这主要表现在:保护范围界线模糊而复杂;保护方法上更注意宏观的把握;保护内容上还注重保存城市的整体风貌格局,保存文物建筑间的空间关系等。①1999年颁布的《广州历史文化名城保护条例》,明确规定广州历史文化名城保护的具体内容为:具有历史特色的城市格局和风貌;体现传统特色的街区、地段、村寨等;文物古迹和近现代史迹;风景名胜;传统文化艺术、民俗风情、民间工艺的精华和著名传统产品等。

归纳而言,城市历史文化资源的整合,就是历史观、发展观、生态观的统一,以城市发展的历史文脉为核心,从外延、本体和内涵三个层次,延续文化生成、发展的历史空间,从而把握城市文化在空间发展上的层次性、多样性和差异性。

二、目标及其意义

任何地方的发展都有其特定的历史文化形态。城市特色形成的基础条件是城市的历史,有历史的存在才能体现出城市风格及其真正的文化价值,这也是历史文化资源整合的目的和意义所在。事实上,一个城市的形态并不仅是空间上的概念,自然生长、发展中的城市之所以具备某种特定的形态,是各种外力综合作用的结果。这些外力包括经济、地理、技术、文化等,而文化是这其中显效最缓慢、最具隐含性和持久性的力量。可以说,城市空间形态就是城市历史文化的长期积淀和作用的产物。芬兰著名建筑师伊·沙里宁说过,“让我看看你的城市,我就能说出这个城市居民在文化上追求的是什么”;凯文·林奇1981年在他的《一种好的城市形态概论》中也提出:“一种好的城市形态应该从社会文化结构、社会生活和社会审美心理、意识形态、城市空间形态结合角度来看。”这昭示了城市形态与城市文化之

① 王景慧:《中国历史文化名城的保护概念》,《城市规划汇刊》1994年第4期。

间有一种相对应的关系。文化本身就是历史的投影。城市历史文化特色反映了一个城市的建设与自然环境的谐调与适应以及社会环境(制度、观念等)的深层交互作用与选择进化的过程,还有这一进程的不断演进所形成的文化形式与经历的积淀。历史文化的延续与时代文化的创造同样是城市持续发展的重要条件,通过传统风貌特色的发掘与现代城市个性创造相结合,才能达到城市特色与历史文化保护的完美统一。

历史文化资源整合与城市现代化发展并不是矛盾的两个命题。历史文化是城市发展之“源”,没有历史没有文化的城市谈不上是现代化城市。城市的现代化是在历史文脉延续基础上的现代化,城市的发展应当“源远流长”,才是健康的持续发展之道。以广州为例,她被誉为岭南古都、“海上丝绸之路”的起点和东方大港、近现代革命的策源地、岭南文化荟萃的中心、中外思想、文化和经济交流的重要门户……这些富有地方色彩的文化传统就是广州城市文化形象塑造的基点。广州城市建设,首先应当注意在城市规划的方方面面充分体现这种历史的承传,体现城市特有的文脉精神。

但在实际的城市建设尤其是旧城改造的过程中,历史资源往往会成为“除之而后快”的对象,出现诸如破坏旧城肌理、割裂旧城文化传统、破坏传统社区结构等问题。从认识上看,对历史资源的认识主要有四个误区:一是认为它的形象破旧。如同垃圾,何价值之有。二是认为它是落后的标志。已经过时,留之何用。三是认为它浪费用地。不合今用,只能重建。四是认为它阻碍发展。碍手碍脚,去之方快。其实,城市中许多有价值的历史的印记就像是人的生命的足迹,是生长的资源,是财富,是宝藏,是特色,只要客观全面地看待问题是不难认识清楚的。① 这就是保护与发展、传统与现代的矛盾与统一。

保护与发展的矛盾,往往体现为经济效益与文化效益的矛盾。从理论上分析,矛盾的产生有其内在根源,主要观点认为:①城市结构是构成城市各要素之间的关系组合。经济增长,产业、用地、人口、交通、文化等结构的

---

① 周干峙:《城市化和历史文化名城》,《城市规划》2002 年第 26 期。

调整，导致城市结构变迁和功能的演化，进一步影响城市传统风貌的维持。① ②在城市历史演进中，老城区逐渐形成独立分区，这种分离不仅表现在城市形体空间在时间进程中的分化，而且映射了社会组织结构的空间分离。这两个紧密相关的分离层面构成了名城保护和发展的复杂性。②

由此，历史文化资源的保护与发展应建立在两个基础之上：对土地自然价值的尊重和与土地经济价值形成合理的协调。在城市化进程中，历史文化资源的保护是一种建设性的保护，发展中的保护。这种保护不能是一成不变的固守传统，而应是不断在保护之中丰富更多的、新鲜的、亟合时代发展的文化成分或要素。历史文化资源整合，不是笼统的文化定位，也不能简单地等同于民间的历史传统，而是城市发展中传统与现代的水乳交融和自然的演变、更替。真正意义上的城市文化空间，显然不应该仅仅停留在对传统的延续层面，而应与现代生活相适应，契合时代发展的需求。对历史文化资源的再创造是必不可少的。特别要通过保护地域的功能与环境相协调，赋予其存在和发展的生命力。城市文化的发展，在空间形态上，一方面表现为对城市历史文化资源的保护。它不仅是文物的静态保护，还包括历史街区、城市空间格局与整体风貌的持续整治，不仅保护有形的历史遗存，还应发掘和弘扬无形的文化内涵。另一方面，城市文化空间的营造，还应体现为与历史文化协调统一的、充满现代气息和个性色彩的城市文化氛围和文化环境。从城市整体的高度来看，源于历史而高于历史的文化更新和文化创造，才能使一个城市的文化更富有生命力和影响力。

第二节　历史文化资源整合方式的探讨

历史文化资源整合，不限于单纯地对资源分类描述以及特定的文物保

---

① 张琴、童明：《苏州旧城结构变迁的更新》，《城市规划》1999 年第 2 期。

② 刘青昊：《古城保护：基于形成机制与土地价值的思考》，《城市研究》1995 年第 1 期。

护,而是需要将它放在城市发展的动态过程中进行审视,将概念性的文化思考与实实在在的城市建设联系起来。但是如何将“虚”的文化思想融入实实在在的规划实践并体现在可操作性的层面,显然是一个难题,而且鉴于历史文化资源的地域性以及区域发展的差异性,这种整合也不可能有统一的模式,需要因地制宜的探索和实践。由此,我们只能就整合方式的一些可能的切入点,掺杂已有的一些个案性质的实践经验进行探讨。

一、局部形态与整体风貌的统一

这是由城市发展的实际和要求所决定的。强调局部与整体的侧重点不同,具有代表性的局部整合侧重于具体的空间形态;城市整体格局的整合侧重于风貌特色的协调一致。总的原则是从并不“统一”的景观形态中,体现内在的、有机的连续性、逻辑性。

温家宝同志在全国市长协会第三次代表大会上论述保护历史文化名城的讲话十分精辟。他说:历史文化遗产的保护,要根据不同特点采取不同方式。对于“文物保护单位”,要遵循“不改变文物原状的原则”,保存历史的原貌和真迹。对于代表城市传统风貌的典型地段,要保存历史的真实性和完整性。对于历史文化名城,不仅要保护城市中的文物古迹和历史地段,还要保护和延续古城的格局和历史风貌。

一个城市的风貌是由该城市诸多历史建筑和空间共同构成的。它反映的是城市的总体特征,是城市的本质。城市景观风貌特色的保护主要包括:传统格局的保护和继承;建筑高度的控制;文物古建筑景观环境和传统街区的保护;建筑风格的探讨和探索。综合来说,就是需要从规划设计的高度,把握城市整体文化风格的统一。延续城市的人文景观,保护城市的自然景观,创造适应城市人文景观和自然景观的城市建筑景观。具体可考虑对整体传统风貌系统进行规划,划定风貌保护区、风貌协调区和风貌改善区,从而使保护中有发展,实现保护进程的有机更新。

局部的含义有三层:一是从城市空间结构上分解为旧城整治和新城的现代化建设;二是从具体的保护模式上可细分为点线面的不同层次,建立历史名城文化遗产的保护体系，尤其是单体文物建筑与历史街区的整治；三是标志性景观。

（一）旧城改造

许多欧洲城市，几乎无一不把现代化城市建设和尽量保护旧城原有风貌结合起来，英国早就不用旧城改造（Reconstruction，Renovation）等提法，而改用激活旧城（Negeneration）、整治旧城（Refurbishment）等指导思想，而且在实际工作中探索创造出多种多样的从较大范围到个体建筑的细致的保护利用措施。我国的旧城改造工作在经过长期惨痛的经验和教训之后，也逐渐探索出一些理论和方法。比较认同的是旧城的改造应走小规模自然、有机更新之路，才能使城市文化保持稳定的连续性和继承性的思路。但也有学者认为，小规模渐进式的更新只会使传统的街巷、四合院、进落、多样化的住宅从大规模拆建中的迅速消失变为稍慢些的消失。因而，并不是解决问题的根本方法。①

尽管如此，从实践上来看，以吴良镛院士为代表所提出的古城保护的“有机更新”的理论，现在已应用于苏州、西安、济南、北京等诸多历史文化名城。这一理论强调与大规模拆除或改造相区别的一种基于传统文脉又与现代功能与技术相结合的整治理念。吴良镛院士说：“有机更新，就好像一个人的衣服破了打块补丁；其实，只要精心缝补，即使陈了，是百衲衣，也不失其美丽。”

人口稠密、房屋残破、市政设施不配套是旧城区的普遍问题。从世界许多国家比较成功的旧城改造的例子来看，政府的工作主要是疏散过密的人口以改善老街区的住房条件和改善交通。旧城有机更新的理念就是改变过去那种在旧城区“大拆大建”、“剃光头”式的房地产开发模式，遵循循序渐进、审慎更新、居民参与、社区发展等原则，建立适应城市土地开发管理的新机制。在旧城区建立历史文化遗产保护体系和体系，控制旧城区建筑和人

---

① 刘浩：《苏州古城街坊保护与更新的启示》，《城市规划汇刊》1999 年第 1 期。

口容量,疏散城市功能,抑制过度开发。① 通过旧城整治,延续旧城的生命力,优化人居环境,促进社会的全面发展。

政府对历史街区的基础设施负责组织实施,同时引导居民增强保护意识,推动社会力量参与保护。质量较好、有文物价值的予以保留;部分完好的加以修缮;已破败者拆除更新。对于整治而言,主要是拆除早些年迁入的工厂等不协调的建筑和整治那些危破房屋,即在文物保护区内,可以拆,但拆的是违章建筑,是污染企业;可以修缮,但必须整旧如旧;可以建,但一定要延续古建筑风貌,要与周边环境相协调。居住区是胡同式的保留胡同式街坊体系,是沿河街区体系的保留沿河街区体系,是楼寨式的保留楼寨式,总之应该依其原样,修旧如旧。同时,注意古民宅外部完整保护和内部现代化。② 如苏州 1988—1989 年实行"古宅新居"工程,将十梓街 5 号、干将路 144 号、山塘街 480 号、十全街 275 号等实行外貌整修,外迁人口,完善室内设施,基本成套,走出了一条有效的历史名城住宅内部更新与外部保护的成功路子。③

(二)文物保护与历史街区整治

文物建筑的单体保护,已为人所共识。国家对文物保护的方针是"保护为主,抢救第一",原则是"有效保护,合理利用,加强管理"。近年来的研究也表明,文物建筑绝不能以独善其身的方式进行保护,而是一种环境系列的保护与协调,即文物建筑自身、文物建筑的保护范围及建设控制地带、区域生态环境的综合。文物建筑的整修要遵循"整旧如旧"、"修旧如旧"的指导思想,以真实性为基础,仿古与造假只是一种不得已的辅助手段,不是根本的解决办法,需要持审慎的态度。

在保护的前提下可以对文物古迹进行适当开发,以开发促进保护,寓积极的保护于合理的利用之中。保护与发展的目的最终是为了使居住者能够高质量地安居乐业。因此,开发利用要做好量与度的把握,避免片面地将历

① 廉仲:《保护历史文化名城的意义和基本经验》,《城市发展研究》1996 年第 1 期。
② 郭钦:《历史文化名城的保护和发展》,《重庆大学学报》(社会科学版)2004 年第 4 期。
③ 谭颖:《苏州历史文化名城保护的实践与思考》,《城市规划汇刊》2003 年第 5 期。

史地段保护与开发旅游资源、获取经济效益紧密联系，造成旅游污染。

历史街区整治是保护单体文物—历史街区—历史文化名城这一完整体系中不可或缺的一环。与全面保护的非普遍性和单体文物建筑保护的局限性相比，历史街区整治以其普遍性和现实可行性日益受到关注。与单纯的文物保护有所不同，历史街区整治需要维持并发扬其使用功能，维持历史形成的并能继续存在发展的具有优良品质的居住模式、组织形态和生活方式，维持原有的、和谐共存的社会结构。用图的关系转换进行分析，即把巨大的纪念性建筑（Monument）看做“图”（Figure），传统民居、近现代建筑等构成的历史环境看做“底”（Ground），过去的保护多着眼于“图”，现在的趋势是越来越重视对“底”的保护。①

历史街区整治要遵循原真性原则。对原真性的评价主要从设计、材料、工艺、环境四个方面考察，对传统民居，还要考虑功能与用途的真实性。②其次，历史街区整治既要强调整体性，又要重视发展性；为保证具体实施的可操作性，可根据建筑与环境的价值、质量、特点等因素，分层次采取维修、改建、新建等不同处理方法。③

历史街区整治是旧城更新中的特殊成员，不能单纯从成本—效益法则出发，其本身具有外部的经济性，即保护本身所衍生的社会、经济、环境效益是难以估量的。历史街区蕴涵着不可再生的文化信息资源，它是城市文化环境的重要组成部分，在历史街区的保护更新中要树立可持续发展的、全面长远的效益观，防止因开发商片面追求局部效益而损害历史文化环境，影响整个城市发展。历史地段是动态变化的，对历史地段的保护整治也是一个动态变化的过程。因此，需要以整治作为保护之方式，持续发展作为街区整治之指导思想，建立长期持久的保护观念及管理运行机制。④

关于历史街区整治的实证研究，广州骑楼街、沙面欧陆风情街区、西湖

---

① 张松：《历史城镇保护的目的与方法初探》，《城市规划》1999年第7期。

② 同上。

③ 宋昆、李倩玫：《历史地段保护与天津老城巷更新改造问题》，《建筑师》1996年第3期。

④ 耿慧志：《历史街区保护的经济理念及策略》，《城市规划》1998年第3期。

路一带书院、书室、祠堂等古建筑群区都取得初步成效。自20世纪90年代以来，结合城市建设的“小变”和“中变”工作，广州对珠江、白云山和部分历史街区和文物古迹周边的环境进行了整治，对北京路、上下九路、沙面、珠江两岸等十多条传统街区进行了全面整饬，对南越国宫苑遗址、陈家祠、镇海楼、南海神庙、中山纪念堂、大元帅府、黄埔军校、仁威庙、五仙观、十九路军陵园、沙面近代建筑群等重点文物保护单位进行了维护和修复建设。编制了大小马站、流水井、上下九、第十甫、新河浦、华侨新村、传统中轴线、聚龙村等名城保护专项规划二十多项。依托全国重点文物保护单位陈氏书院建成了陈家祠广场，依托长堤沿线近现代文物建筑形成了长堤风景带等。2002年编制的《广州市“十五”期间历史文化名城保护规划》进一步明确界定了岭南特色的历史街区、地段，即老城区内的传统建筑和旧城街巷布局，主要分布在越秀、荔湾、东山、海珠四个旧城区，包括有传统民居及街巷、传统骑楼街和传统商业街、旧式低层花园住宅、有岭南特色的建筑群等，旧城街巷既继承中原城市棋盘式格局，又结合山势、河流、湖泊的走向，形成有地方特色的街巷布局。旧城的道路街巷虽有部分扩宽拉直，仍基本保持明清和民国时期基本格局、走向和尺度。据此，《广州市文化发展“十五”计划》提出，重点保护全国、省、市文物保护单位及重要文化遗迹；有效保护和开发沙面欧陆建筑风情区、东山近代传统民居、西关民居民俗风情区、北京路和上下九路商业文化风情区、大小马站书院文化风情区、黄埔古港古村文化风情区、聚龙村乡村民居文化风情区、黄埔军校历史文化风景区和南海神庙文化风貌区9个文化风景区。至此，广州历史街区的整治，有法可依，接续工作只是如何进一步完整保护历史，形成历史街区完整保护体系。如恢复改造整理区内传统建筑空间；区内功能更新；区内周边环境协调，制定不同产权的历史建筑的保护方法与模式；建立调整居住人口与居住方式的模式；探索建立历史建筑功能与性质更新的模式与方法等。

（三）标志性景观

标志性景观，对城市的布局和空间环境起重要构架作用。广州的标志性景观主要是两条线：其一是旧城区中轴线，北起越秀山中山纪念碑，沿中山纪念堂、市政府合署大楼、人民公园、起义路至海珠广场；其二是珠江前航道沿岸人文景观线，以广州大桥至白鹅潭的珠江前航道河段的两岸构成城市与江河融合的景观线。对于标志性景观的保护，广州早在1999年的《历史名城保护条例》中就规定，北起越秀山中山纪念碑，经中山纪念堂、市政府办公大楼、人民公园至海珠广场的城市传统中轴线和珠江广州河段两岸等景观带内，新建、扩建、改建的建（构）筑物，其建筑形式、体量高度和风格必须与自然景观和人文景观相协调。

尤其是珠江两岸的滨水文化景观，从城市文化建设的意义上来说，珠江沿线的这条景观轴已经超出了单纯的山水文化的含义，称它是城市历史的缩影，亦不为过。作为广州的母亲河，珠江孕育了具有两千多年历史的羊城，从沙面、白鹅潭、爱群大厦，到二沙岛、星海音乐厅、广州美术馆以及遥遥相望的中大北门广场，再到珠江新城、琶洲岛、国际会展中心，珠江沿线汇集了广州众多的代表性建筑，也是老城区历史风貌到新城市中心区现代景观的集中展示。

近些年来，滨江环境整治在清洁和美观程度上获得了大众一致的好评，但目前岸线仍充斥着大量的商业性建筑，局部建筑风格不相协调；从整体的视觉景观所传达的文化意象仍显得模糊不清，部分是历史的凝重感不足，部分是人工的雕琢痕迹太浓，未能充分体现文化要素在景观环境中的震撼力和共鸣作用。作为广州城市风貌的标识，珠江两岸的滨水景观带还需要进一步的规划和整治，以山水文化为基础重塑城市与自然相互亲和的景观特色，结合自然生态环境的恢复，探索自然与历史的复合性保护方式。

二、技术与人文的平衡

技术与人文无疑是我们这个时代的两大主题，经济一体化、信息全球化的今天，人们面临的正如现代建筑国际会议于1933年在秘鲁的马丘比丘文化遗址通过的《马丘比丘宪章》所指出的“技术惊人地影响着我们的城市规划和建筑的实践”，造成了诸如传统文化的消失与文化趋同、时空感与地域性的消失、文化的产业化与商品化、传统技术与地方技术湮没等困惑。尤其是文化趋同的现象在无法避免中成为现实，并且由于文化的产业化，城市文化也成为一种技术性的产业与附属品，它的突出表现是“城市设计行为的商品化”。①

(一)城市形态·城市功能·城市文化

在高速城市化的进程中，城市的功能更新与产业重构，如在市场经济中，土地要素市场化推动的城市高密度的复合开发、级差地租导向下地产市场的过度开发等，作为一种主动的推动力都可能造成城市肌理在大规模的旧城更新中断裂，驱使城市空间形态发生结构性的转变。但一个城市形态的完美并不仅仅取决于城市结构的“合理”，功能是外因的体现，而文化才是长期稳定作用的内因。在只有功能主义作用下的城市，城市的向心力和认同感可能随着社会阶层的分化、城市居民的分散迁移等现象有所薄弱或淡化，城市生活的灵魂开始飘忽不定，城市文化的精神变得模糊不清，由此产生的动荡感和失落感是显而易见的。文化与形态的这种关联其实正是凯文·林奇的城市意象(Image of the city)，阿道·罗西的城市集体记忆(Collective memory)，或者新城市主义的场所感(Sense of place)所要共同表达与追求的。

城市形态是功能与文化因素的共同作用，即需要在技术与人文之间取得平衡。面对今天普遍存在的技术对城市文化消蚀的困境，尤其需要强调城市发展中的历史的人文的要素。从指导思想的高度，确立新的城市形态与新的城市文化之间固有的关联性，强调城市生存品质，强调城市文化内涵和历史魅力。另一方面，从这个认识高度上看，历史文化资源的整合，也就不仅仅是名城保护部门的职责，而是涉及城市规划建设、管理的方方面面，是对城市实践工作的全面认识和综合反映，体现城市整体的素质、品位和文化。

(二)城市规划与设计

对于历史文化名城保护的现状，正如同济大学阮仪三教授所言：“前所未有的重视，前所未有的破坏。”在经济全球化进程和城市的高速发展时

---

① 陶松龄、陈蔚镇：《上海城市形态的演化与文化魅力的探究》，《规划师随笔》2001 年第 1 期。

期，历史文化资源整合的关键在于如何具体、明确地实施保护和更新的有机统一，其中城市规划与政策的决断部门及其相关执行部门的保护意识和行为显得尤其重要。实际上，经过合理的规划，历史文化资源整合可以提升城市的发展战略。城市规划应统筹考虑历史的文化的要素，而不仅仅是考虑城市的功能和新的发展项目。

城市发展总体规划，应从全局和宏观的角度促进城市经济与历史文化资源整合的协调发展。注重城市发展的人文因素和利用人文资源；提高城市规划技术和规划构思的文化含量；城市规划目标要列有城市文化发展目标；城市规划要为城市文化发展提供空间和环境；城市规划要为城市设计、建筑与工程设计规定富有文化内含的形态框架等。这些规划除了通过法律和制度加以实施以外，还应该考虑让人有自觉的保护意识，应该重视保护环境。

在旧城改造和新城建设中，应逐步引入城市设计的观念、思想，以城市设计的手法创造和保护城市的空间特征和景观特征。注重建筑环境的设计与历史文化氛围的创造，注重生活结构、社会网络的维护与调整。

（三）城市建设与管理

在具体的城市建设方面，每项建筑与工程项目，都可视为城市的一个文化节点，它们在记录、显示或叙述着城市的历史。为此，加强工程设计与建造的文化意识和历史责任感至为重要。同时要进一步开展建筑理论研究，制定创作导向的技术政策以及强化城市建筑市场的管理，以期进一步提高建筑文化的水平。历史保护区建筑的设计，尤其应该采取审慎的考证的态度，保证专业人士的充分参与，并在财政方面予以充分支持。

城市的模式以及道路的总体规划布局，对文化保护也至关重要。干道的开拓和建筑及其空间的组合是整合的、系统的，城市设计的首要条件是在原有路基格局基础上对地块用地的调整，并统筹考虑几个方面的问题：①城市的空间结构形态。②城市的线形活动所涉及的交通、基础设施、建筑等方面。③城市建筑的形象风格和特征。④城市空间艺术、不同层次的表现。①

① 覃颖、齐康：《历史文化名城保护中的道路开拓与建设》，《城市规划》1997年第6期。

其中，历史上形成的道路网对城市的空间形态构成具有举足轻重的作用，对传统道路网进行保护、更新、改造，是需要慎重对待的问题。第一，古城的街道(道路系统)是历史文化名城要保护的重要内容。第二，旧城区往往分布着许多文物点，不少是各级重点文物保护单位，如宫殿、坛庙、寺观、园林、民居、古桥等等。他们都是历史文化名城重点保护的对象。因此，必须首先从保护的角度出发，街道不能任意拓宽取直，文物古迹不能任意拆除或迁移。在历史文化名城中，开辟穿越古城的干道、交叉道、十字道也是不可取的，因为它破坏了古城古人规划的原则，破坏了原来的古城规划格局。在外围修建环路，截流外来交通是很有必要的，对老城内部的大部分地区，较好的办法是扩大步行区，提倡居民和游览者通过步行进入保护的历史街区。至于居民，应当根据居住条件，进行疏导。①

此外，当前我国城市工作中普遍存在的突出问题，就是"重建设、轻管理"，城市管理思想落后、管理水平低，是城市建设和发展中许多问题的症结所在。而管理是一项长期性的工作，对于历史文化资源的保护，城市建设只是一时的影响，城市管理则是长期的、紧密的联系。在城市管理工作中全面贯彻历史的、文化的、生态的发展理念，才能保证城市既充满活力和生机，又协调有序和健康发展。

① 参见罗哲文《历史文化名城与古建筑保护文集》，中国建筑工业出版社2003年版。

第一章
广州历史文化资源与城市文化

第一节　历史文化资源的分类与优势分析

一、山水生态文化资源

广州北有山岭雄伟壮观，南有珠江风光秀丽，经过两千多年的自然发展和人工开发，不但以花城著称，还是国际花园城市，是一座美丽宜人的山水生态城市。

（一）白云山、越秀山自然文化资源

古人认为广州有“青山伴玉城”的美丽环境，最著名的是白云山、越秀山。白云山被称为广州的“市肺”，是广州生态环境的品牌。白云山历史悠久，有很多传奇故事，古代曾有13个寺庙，至今仍有许多遗迹遗址，自宋代以来每次评选羊城八景都离不开白云山。白云山风景区有30多个山峰，总面积达28平方公里，主峰摩星岭海拔372.8米，为全山最高点，可俯瞰广州全景，是市民游览休息的好去处。越秀山是古人所说的“青山半入城”的主峰，古代又叫玉山、观音山，在92.8公顷的范围内，名胜古迹众多，繁花似锦，地处市中心，交通方便，是最适宜游客和市民晨练、休息的地方。自两千多年前赵佗修筑朝汉台（以后又叫歌舞岗、游台）以来，历来都是游览胜地。

越秀山山头高耸,雄伟壮观,是广州古城中轴线的北起点。这里不但有镇海楼、中山纪念碑、五羊石雕、球形水塔等象征广州的标志性建筑,还有明城墙、“古之楚庭”石牌坊等众多历史古迹,历来都是评选羊城八景的必选之景。山上有东秀、北秀、南秀3个人工湖,面积达6.69万平方米。山上广植红棉、杜鹃、白兰树和各种花卉,生态良好,极富岭南园林特色。20世纪90年代开始,广州市政府拨出巨款对白云山生态林进行改造,改种阔叶风景树以代替松树,并下大决心拆除违章建筑,进行环境整治。

（二）珠江风光文化资源

千里珠江滚滚来,文化画卷次第开。珠江,广州人的母亲河,哺育了世世代代广州人。从四千多年前南沙人创造的新石器时代到现代的珠江文化,从两千多年前建城开始创造了广州文明到现代的都市文明,珠江文化发展的历史反映了广州城市文化发展的历史。广州城市发展、广州海上丝绸之路文化、广州港四易港址、广州近现代革命斗争,都离不开珠江。珠江水风光秀丽,珠江两岸的历代文化古迹不下几十处,是广州山水文化和人文景观文化的光辉画卷,珠江文化轴线是一部活的广州文化发展史。

（三）园林文化资源

广州的园林文化源远流长,风格独特,自成一派。在两千多年前就有宫苑园林,近年出土的南越国御花苑为全国首个宫苑实例,教育路的九曜坊是南汉御花园。堪称:寺庙园林,盛而不衰;公园园林,各式各样;风景园林,名胜荟萃;公共园林,多种多样;环境绿化,遍地开花。广州园林规划,注重障景、对比、借景、框景;造园艺术,讲究简朴、通透、轻巧、明朗、大方;建筑工艺,手法超逸,风格多样;造型选材,重视山水配置;园林创作,追求意境。广州园林,精巧独特,风格淡雅,已形成独具一格的岭南园林流派,并且走出国门,参加国际造园竞赛,屡获大奖。例如,芳华园、谊园、粤晖园、粤秀园等,均享誉国内外。广州市十分重视生态园林建设,市区有大型公园八十多个,乡村公园23个,还有十多个森林公园,17个自然保护区,数量还在不断增加。据《广州市森林公园自然保护建设发展规划(2001—2010年)》,将再规划建设5个自然保护区,使全市自然保护区的总面积达到1.77万公顷。从化市为建设成广州的“后花园”,在街口镇周围建设了11个生态公园,人均绿地达19.26平方米。

(四)羊城“八景”文化资源

羊城美景多,“八景”逾千年。广州之美,以“八景”为最。广州的山水之美,历来为人们所向往,自宋代始创羊城“八景”以来,历代沿袭,至1986年已有48处景点,2001年又进行“新世纪羊城八景”的评选,社会反映十分热烈。2002年7月26日举行了“新世纪羊城八景”的正式命名仪式。历代羊城“八景”是广州宝贵的自然、文化遗产,虽然历经沧桑,新旧更替,但仍有相当部分留传至今。这些经典“八景”多以山水景为主,生态良好,特别是广州的两山一水(白云山、越秀山、珠江)“八景”最多,保留下来的也多,在48景中占了20景,约占“八景”总数的40%。羊城“八景”是广州的宝贵历史文化财富,据不完全统计,历代咏“八景”的诗词就有500首以上。许多“八景”不但风光秀丽,而且能寓教于乐。有些还是爱国主义教育基地和著名的旅游点,例如红陵旭日、黄花浩气等。

二、历史文化遗产资源

(一)文物文化资源

文物传千古,文化育后人。文物是历史文化名城的核心,是广州文化的标志。现在全市已公布的各级文物保护单位有156处,其中属于国家重点文物保护单位19处(含21个单位),省级的保护单位26处,市级的保护单位110处,这些都是广州文化的精华。不同时期的文物反映了不同时代的文化特色,广州的文物反映了四千多年文化的历史和两千多年建城的文明史,众多的文物就是一部石头史书。

(二)南越国史迹文化资源

南越国是广州三朝古都的第一个地方封建王朝,定都番禺(今广州),从此广州进入了城市文明史的发展期,在广州城市发展史上具有重要地位。南越国的情况史籍记载很多,但由于历史久远,地面文物不多,仅有越王井1处,但地下出土文物甚丰,令人叹为观止。1983年发现的西汉南越王墓,是一座深埋地下20米的彩画石室墓，是岭南地区规模最大、墓主人身份最高、出土文物最多的大墓，严格来说应是王陵。出土文物有一千多件（组），其中有15个殉葬人、9枚章印和玉器、铜器、乐器、兵器等，还有"丝缕玉衣"和许多海外舶来品，特别是"文帝行玺"金印。岭南地区首次发现这么多足以说明当时政治、军事、经济、社会、文化全面情况的文物，弥足珍贵。

（三）海上丝绸之路史迹文化资源

广州是我国古代海上丝绸之路的发祥地和龙头明珠城市，经两千多年历久不衰，在世界海上交通和贸易史上也是独一无二的，其史迹之丰富首屈一指。

①西汉南越王墓的海外舶来品。5支原支大象牙是非洲象牙。圆形银盒是波斯产品，这些是在广州发现年代最早的西汉前期舶来品。还有水晶、玛瑙、玻璃等也是通过贸易来自海外的产品。

②光孝寺是我国古代渡海来穗僧人的佛经翻译基地之一。东晋隆安年间（397—401年），罽宾国（今克什米尔）僧昙摩耶舍到广州传教，在原南越国赵建德王府始建佛殿，俗称王园寺（今光孝寺），讲佛授徒85人，并译《差摩经》1卷。以后不断有南亚、印度高僧来此传教译经，最著名的翻译家是印度僧人拘那罗陀（又名真谛）于大同十年（546年）到广州，并于陈文帝天嘉三年（562年）定居光孝寺专门从事佛经翻译工作达12年，先后译出经书64部，共278卷，为该时代译经最多的佛学家，成为与鸠摩罗花什、玄奘齐名的三大佛经翻译家之一，逝世后火葬于广州城郊。佛教文化在广州传播对海上丝绸之路中外文化交流有较大影响。

③花塔藏有舶来佛舍利。南朝刘宋年间在六榕路建有宝庄严寺，梁大同三年（537年）内道场少门昙裕法师奉武帝命，自海外求得佛舍利回到广州，因病诏许留居宝庄严寺，乃在殿前建塔瘗藏佛舍利，称"敕赐宝庄严寺舍利塔"。大文学家王勃曾为塔撰写《广州宝庄严寺舍利塔碑》，苏轼也书题"六榕"二字，从此，寺和塔均以"六榕"得名至今。花塔的兴建与海上丝绸之路密切相关。

④西来初地和西来庵得名于西竺高僧达摩泛海来广州登岸之地。位于

下九路的西来初地，古代是海岸。梁武帝大通元年(527年)西竺僧人达摩由海路来此登岸，后人在此建庵纪念，称西来庵(即今华林寺)，该处地方称西来初地。达摩为佛教禅宗初祖，该处还有达摩井(五眼井)和清初康熙四十七年(1701年)珍藏在佛塔下的22粒从江西金轮峰和栖贤寺流传来的释迦如来真身舍利子。

⑤南海神庙是广州海上丝绸之路的千年始发港。南海神庙又叫波罗庙，是古代广州外港扶胥港专供海员祈求航海平安的祭拜场所，是我国目前仅存的最大海神庙。它不但历史久远(建于隋代)，规模宏大(占地近3万平方米)，而且文化品位最高。该庙是公元594年，隋文帝下诏立祠祭南海而建，唐玄宗封南海神为文利王，历代帝王多加封号并指派官员到庙拜祭，历代御碑和各种碑刻69块，有“南方碑林”之称。南宋诗人杨万里说：“大海更在小海东，西庙不如东庙雄。南来若不到东庙，西京未睹建章宫。”东庙即南海神庙，建章宫是汉代长安著名的宫殿之一，以“奢侈华丽”著称。这里有庞大的宫殿群，号称“千门万户”。杨万里把南海神庙比作建章宫，可见其建筑规模之宏大和地位之崇高。①

⑥光塔怀圣寺和清真先贤古墓。在今光塔一带建有“蕃坊”特区，住有12万阿拉伯人。广州已形成国际性的珠宝市场，“雄番夷之宝货，冠吴越之繁华”。广州港已发展成能容纳海船大小千艘的国际性大港。

⑦海珠石明代举办外贸“定期市”。海珠石，又叫海珠岛，在古代是位于珠江中间的一块大礁石。传说因外国商人遗珠江中，从此礁石熠熠生辉，人们就叫它“海珠石”，又叫“走珠石”。珠江之名也由海珠而来。海珠岛在历史上是一个非常美丽的风景区，岛上有寺庙、书院，古树参天。明万历年间经朝廷特许在夏、冬两季举行出口贸易“定期市”，一般规定为两个月。葡萄牙商人每年到此采购货物，价值约有200万两白银。

⑧千年古港琵琶洲。现在建设新广交会展馆的琵琶洲地区是一个千年古港，元代撰写的《宋史》记载了南印度注辇国贡使“至广州之琵琶山”，说

---

① 李文耀主编：《广州行——广州导游词》，广东旅游出版社2003年版，第64页。

明这里是停泊的港口。宋、元、明时期，琶洲港是广州的外港，明末清初顾祖禹撰《读书方舆纪要》说："闽浙舟楫入广者多泊于此。"自明代修建了琶洲塔后，该塔成为入港的导航塔，后来更被评为"羊城八景"之一"琶洲砥柱"。琶洲塔曾称"番塔"，因为与停泊番舶有关。现在塔基八角的石刻托塔力士，相貌和服饰都是西方人形象，可能也与番舶靠港有关。

⑨黄埔村的古港码头和古碑刻。《粤海关志》记载的古黄埔港地图标有码头、黄埔税馆、买办馆、夷务所、永靖营，周边有琶洲塔、深井乡、苍头乡、官山乡等地名，并标明"此由外洋进黄埔"、"后海通东圃"、"后海由猎德来路"等通海航道。现存北庙碑刻中有"黄埔税口"字样和一批海员、商人墓碑。明清时期黄埔村作为广州外港，盛极一时，至今仍存古码头和相当多的古建筑，有很高的文化品位。

⑩长洲外国人公墓证明了清代广州海上丝绸之路的繁荣。清代外国人来广州做生意只能在外港停泊船只，不能进入城内，不少外国人死后葬在深井竹岗，那里有7个国家237个外国人墓地，现已修复了47座，其中尤以美国首任驻华公使的高大墓碑最为引人注目。长洲还有巴斯楼和巴斯教徒墓地，据说这些人是印度、孟加拉商人。

⑪十三行是广州海上丝绸之路发展的巅峰。广州海上丝绸之路发展有两个高潮，一是唐宋时期，以建立西城的"蕃坊"区为标志；二是在清代，以建立十三行特区为标志，朝廷指定广州"一口通商"。此时，全世界同中国贸易的国家的商人都云集广州，全国经营外贸出口的商人也集中到广州，广州的海关收入占全国关税收入的30%，有"天子南库"之誉。1875年全世界10个人口最多的城市中，广州位列其中，达到94.47万人，排世界第七位。

（四）近现代革命史迹文化资源

中国近代史以鸦片战争为标志，首先在广州翻开了新的一页。林则徐在广州领导反对帝国主义在中国走私鸦片和侵略中国的斗争中，成了"开眼看世界"的第一人。三元里人民的抗英斗争，打响了反对帝国主义侵略中国斗争的"第一枪"。花县农民洪秀全领导太平天国革命运动，洪仁玕提出了中国第一个资本主义方案——《资政新编》。康有为在广州举办“万木草堂”，培养维新革命人才，领导戊戌维新运动，是近代中国第一次思想解放运动的领袖。孙中山领导中国革命，三次在广州建立革命政权，成为民主革命大本营。国民党“一大”在广州召开，成功地实行第一次国共合作，并建立黄埔军校，培养革命武装队伍，从广州誓师北伐，最后推翻了统治中国几千年的封建制度，建立中华民国。毛泽东、周恩来、叶剑英都在广州从事革命活动。共产党领导的广州起义，曾经在广州建立苏维埃政权。

广州是近代中国思想解放和革命斗争的策源地及民主革命的大本营，是近现代革命文化的摇篮，革命史迹十分丰富，达数十处之多，像洪秀全故居、万木草堂、黄埔军校、孙中山大元帅府、中山纪念堂、黄花岗七十二烈士墓园等，都是中外闻名的革命历史文物。

三、商都文化资源

（一）历史商都文化资源

从秦汉时期开始，广州就成了岭南地区的中心城市，汉代是全国九大都会之一，“中国往商贾者多取富焉”。吴晋南北朝时期，各国来广州者，“舟舶继路，商使交属”，“遣商货至广州”，广州百货汇集，应有尽有，商贸已初步繁荣。隋唐时期，“州城三重”广州外贸大放异彩，形成国际性的珠宝市场，“雄番夷之宝货，冠吴越之繁华”。广州城市日趋多功能化，人口国际化（有12万外国人），经济外向型，在全国别具一格。宋元时期，广州城市进一步国际化，是一个世界性的大商港，“城南南畔更繁华……贾客千家万家室”。明清时期，广州外贸一枝独秀，独领风骚。“广州成为对内对外贸易的极盛之地。……中华帝国与西方列国的全部贸易都聚会于广州。中国各地的物产都运来此地，各省的商贾货栈在此经营着赚钱的买卖。”①清末至民国时期，广州得风气之先，大办洋务运动。除了举办一批工业企业外，大力引进华侨的资金和技术，兴办了一批银行、洋行和商业旅游业，例如，南方

① 转引自张晓宁著:《天子南库》，江西高校出版社1999年版，第165页。

大厦、爱群大厦等，至今仍是广州的标志性建筑。

（二）“广交会”文化资源

被称为“中国第一展”的广交会，是我国目前唯一的综合性出口商品交易会，地位不可替代。每年两届交易会不但是出口成交，而且带旺了广州的商业和服务旅游业（有人估计每年给广州带来17亿元的商业收入），是广州商都的名片，是一块不老的商都品牌，曾获得意大利“国际墨丘利金奖”和西班牙“国际贸易奖”。广州在琶洲岛兴建号称“亚洲第一”、面积达50万平方米的新广交会展馆，那里既有琶洲塔的标志，又有滨水公园，历史上这里曾经是古老的琶洲港，还是清代羊城八景之一的“琶洲砥柱”，新会址将使广交会这一风景线更加亮丽。

（三）传统专业购物街文化资源

广州除了对外贸易历史上名闻世界之外，还有许多大市场和专业购物街支撑着商业大都会。广州不但有上下九路、人民南路和北京路三个传统商业购物中心，还有许多新的商业购物中心，例如环市东路、署前路、天河路、站前路等。各商业中心和专业购物市场都各有特色。下九路商业步行街是传统的大众化商品街，北京路商业步行街是中高档商品街，而天河城则是高档消费商品区。一德路是海味干货街；高第街是日用小百货街；大新路是皮鞋专业街；流花服装城是大型服装批发市场，经营面积达20万平方米，商户1万多家，年交易额逾百亿元，还有翻译、运输等专业服务，商品除销往国内各大城市，还远销境外俄罗斯和中东各国。

四、特色建筑文化资源

广州的建筑文化具有岭南的特色，把建筑与岭南园林有机结合起来，轻巧通透的体型，适合南方亚热带炎热多雨的气候特点，具有传统文化的韵味。

广州的古今建筑有许多代表作：

一是古建筑。例如，越秀山上的明城墙和镇海楼，惠福路的“岭南第一楼”，中山四路的番禺学宫，均是明代建筑。

二是清末民初传统民居和商业建筑。例如，耀华大街西关大屋、盐运西街和将军东的竹筒屋，下九路和北京路的商业骑楼街。

三是近代优秀建筑。例如，爱群大厦、永安堂、海关大钟楼、广州邮政大楼等。

四是传统风格的中西合璧建筑。例如，中山纪念堂、省科学馆、市府合署、中山图书馆文献馆等。

五是园林式宾馆和园林式酒家、茶楼。例如，东方宾馆、花园酒店、白天鹅宾馆、北园酒家、泮溪酒家、南园酒家、陶陶居等。

六是近现代花园洋房。例如：新河圃、东皋大道、华侨新村等民居。

七是宗教庙宇建筑。例如光塔（建于唐代）、光孝寺、六榕寺、大佛寺、海幢寺、华林寺、石室圣心堂、光孝堂、三元宫、纯阳观、仁威庙等。

八是古代具有航标功能的风水塔建筑。例如，赤岗塔、琶洲塔、莲花塔等，有省会华表之称。

九是书院建筑。例如，陈氏书院、大小马站书院群等。

十是现代超高房屋建筑。例如，中信大厦、中国市长大厦、大都会广场、广东国际大厦等。

五、民俗与工艺文化资源

（一）广州方言文化资源

广州方言也称广州话、粤语，与普通话差异较大，有独特的语音和词汇，并有很多思想健康、表现力强、富有生命力的成语、惯用语，是中华民族七大方言（北方、吴、湘、粤、闽、客、赣方言）中较有地方特色的语种。在广东中部、西部、北部，广西东南部及港澳地区通行，在世界各国凡是有华侨的地方都有讲广州话的。据估计，全世界讲广州话的人口在4000万以上。广州话是古南越族语言和汉语杂糅后形成的一支独特的方言。广州话保留了很多古汉语的语音，以李白诗《早发白帝城》为例："朝辞白帝彩云间，千里江陵一日还。两岸猿声啼不住，轻舟已过万重山。"这里第一、二、四句的韵脚间，还、山，用现代汉语来读就不如用广州话读更为顺畅、悠扬、轻快，说明广州话保留有古汉语语音。广州话中也有许多外来语音,如"咕哩"(搬运工)、"的士"(出租车、小轿车)、"巴士"(公共汽车)、"波"(球)、"士多"(小商店)等。自称"老广州"的美国人亨特在所著《广州"番鬼"录》一书中,专门有一章叫《广东英语》,他说这"是专指在广州的中国人与'西洋人'之间用作进行商业交易和往来媒介的独特语言",是广州人创造的"可以说是没有句法、也没有逻辑联系的语言","但它都很牢固地扎下了根,成了许多数额巨大的生意或极为重要的事情的便利的交际媒介,以其活力和奇特性一直流行到今天"。亨特还说在广州十三行商馆附近的书店售卖一本小册子叫《鬼话》,他认为此书的作者"独具匠心"地创造的"鬼话",把外国话"创作成为一种当地的语言",应是一个"文字之神",值得后人祭拜。广州人还有很多独创的词语,很有地方特色,例如,冲凉(洗澡)、古仔(故事)、海皮(珠江边)、过番(出国谋生)等。广州话具有生动、形象、通俗的特点和浓郁的地方性,是地方的印记和标记。

(二)民俗风情文化资源

广州的民俗风情是多姿多彩的,地方色彩很浓。

一是节庆文化。例如,迎春花市、春节、元宵节、端午节、清明节、中秋节、重阳节、冬至节等。

二是宗教文化。佛教、基督教、天主教、伊斯兰教、道教五个宗教的寺庙人气很盛,特别是光孝寺、六榕寺、大佛寺、三元宫、纯阳观的香火都很旺。

三是神灵信仰。对关帝、北帝、观音、天后焚香祭拜者甚众;南海神庙的波罗诞日,前往祭拜者超过 13 万人次;盘古王庙,远在美洲的华侨也回来拜祭。

四是饮食文化。广州人讲究饮食,注重色、味、香,粤菜是我国八大菜系之一。广州有美食大都会之称,"食在广州",历史悠久,闻名中外。食在广州,有五大特点:一是食肆林立,餐馆摊档众多;二是用料广博,食品丰富多样;三是鲜活清淡,讲究烹炒功夫;四是日夜经营,营业时间长;五是足不出城,食遍国内国外。民以食为天,饮食文化在广州人的生活中具有特殊的地位。休闲娱乐,亲朋聚会,商家谈生意,都喜欢到宾馆酒家,饮早茶、下午茶,食宵夜，可谓饮食社交。饮食在广州是一个不老的行业，历久不衰，目前全市有饮食企业1万多家，座位50多万个，“三茶两饭一夜宵”，全天候服务，几乎没有间断，堪称方便。全市的餐饮业年零售总额达千亿元，居全国各大城市之首。

五是游艺文化，舞龙、舞狮、沙湾飘色、麻车火狗等喜庆节目最受人喜爱。

六是业余生活文化。市民爱好唱粤曲，听广东音乐，看粤剧、摆花、插花、种盆景等，这些都是市民日常生活的一道亮丽的文化风景线。

（三）传统工艺文化资源

广雕、广彩、广绣，历史上闻名遐迩。象牙雕、玉雕久负盛誉，驰名世界。陈家祠的木雕、石雕、砖雕是最为丰富的。近年在从化发现的屋檐板木雕，反映了历史上珠江的情景，被称为广州的“清明上河图”。广彩，是“广州织金彩瓷”的简称，有三百多年的历史，特别是清代十三行外销画，在国内外享有盛誉。广绣，是我国四大名绣之一。在唐代民间已很发达，出现卢眉娘这样的杰出代表。其悠久的历史，卓越的技巧，获得国内外的好评。

六、现代都市文化资源

20世纪二三十年代，广州就参照华盛顿和法兰克福的模式，制定了大都市发展规划，开始了都市基础和商业设施的建设。特别是近几年推进广州城市建设管理“三年一中变”以来，突出了现代交通和城市美化、亮化、绿化、净化建设，形成了从沿江西路酒吧广场到中山大学北广场和滨江东路高层的江景豪宅建筑群；从二沙岛的星海音乐厅到珠江公园的珠江岸边绿化带，从流花路、环市东路到天河北路的高层建筑群；从天河体育中心到广州购书中心、天河城广场、宏城商业广场的休闲购物景观，不但有火车东站广场的喷泉、水帘洞水景瀑布，还有珠江夜游的火暴情景，体现了广州的现代都市景观的气派，吸引了广大市民和中外旅游者游览、观光和购物消费。

七、历史名人文化资源

广州有两千多年的历史，在悠久的历史长河中，每个历史时期都有一些代表人物，特别是在历史发展的高潮或转折时期都涌现出一批又一批的历史人物。他们推动了历史的进步，创造了一个时代的文化。《广州名城辞典》一书介绍的历史人物就有137个。赵佗是早期开发岭南的重要人物，写了岭南第一篇文章《报文帝书》。他在任嚣管治南海郡的基础上建立了"东西万余里"的南越国。近年发现的南越宫苑遗址处的石构水池大型蓄水池建筑和御花园是我国历史上首个宫苑实例，可以说是为岭南文化奠基的一颗灿烂的明珠。汉章帝时的杨孚写了岭南第一首诗《榕树》和广东第一部有关异物的志书《岭南异物志》，今仍存在"杨孚井"。东晋广州刺史吴隐之的酌贪泉诗及后人为其立的贪泉碑及吴隐之祠，成为石门风景区廉官文化的亮点。唐代中国禅宗"顿教"创始人惠能（禅宗六祖）虽然不识字，但他创造的"顿悟成佛"学说，始创中国式佛学，使禅宗畅行天下，成为唐代以后中国佛教主流，并远播日本、朝鲜及东南亚各国。林则徐在广州领导抗英斗争，体现了中华民族不畏强暴、英勇抗敌的大无畏精神，成为我国杰出的民族英雄，是我国近代"开眼看世界"的第一人。洪秀全领导太平天国革命运动并颁布了救国、治国方案《资政新篇》，成为主张在我国发展资本主义的第一个方案。康有为在广州创办"万木草堂"培养革命人才并发动维新运动，成为我国近代第一次思想解放运动的领袖，是近代救亡图存的英雄。孙中山在广州创办"黄埔军校"，进行东征和北伐，推翻了清朝封建统治，建立民国。孙中山是世界公认的中华民族的伟大英雄。历史人物是时代的产物，杰出的历史人物推动了广州社会历史的发展，为广州的城市发展作出了重大贡献。

广州历史文化资源风格定位，重点应在白云山、越秀山、珠江两条山水风景线、海上丝绸之路龙头明珠城市和近现代革命摇篮三个方面的主要景观节点上，要进行重点突出的规划设计和建设，使之成为城市文化的亮点。

第二节 历史文化资源与广州城市文化

自古以来丰富的历史文化资源形成了广州独特的城市文化，广州从公元前214年开始进入了城市文明，社会迅速发展，从而有了“六城”特色。总括起来是：羊城、古城、港城、商城、花城、名城。

一、“羊城”

广州又叫羊城、五羊城、穗城。这些名称都来自美好的五羊传说。羊来源于远古新石器时代珠江三角洲一带盛行的羊图腾崇拜，反映当时社会为农耕经济的现实和人们祈求通过以这种对农耕经济有用的动物作为本民族偶像象征和进行模仿性舞蹈来使各种动物大量繁衍，食物来源丰盛。经历代演变传承变成代表吉祥、善良美好之义。古时“羊”与“祥”相通，寓意吉祥如意。古代“羊”又与“阳”谐音相通，故宫藏有象牙“三羊开泰”图插屏和玉雕“三羊开泰”。把“三羊开泰”写作“三阳开泰”的，都是寓意辞旧迎新、吉祥安泰。羊神和太阳神都是古代原始的宗教崇拜。五羊城来源于羊图腾文化积淀。它原为我国南方原始农业发展作出很大贡献的五支姜姓部落的图腾标记。以黄、红、黑、白、紫五色相区别。其中，黄羊一支就是广州地区先民。他们从事原始农业最为兴盛。这种图腾又与神话相结合，产生和流传有五位仙人骑五羊衔谷的神话。广州因此又名羊城、仙城、五羊城和穗城。广州人为纪念他们传授五谷和种植技术的贡献，而把五仙、五羊奉为谷神，世世代代拜祭奉祀。从高固为楚相的战国时代开始一直到两晋，均有以这神话为题材，在广州屋厅高梁上画五羊像，或图其像，以五个谷囊悬挂于厅为瑞的习俗。至宋代民间又有在广州“郡治西”建五仙观、塑五羊塑像供人敬奉。此在《太平寰宇记》中记载甚详。这塑像为年少的居中，手持粳稻，年老的分居左右，手持黍稷。仙人像前是五只羊，有的蹲着，有的站着，形态生动可爱。今惠福西路有五羊仙人脚趾和五羊塑像及五仙观，是古人崇拜五谷神的标志。越秀山上有一座高大的五羊石塑已成为中外闻名的城标雕塑，成为吸引旅游者的热点。“羊”还与“美”字联系在一起，“羊大则美”、“羊人为美”、“女子为美”都有悠久的历史渊源。“羊”是12生肖动物中象征意义最多的，有“男属羊，黄金堆万两，出门不必带口粮”的说法。羊文化对中国语言文化也有很大影响，仅《汉语大字典》的“羊部”就收入汉字204个。连广州的市徽也有羊的标志。有道是：五仙飘来降楚庭，留下美好在人间。羊城文明源流长，花城美丽人人赞。

二、“古城”

有了城堡，标志着城市文明的开端。广州自秦代始筑任嚣城以来，经过两千多年的扩建，到清代修筑鸡翼城后，基本定型。广州古城的范围，东至大东门，西至西门口，北跨越秀山，南到珠江边，约10平方公里。古代的广州是滨海城市，有“一泓珠海抱城流”之称。广州城不仅有镇海之楼——镇海楼，而且有镇城之石——海珠石。近代热兵器的发展，使古代城堡的军事防卫作用日渐降低。随着城市的现代化进程，汽车、电车、火车等新型交通工具的出现，城市的道路交通日益重要。20世纪初广州开始进行现代化大都市规划，随即民国初期开始拆除城墙，开辟马路。1913年3月开始拆除正东门，这是广州拆城之始。1918年成立市政公所，认为城墙代表封闭，不利于现代交通和对外联系。在当时的现代化大都市规划和建设中，拆除了全部16个城门和城墙，仅余越秀山上几百米的明城墙。广州古城的构筑、发展和拆除的历史，反映了城市文明的进程。古城的扩建都是在原址的基础上逐步扩大的，没有出现城址的转移，说明广州城的选址是很好的。有山有水，交通便利，与周边地区联系密切，有广阔的经济腹地。经过两千多年的建设积累和持续发展，古城区内的文物古迹、古建筑、标志建筑、古树名木最多，历史文化的积淀最为深厚，文化景点十分密集，可以说是岭南文化的宝库。古城文明是广州文明的缩影。因此，古城区是广州文化的核心和岭南文化的中心。

三、"港城"

广州是我国古代海上丝绸之路的发祥地和始发港,古书记载"番禺始为舟","越人善作舟"。广州濒临南海,广州港是河港与海港结合的优良港口,较少流沙冲积,海外交通发达,汉代已通南洋各国。唐代《广州通海夷道》记载的航线已达印度洋和波斯湾,长达14万公里,是当时世界上最长的航线。宋代广州港的航线已达非洲,明代抵欧洲、美洲、日本,清代已形成海上交通的全球大循环,广州港是世界上航线最多、线路最长的世界大港,连通一百多个国家和地区。历史上"映日船多宝舶来"(唐代),"梯航尤见外夷情"(宋代)。意大利旅行家鄂立多克(1296—1331年)说,"整个意大利都没有这个城市(广州)的船多"。广州以港建城,带动了城市的发展,现在广州港已是世界上为数不多的14个亿吨大港之一,在全国仅次于上海。广州港是世界历史上唯一不衰的有两千多年历史的古港。海港文明带动了城市文明的发展,自古远航通四海,千年海港连五洲。海港兴城,今天广州已成为我国最现代化的海港城市之一。

四、"商城"

广州是历史商都,现代商贸之都。在汉代已是著名的九大都会之一;三国时期"舟舶继路,商使交属","雄番夷之宝货,冠吴越之繁华";宋代"城外蕃汉数家","广南富庶天下闻";明代是我国朝贡贸易第一大港,并在海珠岛(海珠石)举办定期的外贸集市(定期市);清代"一口通商","银钱堆满十三行",有"金山珠海,天子南库"之誉。广州历史上培养了许多商业资财和世界级富豪。海路通商连中外,历久不衰两千年。港城兴商,以商旺市,有"购物天堂"之称。

五、"花城"

广州地处亚热带,终年不见冰雪,四季常绿,是长年开花的花城,有"花之都"的称誉。市民有种花、买花、插花、赏花的习惯。广州人种花的习俗可追溯到汉代。陆贾出使南越时,说岭南人“彩缕穿花”。晋代《南方草木状》记录广州的花卉、奇果、竹木达81种。唐代已有专门种花、卖花的人,所谓“薄暮津亭下,余花满客船”。唐末南汉朝廷,大建离宫别墅,在广州城和近郊一半地方广植花草树木,有的地方“桃花夹水二三里”,“花开殷艳如画”。素有“千年花乡”之称的芳村花埭,已有一千多年的历史。唐代诗人许浑《登越王台》诗云:“河南雪飞杨子宅,海边花盛越王台。”宋以后出现了专门以栽花木为生的“花户”和“采花妇女”,有以贩花为业的“花客”、“花贩”,并形成花市。南宋的花市“一枝二元,人竞买戴”至今已有八百多年历史。清代河南庄头人“一生衣食素馨花”,80%—90%的农户以花为业,形成“花渡口”,是专门贩花过渡的渡口。20世纪初广州开始兴建公园,到1937年有公园9个,占地8000亩,种植花木十多万株。自清咸丰年至今,古有“岁末花市”、“双门花市”,今有“迎春花市”。春节逛花市这种习俗,已有一百多年的历史。朱德有有《广州花市》诗云:“华灯照不夜,歌声喜若狂。人人争买花,忙煞卖花郎。花市过午夜,春浓风更吹,攘攘人百万,个个买花归。”现在,广州的花卉种植和经营已形成产业规模,全市花商日销300万元,年产值超过10亿元,约占全国花卉贸易总量的20%。广州有1500个花卉种植专业大户,花场连线连片,花店成行成市。四季花开堆锦绣,长年春光醉游人。广州是真正花色迷人的花城。

六、“名城”

广州是三朝古都,有两千多年的建城历史。1982年,国务院公布的第一批历史文化名城,广州是其中之一。这是国家对广州城市历史发展文明成果的肯定。在选择公布第一批历史文化名城时,国家考虑名城要具备四个条件:一是要有悠久的历史或有特殊重大的历史事件;二是要有较多的历史文化遗存;三是要有较多的文化传统内容;四是这个城市长期以来一直使用着和发展着。这些条件广州都完全具备。

第三节　广州城市风格特质述评

城市风格特质是城市历史与现实文化精华的浓缩体现,是历史传统文化的继承和发展的总概括。从文化是人类精神和物质生活总和的最基本定义出发,城市风格特质正是城市文化资源的总呈现。城市是历史记忆的载体和未来发展的指标,它除了是当代社会的总体现外,还兼容着历史和未来的意义。在当代,文化已经作为一个重要的资本,与经济资本和社会资本合作,实现着对社会的价值。因此,对文化资源的经营实际上就是社会总资本运营的体现。

在两千多年的发展中,广州沉淀形成的城市文化资源是非常丰富的,三朝十帝说旧事,白云珠水两悠悠。古代海上丝绸之路的发祥地、岭南文化的中心地,中国近现代革命史的策源地和我国当代改革开放的前沿地的"四地"资源就是对此的一个总体概括。

自秦汉,历三国、两晋、唐宋、明清两千多年来,广州一直就是岭南地区的政治、经济、文化中心,是我国对外海路交通和贸易的重要港口,又是有着光荣传统的英雄城市,拥有为世人所认知的开放、务实、进取、乐天的城市性格,也表现为一种兼收并蓄、博大宽容的城市面貌。

综合而言,广州城市风格的特质主要表现为:

一、城址中心不移

秦平岭南,筑番禺城,开始了广州建城历史。南越建国,有赵佗城,东汉交州刺史步骘建步骘城;南汉割据,扩展新南城。宋320年间,修筑子城、东城、西城,城南更把雁翅城扩至江边。1380年,明永嘉侯朱亮祖合东、南、西三城为一体,开辟东北山麓,并扩大了市区,"民廛稠聚,海舶鳞凑,富商异货,咸萃于斯"。两广总督吴桂芳又于1563年增筑外城,进一步扩展为"后倚粤秀,南临珠江"的老城。历经两千多年,到清代奠定的古城区格局是:

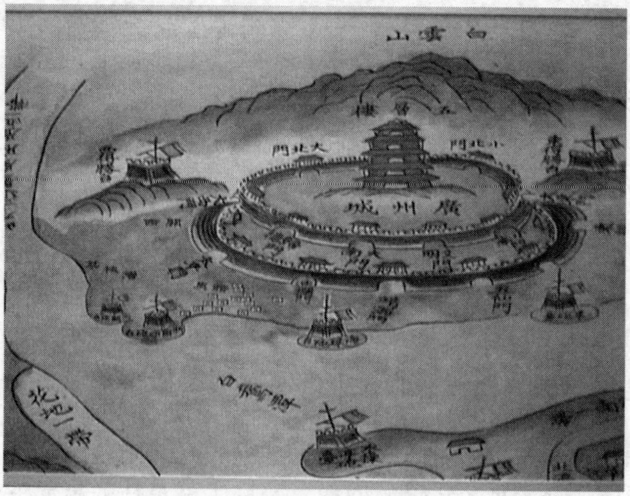

中心城址不移

北倚越秀山镇海楼，南临五仙门、靖海门，东抵大东门，西达西门口。

尽管广州城不断地向四周扩张，广州城市发展的布局的一个最重要的特点是两千多年的中心城址没有移易。据华南师范大学地理系教授曾昭璇介绍，中心城址从未移易这种城变模式全球只有3个城市：罗马、亚历山大和广州。而因为广州城市的变迁遵循着“叠合式”轨迹发展，从唐城—宋城—明清城，城市的“历史厚度”从“中心”向“外围”逐渐趋薄，这使广州更具有历史“名城”的特色。

同时，由于广州一直地处中国帝制时代的南部边缘，少有毁灭性的战乱，也未见大规模的自然灾害，这一特质使广州留下两千多年历史持续的文明层累，“叠合式”文明遗址“北京路千年古道”就是对此的一个证明。

与西方国家的教堂建筑、北京的天安门广场、上海的人民广场作为政治中心等国内大城市的模式相异的是，一直到20世纪80年代前，北京路都充当了“城市中心”①。政治游行、集会、宣讲等最大型的群众舞台都构筑在这条路上。近20年来，由于建设商业步行街以及地下文物的发掘，它又再度展示了广州老城中心的魅力。

城市中心城址不变的模式，并没有培育出以皇权为代表的政治文化大一统的城市风格，相反的，却培育出崇尚自由、民主、个性的民风，多元和个体的自主获得了充分的发展空间。原因有二：一是广州人低调的、“恬仕

---

① 参看本书第五章第三节中的“城市广场：市民性的凸显”部分。

进”的理想追求；二是广州作为商业城市而采取的多中心发展模式。与中国传统政治文化不同的是，广州的“中心”是以经济活动为轴心建构的，也因而，“中心”是游离的。这对于一个商业城市的意义更为重要，对培育民性和城市风格的影响具有基本意义。

其一，政治中心的游走。20世纪20年代取代越秀区传统政治中心而成为名副其实的政治前台和“权倾之地”的东山，是崛起的另一个政治中心。因位于广州城的东门外，明、清时期又建有东山寺而得名。此地多为丘陵、山冈地貌，直至清末还保持着清幽的城郊环境。宣统三年(1911年)，广九铁路通车后，外国人和本地富商在东山以欧美风格建造民居，使之“地价日增，屋宇日盛”。如民国三十年(1941年)《广州概览》所载：“东山本为郊外一村落，以广九铁路经此入市，欧美侨民，有的在铁路附近卜居者。民国以来，建筑西式房舍者日众，遂成富丽之区。”东山由此而成为了享誉一时的高尚住宅区。

同时，欧美传教士开始在此兴建教堂、创办教会学校和慈善机构，使东山进入开发时期。它的成功开发，是近现代广州的政治中心成功转移的例证。近百年间，不管是政治前台还是“政治后院”，东山的军政权力都没有削弱。习惯上，广州人也认为东山是权贵聚居之地，是广州“贵气”的所在。

其二，商业中心的变迁。清末城郊西关，因为商贸的发展，从农耕经济区发展为商业中心，与历史上一直是商业中心的北京路齐名。20世纪六七十年代，以南方大厦为代表的沿江西路、人民南路一带，又演变为广州最繁盛的商业中心之一；直到八九十年代，商业中心再度转移到北京路和上下九路商业街。20世纪末以来，“城市中心东移”的发展战略，使位于广州东部的天河一跃成为广州的新城中心，崛起形成为更具现代商业气息的大型商业中心。

经历了20世纪30年代沙面、长堤商业中心、80年代环市东金融中心转移的发展过程，随着珠江新城被定位为广州21世纪中央商务区(CBD)核心，新一代的金融中心被确定转移到该中心地带。珠江新城将体现国际和区域资本在城市中的高度聚集，表现着未来广州的国际性风貌。

显然,半个世纪以来,广州城市发展的“东进模式”不仅使城市重心东移,而且从商业上实现了从传统向现代的转型。

在单一城址上发展的“中心游走”,弱化了人群等级,这使富贫相安和雅俗共济的生活方式成为广州城市风格的重要特征。

中国强权中心政治的一个重要体现,就是皇权的绝对化和人群的等级化。在中国的很多政治城市,阶层划分是以居住地域决定的,如对等级森严的首都北京,《城市季风》的作者杨东平这样分析道:“大院和胡同构成新老北京人两种不同的生活环境。以干部和知识分子为主体的大院居民,生活在旧城区老北京市民生活之外,在生活方式上几乎隔离而互不沟通。习俗礼仪是维系人类群体生活的文化表征和纽带,是一种共同文化形成与否的外在测度。来自五湖四海的大院居民的习俗礼仪可谓各行其是;其基本的原则是简单化,没有形成大家共同认可遵循的习俗。”①

就广州的传统中轴线与北京做一比较,也可见证广州的“中心”弱化意识。广州传统的城市中轴线是:越秀山的中山纪念塔——→中山纪念堂——→市政府——→人民公园——→起义路——→海珠广场及海珠桥,地理上贯穿旧城区的南北,并没有显示权力安排的特征。北京中轴线连接着天坛、神庙、社坛和每年举行春耕典礼的先农坛,向南延伸,象征着天子的权力无限延伸。

广州人没有牢固的阶层观念和等级思想,这也深刻地影响了城市的建筑风格。以广州早期的茶楼建筑而言,在茶楼的出现的清末,既有楼高3层的茶居,称“茶楼”,它们设在人烟稠密的商业区和交通要道,注重门面装修,布置古色古香,是富贵人家的休闲处;同时,在同一区域楼下设有的“二厘馆”,却面向白丁。在生意经上,要着意弱化的是人群的等级,以便最大程度地“聚人气”。这就是俗语所说的:“有钱楼上楼,无钱地下猫。”等级相异,却彼此各安其命,相安相融,都以“叹茶”为享乐。

有观点认为这是因为广州人“天生”就没有阶层观念,这当然有其复杂的社会与心理因素,但城市中心的不断游离显示了这一问题的原因和结果。

---

① 杨东平:《城市季风》,东方出版社1994年版,第98页。

这一特点塑造了广州宽容平和的平民风格："一座真正意义上的城市，街道不太笔直，甚至有些弯曲；这有利于漫步、闲逛，以及各种购物活动。自由交易，商品，货币，交换价值，心情，购买力，都成了具有对等关系的符号。场面也是混乱的，没有秩序，秩序只和权力相关。权力对于这样一座热爱物质生活，拥有最大市民数量的城市来说，是不重要的。"①

选择了一座城市，就是选择了一种生活方式。这是一位"新客家"对广州的认知。广州两千多年政治文化所塑造的平等、自由、生活元素丰富的特质，它带给人们的理念是：由商品经济造就的务实精神；包容性极强；自由度大。就是说，广州允许不同的人有不同的活法，也允许同一个人有不同的活法。

二、城市空间布局：区域特色显著

在对城市的视觉识别中，城市空间布局是最直接的风格体现。历史上的广州的城市空间布局比较稳定，形成了比较显著的区域特色。"东村西俏、南富北贫"，是直到清末广州城市空间布局的基本特色。随后，城市空间布局发生了两次大的变动：

第一次是民国以来，随着东山的开发成功以及河南工业区形成而产生的。

众所周知的俚语"西关小姐、东山少爷、河南地痞"注解了新的城市格局：西关的商业区、东山的政治前台、河南的工业和平民区域，这就是民间所言的"有钱无权住西关、有钱有权住东山、无权无势住河南"的注脚。"宁要河北一张床，不要河南一间房"的说法，也旁证了这一城市布局的深远影响。这一布局与基本功能一直延续了百年。

第二次是在20世纪90年代以来的广州旧城大改造。随着城市发展战略的东移，近二十多年来，彻底打破了西关是商业区、东山是政治围墙、河南是平民院落的格局。广州城市空间布局截然分为两部分：新城、旧城。以天河城为代表的由高级商场、户外广场、写字楼和商厦组成的新城，颠覆了广

① 《南方都市报》2003年2月21日。

州城市"三分天下"的格局,演变成新旧两大体系。

这两次变化的共同特点是:城市东移。随之,对广州城市风格的认知发生了根本变化。

近20年在城市东缘兴起的天河、东圃、珠江新城是乡村都市化的神话,在这里完成了从乡村到新城的新旧革命。随着"城市中心东移"的发展战略,也同时暗喻着某种政策在"新城"的倾斜,"新城"的"新贵"意义也随着城市的"东移"而得以确立。"新城"不仅仅是新生活方式的象征,而且代表着"新贵"。这里通常被房地产商指称为"地皇",渲染着非平民化的、居高临下的"新贵"气派。这里的显著标识是"新移民区":高学历、高收入、高层住宅;精英、普通话、名店、白领、身份的象征和更加层出不穷的机会——决定区域特质的不仅仅是经济手段,更是行为模式和生活方式——曾经的城市边缘在新的城市发展规划的催生下成为中心。

这是广州历史上最大的城市空间布局的革命,主要给城市风格带来两大本质的影响:"新旧"的二元结构取代了原来相对均衡的功能结构;广州的城市功能必须进行重新定位。

三、保留传统的整体性与完整性

在此,对"传统"的认识需要纠正一个误区:传统不仅仅指历史的遗存,即历史文物也包括了非物质文化遗产,其中包括生活方式的传统意义。广州的传统与中原内地不同的是,它是一个与时俱进,融汇古今中外、吸纳中原文化过程的不断发展变化的"传统"。广州城市风格的一个独特的表征就是保留了一系列的传统仪式。

在中国广大的内陆,半个世纪以来,历经数次革命运动以及意识形态的大扫荡,很多传统仪式已经被彻底地摧毁和扫荡殆尽。由于相对边缘的地理位置、背靠内陆以及相对淡漠的政治意识,使广州以及珠江三角洲地区能以"边缘"的方式保留着中国传统文化中的内容与仪式,体现出"古风犹存"。另外,还因为与传统习俗没有断裂的港澳地区以及海外有着血缘地缘的密切关系,相互影响与相互依存,习俗是相似的、方式是相近的,使传统传承在半个世纪以来的各种冲击下一脉相承、生生不息。近年来，在对广州以及珠三角乡村的调查考察中，我们发现众多发轫于农业文明时代的文化遗存都以“民间的方式”传承着，其中，最重要的表现形式是语言、节俗、宗法观念与多神观念。

而更为重要的是，在传统被完整传承的同时，这些古风仪式在今天还不断地被运用创新，应用于当今的社会变革领域中，正如一些“新客家”的观察与评价：

“比如广东在一定程度上是中国文化的保留地，能够与之相比的省份不多。有一些中原的文化在主流社会已经见不到了，但在广东得以保存而且被精致化了，这完全是职业艺术家的行为。从道德上来说，传统广东人的观念非常东方，非常儒家，相比之下北方因为反传统搞没了很多东西。广东人有一种古风，他们的文化有着边缘的、海洋的特征。这是一种神奇的存在，充满魅力。”①

“广东是中国保留最多旧习俗旧传统的地方。广东人重视大家庭，人情味浓，广东对婚嫁喜丧的礼节格外较真，广东人会有男主外女主内的大男子主义的观念，广东人迷信因果报应，广东人对过清明、中秋、上元、中元节比谁都要诚恳……”②

诚然这些观念还不能完全作为对广州传统的注脚。因为广州文化中虽保留有历史上某个时期的旧俗的一面，但其实这些旧俗与历史原貌也已大相径庭，早已发展演进了。这也是广州的一个独有的与时俱进的特色。一座城市能够延续下来，在很大程度上取决于城市传统文化的延续，这就是城市本身内在的生命力。由于这一因素的存在，使作为中国众多的历史文化名城之一的广州，更具有创新的活力。这一生命力（对传统的传承与创新能力）就是广州在每一个历史转折时期能够迅速实现转换的秘密。

但是，这一传承能力的优势却长期未得到应有的重视与运用。对此，北

① 《新周刊》2003年第155期，第33页。
② 同上。

京师范大学教授刘铁良在东莞樟木头镇“麒麟舞表演基地”挂牌仪式的研讨会上，就对“民间信仰”问题呼吁：“不能用科学的解释系统解释宗教”①，认为，“民间系统有民间系统的解释，我们应该运用它的合理的因素”。民间信仰具有深厚的文化积淀，是我国传统文化的重要内容，是源远流长的祭祀文化。它记录着先民们对人生、对宗庙重大问题的辛勤探索，反映着他们的心理、意识、风俗习惯、喜好爱憎，对于增加民族的向心力和凝聚力，有一定的积极意义。民间信仰保留的是人类幼年时代的先民活动，难免存在不合现代科学的因素，这是不奇怪的。更何况历史是延续的，无古就无今，不要以今天的标尺、今天的科学去衡量古人的民间信仰行为，讥笑他们甚至轻率地以“封建迷信”加以否定。

这一资源在塑造广州城市风格的意义上，体现在以下几个方面：历史文化名城的基础资源以及物质载体之一；民间文化的力量所展示的广州的“平民”与“宽松”风格；传统的“沉渣泛起”，也再次表明传统与现代化不是冲突的，现代化是对传统的继承和创新。

四、作为口岸城市的特质

半个世纪以来，对广州城市特质的认知出现了各种的反复，但“千年外贸港市”这一历史定位从未被质疑过，这是由历史、机遇、地理位置决定的，也是由天时、地利、人和的因素共同造就的。

在中国许多的外贸港市中，只有广州开港最早并一直保持着国内一流大港的地位。据史学家考证，在秦始皇还没有统一岭南之前，广府人已经同南海沿岸诸国有了贸易往来，并发展成外贸大港。

从历史港市和海上丝绸之路起点的地位看，作为口岸城市的广州一直积极参与世界经济的大循环，在与世界各国贸易中培养出了开放性与兼容性。

---

① 2004年6月东莞樟木头镇“麒麟舞表演基地”挂牌仪式的研讨会上，北京师范大学刘铁良教授对“民间信仰”的解释的发言。

1882 年美国人威廉·C. 亨特出版了《广州“番鬼”录》一书。他于 1825 年来到广州,1844 年返回美国。他在书中主要描述了 1844 年中美《望厦条约》签约前外商在广州口岸活动的情形,书中所记均是他耳闻目睹之事,内容涉及早期中西贸易以及中西关系的各个方面,具有信史的作用。如作者记载的黄埔岛“是一个住有好几千人的市镇,他们差不多都直接或间接地与外国船运有关,充当买办、装卸工、铁匠,等等”①。

早期中西贸易的主体是茶丝,他分别在“茶叶”和“茶丝贸易”两节,列举了作为一个最具现代意义的口岸城市的“国际性”——积极地面向世界的姿态。

他举例说,当时流行一种广东英语,这种广东英语“是专指在广州的中国人与‘西方人’之间进行商业贸易和往来媒介的独特语言”②。它是在英语的基础上吸收了粤语的特殊表达而形成的,通行于广州与外国的商业贸易中。

他观察到,在清政府的外贸体制统筹下,粤海关负责征收关税并管理行商,行商负责与外商贸易并管理约束外商,黄埔被指定为外国商船的碇泊所,澳门为各国商人的共同居留地。这 4 个环节相互联系,又各自形成一套传统,运作非常有序、符合国际惯例。

由他的分析可以看到其时广州作为外贸大港所具有的有序和规模。

显然,作为口岸城市的广州,选择了不同于中国传统农业社会的发展模式,开放性与商业性并重,塑造了不同于内陆黄色文明的、面向海洋的“蓝色文明”风格。

与中国传统的农业社会的一元经济、以农为本、重农抑商的发展道路不同,近代以来面向世界的广州和珠三角走的是工商并重的道路。近代工业是在鸦片战争后外国资本进入广州与本土的经济结合发展起来的。首先是民族资本主义的近代化和规模化,解体了自然经济,替代了家庭手工作坊的

---

① [美]威廉·C. 亨特:《广州“番鬼”录》,广东人民出版社 1993 年版,第 13 页。
② 同上书,第 45 页。

生产方式；其次是珠江三角洲的多样化的自然条件，创造了多元经济。多元经济使商贸活动成为一种重要的生产方式，赋予广府人重商的传统，而商业活动更使广州成为中国最具活力的现代城市之一。

自乾隆二十二年（1757 年）保留粤海关到 1842 年《南京条约》签订的“一口通商”的八十多年间，对广州产生了两方面的重要影响：一方面，作为面向世界的唯一窗口，广州获得了与西方物质与文化交流的先机，并加以融合改造，这对岭南、中国乃至世界都产生了重要影响，直接造就了广州在近代史上的启蒙作用与领潮流之先的重要地位；另一方面，有学者撰文认为：“主导当年十三行的‘广州制度’，在维护中国经济贸易主权中起了重大作用，因为外商们必须遵守中国法律，这与鸦片战争后在租界内的管治有着本质的不同。但有着制约贸易发展的局限性，如对外商行动限制过严，不准家属居住夷馆等。18 世纪 60 年代起，欧美工业革命经济腾飞，而在 1757—1842 年间的独口通商，造成了中国与世界的距离。”①

这一影响在《南京条约》签订后就出现了。

1842 年 8 月 29 日签订的《南京条约》，取消了只准在广州进行中外贸易和由广州特许的公行垄断商进行中外贸易的限制，广州、厦门、福州、宁波、上海五个通商口岸同时对外开放，广州独揽中外贸易的制度随之瓦解，外贸中心自然地转移到长江流域。事实上，从 1865 年起，上海在国内外贸易上的首要地位已牢固地确立，这一年，上海承担了对外贸易总额的 63%，而广州仅占 13%。直到 1937 年抗日战争爆发，从未受到严重的威胁。② 因此，这也造成了广州的“洋化”方式与上海表现的不同。

作为口岸的开放性意义不仅仅是贸易的意义，而是使广州社会形成了面向世界的姿态，这一保持向外的姿态，在关闭了国门的特殊的历史时期，更显示出“窗口”以及瞭望的前瞻性——这也是广州在开放之初能够迅速地与国际接轨的历史原因。

---

① 《南方都市报》2003 年 9 月 4 日。

② 参看《广州城市总体发展概念规划研究》，中国建筑工业出版社 2002 年版，第 9 页。

"窗口意义"在新中国成立后继续下来。1955 年起每年春秋两届中国出口商品交易会,使"一口通商"以另一种表现形式在广州延续着,全中国都是通过广州瞭望欧风美雨的。其时,花市与交易会才是广州真正的土特产,是广州制造的典型。

1974 年落成的广交会新馆(即中国出口商品展览会),建筑面积 11 万平方米,扩大了创办于 1955 年的春季广交会;同时,广州火车站的落成(被称为流花车站),也使京广、广深、广茂三条铁路干线在广州交汇,也扩大了"一口通商"的规模。流花地区也成为广州的新中心。实证之一是广州当时只有五家五星级宾馆,这里就集中了东方宾馆和中国大酒店两家。

与之相联系的具有象征意义的是"外汇券"的发行与使用。今天已经成为广府民间收藏品的外汇券,从 1980 年 4 月 1 日开始发行到 1995 年 1 月 1 日起停止使用,是一个时代的风向标。凭此,广州人可以在"友谊商店"购买到"进口货"或者是"出口转内销"的新产品。通过这些货品,了解外面世界的潮流。更深刻的意义是,广州与外面世界的联系不被切断,这才是开放之初港风的"香香臭臭"问题不成为"广州人的问题"的内因。因此,开放之初,广州才再次驶上了参与世界循环的轨道。显然,广州的"一口通商"是窗口的规模,1978 年改革开放,则是全面地门户洞开。

五、以我为本的"西化"模式

尽管广州具有最悠久的开放传统,是历史最长的口岸城市,在 20 世纪五六十年代被上海取代之前,广州一直是最大的港口城市,与西方文化有着广泛的接触,但广州从未被彻底地"西化"。广州对于西方的姿态是持平的,保持着一种"为我所用"的态度,也因此,始终保持着深厚的传统与个性。广州与上海不同的"西化"模式,也常常被作为不同的城市风格进行对比,如下文所评论的:

"到 20 世纪初,广州与'外面世界'的联系已大不如上海:广州进出口的吨位数只有上海的 1/4,租界大小则只有上海的 1/147。所以,上海的'西化'虽在广州之后,却比广州'彻底'和'地道'。上海除人力车夫一类'苦

保留至今的中西融合的民居

力'说'洋泾浜英语'外,一般来说只要肯学,英语说得都很好。广州人却喜欢把外来语言'本土化',发明出诸如'打的'、'打波'之类'中外合资'的词语,或诸如'佳士得'、'迷你'、'镭射'之类中文色彩极浓的译名。"①

确实,广州的"西化"是以我为本的"西化"。上海近代一开埠,就成为"东方巴黎",直接面向世界。但自古而今,广州"互市"的着眼处是"商机"。因此,半个世纪以来,"洋化"究其实是"港化"——通过香港而认识世界,通过香港的"二道贩子"来张看世界。

如就近代崛起的"岭南画派"而言,就兼容西方摄影、透视等技巧,原被称为"折中派",但锐意革新后,以国画传统技法,折中中西,融汇古今。广东音乐也是民族乐器与外来乐器、本土音乐吸取外来音乐而形成特色的,享

① 《新周刊》2003 年第 153 期。

誉海内外。而在最具有岭南特质的城市建筑中,更是中西结合、以我为本。

20 世纪之初中外文明的冲突和融合,使善于吸纳和趋向中庸的广州认同了中西合璧。开马路、建楼房、造公园等城市建设使广州步入了近代化城市建设的进程,欧风美雨终于洗礼出亦新亦旧、传统和现代中西相融的面目。这时期,平地而起的"洋楼",正是中西文化激荡的产物:楼外装饰的是繁复的罗马廊柱和精细的铁铸文饰,而楼内一应俱全的却是雕龙嵌凤的繁缛的红木家私,门口供着"门官土地福德正神"、"五方五土地主龙神"、关公像、观音,门前还张贴着"天增岁月人增寿,春满乾坤福满门"的对联。这种模式说明了近代化广州的新生活趋势是在新旧的夹缝中仄行无止的,一切尖锐的排斥都安排在相安相融中。

骑楼更堪称是中外建筑文化交融而最富于岭南特色的建筑标识。民国七年(1918 年)拆城墙扩马路,在古城基倾圮的同时,开通越秀北路、人民路、盘福路、文明路、大德路等如今仍服务着民生的主干道,其时为了充分地运用马路的空间,依据南方潮湿多雨、炎热高温的气候特征,马路两旁便建起了两三层的砖木混合结构的"骑楼"式楼房。首层留出部分做人行道,与商铺相连,楼上用做民居,商宅结合、亦市亦居。这种将西方古典建筑中的券廊形式与岭南的传统建筑形式相结合演变成的"骑楼"建筑,特别适合广州多雨、炎热的气候特点,一时风靡全城,形成广州街景的主格局。目前广州的骑楼建筑主要集中在中山路、解放路、人民南路等商业街道,其中以西濠口一带的气魄最壮观。(见右图)

人民南路典型的骑楼建筑

这一以我为本的"西化"模式,使广州的城市风格体现为:中西融合的城市气质与风貌;务实的善于改造的发展道路;独特的传统个性注入了西化背景。

因此,广州两千多年与众不同的独特的发展道路为它带来了创造独特城市风格的多层次的条件。

第二章

历史文化资源的整合与运用
——以荔湾老城区为案例

第一节　现有历史文化资源调查概述

荔湾区的老城区，历史上是广州古城西门外的繁华外贸商业区，史称“西关”。唐时以“蕃坊”（今光塔路一带，现辖属越秀区）最旺。至宋已转南海西庙（今文昌路广州酒家一带）为商业旺地。明清时则转到十八甫怀远驿及十三行一带。外贸商业的繁华，使这里成为了中外经济文化的交汇点，起着促进“东学西传，西学东渐”的中西文化交流的作用，带动了工农医教艺各行各业的全面发展，对整个广州地区、岭南地区甚至中国的政治、经济、文化发展有着较大的影响。

西关文化，既体现了“艰苦奋斗，自给自足”的中国传统农业大国的文化精华，也包容了18世纪工业革命后西方资本主义国家兴起的新科技、新文化、新思想。它是“岭南文化”、“海洋文化”的缩影。既有适应地区发展的务实性，又有跟上时代发展的创新性，既具指导各行各业发展的科学性，又有丰富生活、美化生活的艺术性、休闲性。

这种地区特色的历史文化烙印，不仅反映在思维方式、语言、文化艺术、风俗习惯等方面，还反映在各行各业的成就上，更体现在历史遗留的特色建筑、各类文物上。它们是历代积淀的珍贵的历史文化资源遗产，尤以商业文化、饮食文化、粤剧文化、中医文化、建筑文化等资源最具特色。

在历史文化遗存、园林、交通、建筑等方面，有海山仙馆，在历史上极负盛名，被誉为广州历史上的园林建筑之冠；有迄今一千三百多年历史的广州第一条见于历史记载的街（杨仁里），隋代的广州州牧（大约相当于省长）王岘公、王文德都曾在此居住过（有出土的王夫人墓志铭为证）①；又是晋末（420 年）至隋代大业三年（607 年）的一百七十多年间，广州珠江由北岸，自坡山南移 600 多公尺的地理物证；有标志着荔湾区对外交通进入火车年代的两座接驳广三铁路石围塘车站码头（西堤及黄沙码头）；有显示广州建筑发展过程的西关大屋、欧洲古典式楼房（海关大楼、广东邮务管理局大楼等），到广州第一座高层钢筋混凝土大厦（南方大厦）；有记录广州、居民从食用河水、井水，发展到食用经过澄清消毒的自来水的里程碑（广州第一个自来水塔遗址）等。

在科学技术方面，有著名铁路工程师詹天佑的故居和詹天佑工作过的广东省商办粤汉铁路总公司遗址（在黄沙车站）；有中国第一个显微镜制造家李任重；有中国最早的无线电制造家胡否炽、胡否珊②；有科普专家江宝衍和他创办的中国第一份科普专门期刊农工商报；（在光雅里）；有在清末进行技术革新，出品精良的富华织布局（在彩虹桥）；有把接种牛痘医术传入西关，再传到全国的丘熹；有批量生产内河轮船的陈子聊，有以制造兵器驰名的广州兵器局（在增步）等。

在文化事业上，有广州第一间报馆（述报）第一间画报（时事画报）、第一间图书馆（十八甫新街图书报处）、第一间电影制片厂（在多宝坊）、佛教禅宗初祖达摩登岸处（西来初地）；有岭南三大诗家之一的梁佩兰故居（初

---

① 曾昭璇等著：《广州西关文化的起源与发展》，收于《别有深情寄荔湾》，广东省地图出版社 1998 年版，第 21 页。

② 黄汉纲著：《荔湾区近代科技历史人物举要》，收于《别有深情寄荔湾》，广东省地图出版社 1998 年版，第 152 ~ 154 页。

在城西梁巷、后迁丛桂坊)、清末民初著名学者简朝亮故居(芦荻巷艺圃西一号);还有中国最早的出口商品交流展览会(1910年,在陈家祠),那里陈列了缤华习艺院(在十八甫)、珍隆盛(在光雅里)、广兴隆(在杨仁里)等工场商号的顾绣,笑梅轩的烧铜质人、物像,同盛商号的象牙球,还有茶叶、丝绸、草席等多种出口商品,并在此与美国来华实业代表团开谈话会,研讨中美商业问题,展示了荔湾地区对外贸易源远流长的历史;此外,荔湾地区还在清末举办过工矿物产品展览,高剑父、尹笛云、冯润芝、潘达微、尹如天绘画展览等广州的首次这类展览。

在革命建筑、遗址及文物方面,有孙中山的医人"医国"的东西药局、1840年抗击英国侵略军的西炮台、"塔影"楼与中山舰、孙中山革命政府的机关报(广州民国日报)、兴中会秘密机关(东亚同文会)、中国同盟会暗杀团分址(在存善东街8号),有发动反英侵占西江缉捕权的德育女子师范学校,有国共合作大革命时期的"红色甲工",有沙基惨案纪念碑,有共产党主持领导的抗日救亡日报(在长寿路)等。

在饮食文化方面,不但有西园、愉园等大酒家,很多西关大户的烹调妈姐(多来自顺德),也煮得一手好菜,食谱多种多样,流行的广州方言西关食谱顺口溜"西关食野味道够,香肉水鱼龙虎斗。禾虫蚕蛹味浓香,龙虱食完嗒嗒口"反映了这一特点。品种多样的西关小食也很出名,尤以池记云吞面、亚娥粉果等最为驰名。池记云吞面以一街头小担档的规模,其知名度超过了当时的一些大酒家,赞誉它的诗文常见于报章,其中一首打油诗刊于池记歇业后的广州《前锋日报》,显然不是吹捧之作。诗曰:"池记云吞面有名,此名不独响羊城,澳门香港皆称赞,马路渠边亦有兴。档口规模仍一提,价钱比率用三乘,汽车贵客如流水,夜夜奔来共食清。"所有这些都是发展荔湾区饮食文化的历史基础。

20世纪90年代以来,我们就在本区老城区展开了历史文化资源的调查,并在分析的基础上,提出了一系列的开发建议。

调查的基本状态与开发建议如下:

一、现有建筑文物的保护

现已定为全国、省、市文物保护单位的景点，应依《中华人民共和国文物保护法》加以保护，以开放旅游景点和提供商贸服务的方式开发利用。

全国重点文物保护单位：陈氏书院

清代沙面古建筑群

广东省文物保护单位：粤海关旧址（市级）

广雅书院旧址

沿江西路邮政大楼

沙基惨案纪念碑

广州市文物保护单位：华林寺

敬善里石屋

仁威庙

泰华楼

锦纶会馆

清代古当铺（华贵路26号，中山七路22号）

粤海关大楼

南方大厦

西门口瓮城遗址

五眼古井、敕封广济桐君庙碑

西关大屋（龙津西路逢源大街8号，8号之一，8号东座，21号；逢源北街80，80之1—4，82，84号，87号；逢源沙地一巷36号；宝源路：5—23号，8—34号；长寿西路鸿昌大街22号；多宝路201—221号。）

一些够条件成为文物保护单位的应申报为文物保护单位，并开发为旅游景点。属此类的我们认为有如下四处：

协和堂及相关建筑群（位于西增路协和中学内）

文塔(位于龙津西路,明或清初建筑)

斗姥宫(位于西华路斗姥前,明代建筑)

塔影楼(位于沿江西路,1919 年建)

清代银行会馆及牌坊(位于珠玑路小学内及正门外)

“开越陆大夫驻节故址”碑(位于西村发电厂后门门口)

二、未达文物标准的特色建筑与名人故居的保护与利用

一些未达文物标准的特色建筑与名人故居以主题街区或主题公园方式保留利用。

在目前的状况下,大面积地保留旧城区在荔湾区已是不可能的事。但全部拆掉旧建筑,也是对历史文化资源的不负责任。城市的高层建筑不可能像老房子一样连成一片。高层建筑间的空隙,在新城区是用绿化带来填补的,而在老城区中就有可能让在历史上、在建筑学上有价值的一些老房子保留下来,辅以绿化带美化,用绿化带使其与现代建筑分离及连接,形成一个和谐的、传统与现代相结合的、具有荔湾特色的城区面貌。

主题街区可包括:

①骑楼街:包括上九路、下九路、第十甫、恩宁路、龙津西(多宝路至泮溪段)。

②西关民俗风情区:包括龙津西路西面的逢源大街、逢源北街、逢源沙地一巷、逢源北横街。

③西关大屋区:耀华大街(整条,约百多米),耀华东街 11、13 号,37—65 号,48—70 号。(两街刚好位于文昌南路约同一位置的马路两侧)

④十六甫东四巷街区:包括十六甫东四巷 16 号西关大屋及 14 号香港名艺人黄霑故居等。

⑤逢源南街街区。保留逢源南 34 号之一,以此风格改造该街建筑。

主题小公园、名人小苑可包括:

①马万祺旧居公园:包括位于南源街南岸的马万祺旧居、马家祠、蔡家祠。

②陈济棠时期省营第一工业区纪念公园:包括福州路 6—22 号原黄冠

章别墅、水泥厂最早的生产线等景点和原广东饮料厂的特色建筑。

③粤剧名人故居小苑:包括恩宁路永庆一巷、永庆二巷、永庆大街。

④千里驹故居苑:包括多宝路73、75、77号。

⑤靓少佳、郎筠玉故居苑:包括昌华新街23、25、27、29号。

⑥詹天佑故居小苑:围绕詹天佑故居纪念馆,结合延伸和平西路工程,建设绿化公园。

其他的可视不同情况分别加以利用。

这些主题街区、小公园和名人小苑,不定作文物保护单位,只是保留其传统特色风格,照常居住或营业,应以原风貌去维修,以原业主单位负责维护保养,政府只在房外的绿化带进行投资,使它们能与周边环境匹配,达到既美观,又保留历史文化内涵,不妨碍现实使用的目的。

三、"有名无实"的历史名牌的开发利用

一些虽没古迹存在,但在历史上的巨大影响至今仍存的,可利用这种历史品牌的无形资产建设规划商贸旅游景点。

①荔枝湾。应多搜集有关文物、诗书画、石刻,丰富展示。把西关街头石刻均集中至此,形成西关碑廊。广植荔枝树,争取复回"一湾溪水绿,两岸荔枝红"之景观。广植荷花,放养锦鲤,体现泮塘特色。利用湖面,开展游艇、龙舟表演、航模活动等多项水上活动。办好特色美食城、精品购物中心,在周边设立"西关大屋旅馆"、旅游剧院,使游客能在此吃、玩、看、住、购。

②十三行。在十三行地区建一陈列馆,征集、复制各地、各国珍藏之十三行文物展出。复建几十米长的清代十三行同文街或靖远街。以此体现这一地区主题。今后在此新建的现代楼宇也应体现异国风情特色。把这一地区,引导发展成国际精品贸易区和国际会展中心,使之成为荔湾区的一个新的经济增长点。

此外,历史上孙中山曾在冼基开设东西药局,詹天佑在逢源南曾有房屋,但今天都无法查证落实在该街哪一间。可在该两街上,分别竖宣传栏或

石刻说明，也可在相应街道上建纪念馆，供游人缅怀这些历史。

四、历史文化的“软件”开发

除了以往已知的“中医”、“诗书画”、“粤剧”等强项外，西村泮塘一带的“题四句”群众文化活动、龙舟比赛、乡村古老的婚嫁形式、武术等方面，都有不少是可挖掘运用，为荔湾北片老城区的商贸旅游业服务。

荔湾老城区的传统文化，包括名胜古迹、民风民情、文物文史，各行各业的行家里手、专家、学者、艺术家、政治家创造的业绩、成就、优良品质、思想等实物与非实物遗存，及其所具有的独特风采，是今后发展荔湾老城区的真正优势。

第二节 在历史文化资源整合中的历史与当代价值关联的探讨
——以“十三行”的遗址整合为例

地处广州市荔湾区十三行路及其南侧现文化公园一带，曾经以独特的商品经济姿态活跃在世界经济舞台上。写下重要篇章的清代十三行，虽在第二次鸦片战争中被毁了，距今约150年之久，但它留给人们的历史信息和深远影响，却并没有伴随着历史风雨的冲刷而消亡，而是继续驰名世界各地。在对这一资源的调查中，我们致力于探讨历史文化资源整合中的历史价值与当代价值的关联。

一、问题的提出：今日“十三行”香外不香内

1999年年底，上海古籍出版社与美国皮博迪·艾塞克斯博物馆合作出版了一本画册《十九世纪中国市井风情——三百六十行》，收集了19世纪广州十三行的两名外销画画家的画——蒲呱的100幅水粉画和庭呱的360幅线描画。皮博迪·艾塞克斯博物馆于1996年11月至1997年9月分别

在中国香港、美国两地举办了《珠江风貌:澳门、广州及香港》展览,在反映广州的四十多件展品中,与十三行有直接关系的竟占了30件。①

1996年,丹麦驻华大使白慕辛先生偕同夫人来到广州十三行寻找先祖到十三行经商的踪迹,其夫人多次向朋友兴致勃勃地赠送当年十三行的油画印刷品。

据中山大学历史系章文钦教授介绍,1992年,瑞典组成了多达七十多人的历史文化考察团,到广州十三行和黄埔考察。黄启臣教授介绍,1984年瑞典人士来到广州拍十三行的纪录片,1993年,加拿大人士来拍关于鸦片战争的电视片。

据市外事接待部门有关领导介绍,美国马里兰州巴尔的摩市复制的1814年曾到过十三行经商的帆船,近年曾访问广州。

2000年7月,美国南加利福尼亚大学历史系范岱克教授专程考察了十三行、黄埔等地。

2006年7月,瑞典"哥德堡Ⅲ号"仿古船沿着18世纪3次到中国经商的航道,抵达广州访问。

而据有关专家介绍,美国的马萨诸塞州的美中贸易博物馆收藏有四十多幅19世纪十三行的外销画,在英国伦敦博物馆有清代十三行的模型,在丹麦、瑞典、荷兰国家档案馆、美国国会图书馆等都藏有有关十三行的史料。

但是,相对而言,广州为十三行所作的研究则少了些。虽然,有蔡鸿生、章文钦、陈柏坚、黄启臣等专家都在研究十三行问题,广州市和荔湾区这几年也先后召开过几次十三行研讨会。但是,由于种种原因,从20世纪30年代至今,仍仅有梁嘉彬著的《广东十三行考》等寥寥可数的几本研究专著。至于清代十三行时代的遗迹与文物,更为鲜见。经历了数次战火洗礼和现代城区改造的十三行,仅剩"十三行路"、"豆栏街"等街名,在博物馆中也少见有十三行的文物展出。不少慕名远道而来的海外游客,也只有望着十三行的路牌说"遗憾"。

---

① 参见陈坚红:《岁月悠悠西关情》,广东省地图出版社1998年版,第104—107页。

二、十三行——中外经济、文化交流的见证

秦汉以来,广州已成为中国的外贸港口。唐宋以来,外贸活动集中于城西的市舶司、蕃坊一带。明代,城墙西移,外事活动则转至怀远驿(今十八甫附近)一带。清代,随着江岸南移,十三行取代了怀远驿,成为了官方特许的外贸区。

十三行形成于何年,专家说法不一。但据屈大均《广州竹枝词》"洋船争出是官商,十字门开向二洋。五丝八丝广缎好,银钱堆满十三行"而定,应是康熙二十五年(1686年)已有十三行。而据梁嘉彬考证,招商承充洋行主的制度是在康熙二十四年粤海关建立之后才有,因此不可能早于这一年。

由1757年至1842年间,清政府撤销沿海其他海关,独留广州海关通商,十三行独享对外通商特权。十三行的性质,用现代些的话说:实质是清代的中国出口商品交易会,而且是一年三百六十五天都开放的交易会。

经济的贸易,也必然伴随着文化的交流。85年的一口通商,吸引了大批中外精英人才,聚集了最精美的货物、工艺品,使十三行成为了东学西渐、西学东渐的枢纽,成为了中外经济、文化交流碰撞的世界瞩目热点。

1817—1826年任两广总督的阮元在《唐荔园》一诗中有这样的诗句:"今方承平岭海盛,夷宾十倍唐昆仑。贡献屏绝尤物贱,百蛮共仰朝廷尊。"国内的优质瓷器、丝织品、漆器、茶叶、绘画、手工艺制品等大量销往欧、亚、美、大洋洲等世界各地。进口物资主要有机械、医药、针织、石油、化工等产品。到达广州经粤海关贸易的外国商船在一口通商后急剧增加。1749—1758这10年有194艘外国商船到广州,而在1829—1838年这10年间就有1101艘外国商船到广州。①

海内外的精英也云集于此。如詹天佑的曾祖父,就在1760年从徽州婺源举家来到广州经营茶叶。而十三行中的著名洋行同文行创始人潘启,也是从18世纪上半叶从福建来到广州经商的。又如1815年,英国皇家外科

① 见陈柏坚、黄启臣编著:《广州外贸史》上册,广州出版社1995年版,第169页。

学会会员、医学硕士合信,到十三行旁的沙基金利埠开设惠爱医局,并相继撰写了《全体新论》、《西医略论》、《妇婴新说》、《内科新说》等医学书籍。1835年,美国传教士、医生伯驾到广州十三行创办了一所"眼科医局"。

在翻译出版外国书籍方面,十三行的行商们也作出了较大的贡献。1805年,英国商人把有关接种牛痘预防天花的英文书籍带到广州,行商郑崇谦将它翻译成中文《种痘奇书》出版。其后,一些行商并在十三行实际推广接种牛痘。(日本现在有学者认为,日本接种牛痘技术也是那时从广州十三行传入的。)在第一、二次鸦片战争的间歇期间,广州西关十三行富商潘仕成出版的《海山仙馆丛书》,内含多本外国译著——德国汤若望的《火攻挈要》、意大利利玛窦的《几何原本》、《同文算指》、《圆容较义》、《测量法义》、葡萄牙玛吉士的《新释地理备考全书》、英国合信的《全体新论》、高丽崔致遠的《桂苑笔耕集》等,涉及数学、地理、医学、国防等科技和实用领域。十三行的商人们并实际仿造西方的夹板船、火轮船和水雷。

与此同时,中国文化也通过十三行这一窗口辐射到世界各地。

据一些专家考证:"在广州绘制并出售中国外销画的此类画铺始于何时,今已难以确考,或可追溯到18世纪中期。这些画铺的铺主本人就是画师,由他雇佣一些画工和店员。这些画铺都开设在十三行地区的靖远街和同文街,即洋人所称的旧中国街和新中国街。而据19世纪上半叶一些外国人记载:"旧中国街和新中国街的画工们是一个为数众多的阶层。""在广州,画工多达两三千人。"①现还存世的这些清代十三行外销画,绝大多数都是18世纪70年代以后的作品。

中国精美特产陶瓷、丝绸、茶叶等大量出口外国,也向外国传输了陶瓷、丝绸、茶叶等生产工艺。而当英国等商人难以弥补与中国进出口的正常贸易逆差之时,加上清廷海关横征暴敛的腐败,最终导致了鸦片战争——带着帝国主义本质的资本主义与故步自封的清廷的封建主义的强烈冲突。

有人认为,中国海关腐败是诱发鸦片输入的主因。我们认为绝非如此。

---

① 见黄时鉴、沙进编:《十九世纪中国市井风情》,上海古籍出版社1999年版,第5页。

根据第二次鸦片战争后至1931年间由外国人管理的粤海关的资料，发现这个绝对不向外国人横征暴敛的海关，在1862—1891年间，共经海关向中国输入（未包括走私输入数）鸦片94354担，其中1888—1891年间，每年输入都在万担以上；1892—1901年间，输入生鸦片72239担，1902—1911年仍有44031担，1912—1917年仍经海关输入7711.62担，1917年第二季度起才正式禁止从海关进口鸦片。① 而在鸦片战争前，由清廷自行掌握的粤海关期间，鸦片的输入量（包走私）也不过如此：17世纪60年代，鸦片以药材征税输入；至18世纪60年代，每年输入不超过200箱；1796年，因嗜者日众，清政府正式禁止鸦片经海关入口；至19世纪20年代初，每年走私由澳门、黄埔进入的鸦片达三四千箱；其后走私船移至零丁洋，每年至多船不过5艘，烟多不过4000箱；后由于外国战船护航，清廷放松缉捕，年走私船增至二十多艘，烟两万多箱；至1838年，清廷缉私水师腐败，使鸦片烟增至年入四五万箱。②

可见，向中国输出鸦片，是由新生的西方资本主义需要积累资金、扩张市场的侵略、掠夺本性所决定。

而广州人民开展的禁烟斗争与在鸦片战争中给入侵的侵略者的打击都是举世瞩目的。像三元里抗英斗争（三元里斗争有西关的丝织工人、打石工人参加）、林则徐在广东领导的阻击战，体现了中国人民不畏强权、保卫祖国的大无畏气概。但是，由于清廷的腐败，鸦片战争以中国大门被全面打开、十三行的官商制度废除、租借香港、沙面给外国等令中国耻辱的结局告终。十三行的地位逐步被香港、上海等城市所取代。

鸦片战争后，张之洞等洋务派官员，试图吸取外国科技，“以夷制夷”，挽救衰亡的封建皇朝。维新派的康有为、梁启超则试图用和平方式学习西方政体救国。而在他们失败之后，孙中山领导的资产阶级民主革命终于推翻了清朝统治，建立起新的政体。这大概可以算是清代十三行

---

① 参见广州市地方志编纂委员会、广州海关志编纂委员会联合编译：《近代广州口岸经济社会概况——粤海关报告汇集》，暨南大学出版社1995年版。

② 梁嘉彬：《广东十三行考》，广东人民出版社1999年版，第367—368页。

的“结局篇”。

三、“十三行”的现代品牌

十三行在民国时期经历了抗日战争的战火，已夷为平地。解放后，人民政府用两年时间在这里复建起了华南土特产展览交流会，于广州解放两周年纪念日——1951 年 10 月 14 日正式揭幕开放。以后每年的中国出口商品交易会都在广州举行（会址先后移址至海珠广场和流花地区）。党的十一届三中全会后，广州又成为改革开放先行一步的沿海城市之一，这些都是“十三行”名曲的再续新篇。但是，对清代十三行的学术研究、对清代十三行文物的收集展出、对十三行旧址的开发利用等方面，广州是落后了。

近几年来，我们经过考察，发觉广州尚有如下与十三行有关的遗迹可供利用：

（一）十三行地区一带仍存的历史地名

因经历了两次鸦片战争与多次人为大火，原十三行地区一带的行商的商馆、夷馆均已荡然无存，仅遗留相关的历史街巷名。而随着 20 世纪八九十年代的旧城改造，一些街巷也已夷为平地，从地图上消失。广州现仍有如下与当年十三行商馆区有关的街名：

十三行路（对应十三行街）

豆栏东街（仅剩南段，北段原与豆栏上街相对，已夷平）

豆栏上街

宝顺大街（对应原天宝行行主梁承禧的经官行）

普安街（对应原广利行行主卢继光的茂官行）

怡和街（对应原怡和行行主伍秉鉴的浩官行）

在筹建十三行博物馆的同时，可否考虑把这些旧街巷发展成延续当年十三行中外文化交流特色风情的中外特产、旅游品销售专区及各地民俗风情特色展示区，甚至可打出昔日行商之旧行号经营，吸引游客，使这里重新成为购买中外精品的购物天堂和增长见识的值得一游之地。保留这些旧街名，在街口竖简短沿革介绍，可让游客追思昔日十三行独特之商业繁荣。

（二）锦纶会馆

锦纶会馆始建于清雍正元年（1723年），是康乾盛世的产物，也是与十三行鼎盛时期息息相关的行业行会。屈大均先生咏十三行的竹枝词中有："五丝八丝广缎好，银钱堆满十三行。"可见当时丝绸出口在十三行出口贸易中所占的比重之大。锦纶会馆也是目前广州唯一较完整保存的清代行业会馆建筑（清代银行会馆在今珠玑路小学内，仅存前座）。馆内仍有十多方完整的清代石刻，记述建馆、扩建、重修等过程。该馆现已被定为广州市文物保护单位。在建设康王路的过程中，政府有关部门听取了专家建议，以整座搬迁的方式，既完整地保护了文物，又让出了地方开路。搬迁后的锦纶会馆，与邻旁的反映中印文化交流的华林寺以及近代的繁华商业街的代表——第十甫、上下九路相呼应，可用作广州丝织业发展史展览馆，结合展示十三行的丝绸外销，同时可与现代商业建筑荔湾广场以及规划中的康王路现代商务中心一起，构成了一个历史自然形成的广州古代、近代、现代商业建筑博览区，展现广州的商都风情。

（三）银行会馆

位于珠玑路连珠巷，建于康熙十四年（1675年）。以后经多次扩建、重修，其中同治十二年、同治十三年（1873—1874年）的重修最具规模，花费白银一万多两，出资赞助修建的银号达64家，并留下了《癸酉重建会馆碑记》和《癸酉重建银行会馆形图碑》（平面图）两石刻。如今此两石刻已移至广州博物馆五层楼碑廊展出。银行会馆的头一进及门前广场、两侧牌坊仍保存完好。建议今后有条件时，迁走在此的珠玑路小学，复建银行会馆景点。

（四）十三行行商故居

十三行行商，昔日多居住邻近十三行商馆区一带，或为对岸河南（今海珠区），或为荔湾、泮塘，至今仍存留较好的仅在今海珠区。一为今同福路栖栅街的潘家祠道，此处有同文行创始人潘振承建造的潘家祠（潘能敬堂）。该处原祠堂正面立面保留较好，但因被某厂用作职工宿舍，瓦顶已大部分被更换。祠堂隔邻仍由潘家后人居住的住屋，则保留基本完好。从梁、柱及两进间的小花园，仍依稀可见昔日的富豪气派。离此不远，在龙庆北街,有其孙潘正炜建的潘家祠(潘松顺堂)。该祠经几代人努力,至民国时期,已是三开间四进的大宅,纵深已达七八十米。除中间部分为祠堂外,大部分是住宅。今天,该大宅除中部被新房拦腰切断外,前后部分均保存较完好。其中后部与原潘正炜听飒楼天井相隔的后宅二楼,仍保留有18、19世纪十三夷馆建筑流行的木百叶窗建筑特色,体现着昔日中西建筑文化融会的特色。前部原被某厂占用,现该厂已退出。原潘家门前的一对石狮子,仍在海幢公园。潘家后人至今仍珍藏有听飒楼的石刻。相隔不远还有十三行行商卢氏所建之卢家祠,前座尚保留原样,后座则已拆除,成为现某中学校园。笔者以为,修复好此几处行商故居遗址,作为广州十三行一日游的旅游线上之一景点,将是有意义的事。

另一处为今海珠区黄埔村内的行商梁经国致富后在其家乡建造的左垣家塾,这座祠堂式私塾至今仍结构完好,天井内还有一石牌坊。加上此处珠江河段即昔日来广州外国商船泊靠和接受海关检查之古码头所在,村内还有好几家各姓的大祠堂古建筑,此处也可成为十三行一日游之景点。

至于道光年间十三行茶商潘仕成在荔湾泮塘建起的海山仙馆,曾经成为很多外国人游记文章中的记述对象。法国于勒·埃及尔1844年摄有海山仙馆历史照片。潘仕成是同文行创始人潘振承弟弟的曾孙。潘仕成应是在第一次鸦片战争后接办同孚茶行的。此前,其父潘正威在潘振承孙潘正炜的同孚行帮忙,外国人称为“潘庭官”。潘仕成曾热心帮助林则徐抗英。他的海山仙馆则是在约同治十二年(1873年)毁于官匪,被拆毁拍卖。但潘仕成在原海山仙馆刻造的近千方石刻,至今仍有180多方石刻在越秀山广州美术馆内(内有林则徐给潘仕成的书信石刻)。原海山仙馆藏品天蚃琴,仍在今广州博物馆内。原清代绘画的海山仙馆图卷,仍在广州美术馆收藏。原潘家的“软云石”仍在今广州烈士陵园内。原十三行富商伍家的猛虎回头石,仍在海幢公园。在顺德龙江镇南坑村,有乾隆、嘉庆年间在广州十三行经营陶瓷玉器的艺兰堂、披云堂的香炉等遗物。广州市博物馆、番禺宝墨园都购进或接受了热心人士捐赠的十三行外销画。近年,荔湾区政府出资在荔湾湖重建了海山仙馆,收购了原海山仙馆出的《海山仙馆丛书》(线装

120 本)、对联等物品。我们以为,如果市有关部门能统筹利用好这些文物,在十三行路设立十三行博物馆,将会复原出一个有意义的广州海上丝绸之路历史景点。为了统筹管理好这些文物,可否以广州市博物馆十三行博物馆分馆方式,由市文博部门统管,以提高该景点的档次与管理水平。

(五)黄埔长洲岛上的外国人公墓

在今黄埔长洲岛竹岗(昔日此处与长洲岛分离的一小岛)上,有 18、19 世纪各国来广州在船舶上不幸去世的船长、船员公墓。由于经过"文化大革命"的冲击,此处虽经文物部门修葺,仅有墓碑约三十件。但这些当年刻下的外文墓碑,就是记述了当时历史的石档案,很有研究价值。有关部门最好能把每件墓碑中的人与事整理出来,公之于世,并可考虑逐步把该处开发成一旅游景点,作为十三行专线游上之一景。但涉及属地管理等问题,目前恐开发难度较大,也需要市有关部门协调解决好,才能使之发挥其应有效益。在广州黄埔长洲岛一座土名金鸡饮水的山(现称巴斯山)上,有巴斯人墓地,有成人墓地 8 座,均有墓碑,其中的一方还特别写明死者系从事国际贸易的商人。

(六)黄埔古码头

在今海珠区黄埔村内,为昔日到广州十三行贸易的外国商船到达广州接受海关检查之处。

(七)海神庙

中国老百姓祈求海上航行平安的庙宇。内有很多历代名人碑刻,包括康熙皇帝题写的"万里波澄"。

四、十三行资源的现代价值运用探讨

(一)商贸开发价值

因为十三行是清代我国中外经济、文化交流的独特的商贸团体。它由康熙二十四年(1685 年)设立粤海关,允许开海贸易,继翌年至道光二十二年(1842 年)这一百五十多年间,不仅在很大程度上独揽了广州的外贸;而且还自乾隆二十二年(1757 年)至道光二十二年(1842 年)这八十余年间,清政府撤销沿海其他海关，独留广州海关通商，十三行因此独享对外通商特权，更是总揽了全国的进出口贸易。那时清朝政府通过十三行“特区”的行商管理制度，源源不断地把国内优质的陶瓷器、丝织品、漆器、茶叶、外销画和各类手工艺品等，大量销往欧、亚、美和大洋洲等世界各地；又从世界各国通过外国商人进口机械、医药、针织、石油、化工等产品，从中收取巨额税款、各种捐献供奉，以满足无数不时之需。据《清外交史料》（清嘉庆四年）记载，十三行垄断中西贸易后，整个中西贸易税饷皆由行商收缴，“洋商承揽夷货，动辄数十万两；承保税饷，自数万两至十余万两不等”。这些税饷便为粤海关税入的主要部分。所以在乾隆四十八年（1783 年）以后，粤海关税入就跃居全国 29 个税关的首位，嘉庆年间则不但达到百万两以上，甚至还超过了广东全省的地丁银 125 万两，占全国关税总收入的四分之一。十三行令清政府在一百五十年间每年均获取了巨额的经济收入。不仅满足了腐朽的清朝统治阶级的奢侈享乐，而且还为维持千疮百孔的清帝国起了一定作用。据研究数据表明：清政府从外贸商人处聚敛的财富远远多于历史上任何的封建王朝。所以，当时广州竹枝词有云：“银钱堆满十三行。”就是这一情况的真实写照。广州成了“富甲天下”的城市，拥有跨国财团。那些行商也赚了大把钱，积聚了大量资本，其中就有潘、卢、伍、叶四大家族成为世界级的富豪。此外，十三行的外贸龙头还带动了当时中国各行各业的经济的发展。光是广州丝织业生产这一行，当时为满足外贸需要，就被激活得异常活跃，当时有多个行口，其中的十八行又分洋货三行、金彩三行、干纱三行、绫绸三行等；十一行又分宫、宁、线、平属贡品和牛郎四纱属洋庄干纱、洋八五六丝及洋货、洋巾等。全行最盛时工人达三四万。在清道光十年（1830 年），仅生丝一项，从广州出口就达 705300 万斤，其中广东丝就占 368000 万斤。虽然十三行的建筑及其运行制度在后来遭到毁灭，其故址也已改作它用，但其影响及历史信息仍在，十三行行商的后代、亲属等仍有不少在海外极具势力，他们对其先祖辈在十三行的历史活动仍情有独钟，常前来该处凭吊、缅怀。至于与十三行直接或间接发生贸易及其他关系的人的后代、亲属等就更多了，以及至今仍极有兴趣保藏和研究十三行遗物的人士也不在少数。这些都是我们今天提出恢复和开发、利用十三行名迹，恢复和发展它的对外进出口商贸功能的有利条件和主要依据之一，也是其恢复和开发、利用的主要价值所在。

如果我们能根据上述十三行的历史内涵，按原址范围重新划出文物开发保护区，用科学的精神、“修旧如旧”的原则恢复当年十三行的局部历史风貌，恢复它当年作为对外贸易的商贸功能，让十三行的局部建筑、室内外装饰、陈设、遗物及环境风貌再现出来，那么，其散发出来的独特的吸引力，将可以重新唤醒和召唤回海内外尚保留在人们头脑里长达150年之久、且行将淡忘的有关十三行的各种历史信息和对它的这样或那样的独钟之情，以及行商们或曾与之经商的人们的后代、亲属缅怀其先辈在此建功立业之情怀。令他们情不自禁地前来这里睹物思人、游览观光，或开展投资商贸活动。这就为我们实施开发计划，提供了大批客源条件和投资条件。

其次，恢复十三行的历史风貌和它的商贸功能，可以充分发挥南方大都市广州那具有两千多年悠久历史的对外贸易的传统优势和现实优势，可以充分吸纳十三行当年如何利用行商制度获取大量财源的经验，以及在经营管理和从事商贸活动中的经验和教训，结合现实情况，把它应用于现实商贸活动中，把商贸的主动权牢牢地掌握在自己的手中，取得比当年清政府更大的经济效益。

（二）旅游开发价值

当年清代十三行范围很大，气势雄伟，建筑华丽。它面临美丽的珠江，风景宜人，在清代就是广州的一处名胜，曾吸引许多画家、工艺名匠以之为题材作画及创作工艺品，是他们十分喜欢表现的对象。作品不计其数，著名的有啉呱的《广州商行》、《广州江岸两景》、《1842年大火后的广州商行》，其弟庭呱《从河南眺望十三商馆》、《珠江及广州河南货仓区》、《茶叶装箱外销》、《十三行行商邸宅》组画，新呱的《广州的十三行商馆》，大批佚名画家之作《广州十三商馆》水粉画、《广州全景》、《从集义行荷兰馆顶楼眺望广州全景》等。如果它不美丽，不会引来那么多画家为其作画。据著名外销画家新呱笔下描绘的《广州的新十三行商馆》看，十三行的景色是多么的美丽迷人。那珠江河岸上一幢幢精美的欧式建筑，从右至左分别是怡和洋行悬挂丹麦旗、英国商馆、法国商馆、美国商馆及俄国商馆。商馆前是开阔的广场，有绿草如茵的美丽花园，矗立着一座基督教堂。宽阔的珠江河上，舟楫如梭，船桅成林。难怪美国 W. D. 伯纳德在他的著作《复神号在中国》中惊叹赞美："珠江，是世界上可通舟楫的最大、最深、最美丽的河流之一。"如果将它复原再现出来，将是一处多么美丽迷人、极具吸引力的旅游胜景啊！它的旅游开发的潜在价值将会多么大啊！当你走进这一复原区，你将会重新看到 18 世纪至 19 世纪广州独特的民俗风情和中西贸易的盛况：在街道里有那挑担卖西关名小食的、耍猴子戏的、捏小面人的、演木偶戏的，还有售卖外销画的，以及头戴竹笠、赤裸着上身的轿夫；衣着华丽准备去朝拜的贵妇；在同文街，有一间间外销画室开张，画师们在作画，接受订单。这些曾经在 18 世纪和 19 世纪征服过欧洲广大群众的心，"使中国在欧洲风尚中占有极其显著地位"的十三行市井风情，在现代社会，同样可以令处于高技术时代的海外人士，达到高情感的平衡，而令他们不远万里前来观光、旅游和购物。

（三）文化开发价值

十三行不仅是独特的商贸团体，而且其行商们大多极有文化素质，如潘振承在没有充任行商前，通晓外国语言文字，其子有度著有《义松堂遗稿》。有度子正炜"幼勤学，善书法"，尤精小楷，入县学为"附贡生"，后顶替其父为同孚行行商。他们吸收西方文化，弘扬中国传统文化，辑刊丛书方面成果不少，这些都是极有文化开发价值的。其次那外销画家绘画大批极有特色、水平较高的外销画作，强烈地体现出近代岭南文化开眼看世界、融汇中西的特点。当年作为商品的外销画，现在都被收藏在外国博物馆及私人藏家手里，成为珍贵的文物藏品。还有广彩瓷也是极有文化价值的外销瓷。它发源于广州西关，是来十三行做生意的外商需要大批景德镇等地的瓷器，而刺激广州商人看准行情，利用广州便利的地理条件和十三行独揽外贸的优势，投其所好，在广州南岸开设加彩工场，从景德镇等地外运素胎，按外商的需要描画施彩，开炉烘染，烧成彩瓷出口。18 世纪末至 19 世纪初，这些专门附属于洋行的广彩作坊，就有一百多间。他们每年生产的大量广彩瓷器从十三行出口，不仅获取巨额经济收入，而且还成了文化交流的使者，把中国人民的友谊和文化艺术传到世界各国人民中，现在这些当年的外销品已成为我国、土耳其、英、法、美和瑞典等国博物馆收藏的珍品，具有很高的文化价值。此外，还有外销画的大量销出国外，说明中国人纯熟掌握西画技法的年代，可以从原来说的20世纪初开始的年代又向前推移了一二百年，它忠实地记录了中国人在18、19世纪学习西画的足迹和成就，出现了大批如史贝霖、啉呱、新呱、庭呱等杰出的画家。他们授徒作画的画店均设在十三行同文街内。复建十三行，恢复他们的画室，陈列他们的画作，根据新的情况，创作和发展他们的外销画艺术将具有极大的文化开发价值。既可赚取外汇，又可繁荣文艺创作，条件是完全具备的。现在广彩厂由于没有销路而奄奄一息，其他民间工艺也是一样，如果十三行恢复其建筑和外贸功能，打开外销路子，将会重新激活广彩等我国各类民间工艺和外销画等文化产业，带来极大的经济收入和文化价值。

（四）增添历史名城形象光彩的价值

十三行在我国历史上曾兴盛了一百多年，其影响及于世界各国，是广州历史文化名城内涵的不可分割的组成部分。如果重新在原址范围局部复建和开发，利用它来为两个文明建设服务，为子孙后代服务，将给广州名城形象增添光彩，留下一道具有丰富文化内涵的、亮丽的风景线。

（五）爱国主义教育价值

如前所述，十三行中外贸易间的巨大差额，使新生资本主义势力大量走私鸦片进入中国，清廷坚决查处，导致了鸦片战争。中国人民奋起抵抗英、法入侵，并得到了国际上主持正义的力量的同情与支持，像马克思、恩格斯就曾多次谴责过不道德的鸦片走私，这些都是最好的爱国主义教育。

（六）为子孙后代留下一笔文化财富

续下这段濒临湮没的历史，为子孙后代留下发展的资源和空间，复建十三行及其原有商贸、文化交流功能，作为现代博物馆及对外旅游、商贸活动场所，不是临时性的，而是有保留价值的永久文物保护景区。不仅利及当代，而且惠及子孙后代，是世世代代都可永久使用下去的。

五、开发的设想、计划和实施步骤

按历史真实结合现代城区规划实际筹建十三行历史文化商贸城,不是为摆设,而是为了古为今用,我们的设想、计划和实施步骤主要有如下几点意见:

其一,应首先确定其定位和功能。复建十三行后,其定位和功能应有三个:

一是文化功能。清代十三行在历史上原本就起过中外文化荟萃和交流的作用。当时中国的文化,如语言文字、陶瓷、丝织、漆器、广式家具、茶叶、书籍、绘画及各种手工艺品等,都是通过外贸,不断地传入西方,西方的一些国家也因此得以学习到中国的技术和产品制造方法,从而建立起自己的瓷厂、丝织厂和手工艺厂等,创造出自己本国的文化来。另一方面,西方的先进文化,亦通过十三行传入广东,辐射到全国各地。复建后的十三行,自然应继续继承和发展这种功能。我们的设想是继续利用这种传统优势,选择适当的建筑,筹建中外文化交流馆,全力拓展这种业务,让各种中外文化在这里亮相,做到又展又销,以展带销。其次是把整个十三行保护开发区命名为十三行露天博物馆,并选其中一处建筑辟为固定的陈列、保管、研究场所。可供选择的对象是粤海关大楼或邮电大楼。展品可用借、征集、复制等途径搜集。据中大历史系章文钦教授介绍,光港澳地区就有大量十三行文物资料等可供复制或借展。这个露天博物馆的独特之处就在于它除有馆址内的静态的、平面的历史文化陈列展览外,整个保护区的大范围的一切商贸、旅游和文化等活动,都属露天博物馆的整体组成部分,是动态的、立体的现实场景的展示。人们踏入这个范围,如同时光倒流,回复到18、19世纪广州的社会历史的氛围中。让旅客、游客在参观及从事各种文化活动中,领略和感受当时社会历史生活的情趣。另外,还可以利用该场所举办十三行国际学术报告会、研讨会以及中外文化交流会等活动。

二是旅游功能。十三行遗址范围全面复建本身就是一处极具吸引力的旅游好去处。有许多参观景点,供人们游览、购物、吃、住等消费。加上美丽的珠江,恢复昔日的舟、船、艇和十三行风光,发展水上游乐活动,景致是十分迷人的。此外,我们还可以构思组建十三行遗迹专线游或广州对外贸易专线游,如粤海关大楼、邮政大楼,潘、卢、伍、叶四大首富行商故居,潘氏海山仙馆和广州丝织业工人的锦纶会馆,老板的丛信馆,十三行兴盛时建立的银行会馆以及广州最大的对外贸易港口——海珠区的黄埔岛等,沙面租界遗址,黄埔南岗镇的南海神庙,与广彩厂、广绣厂、牙雕厂等连成一气,组成专线游,内容就十分丰富。让复建后的十三行保护开发区成为一处长期对外开放、参观,极富特色的旅游景点。

三是商贸功能。复建古迹的目的是古为今用。复建十三行不仅要从表面建筑、环境等处进行"克隆"。还要从内涵上及其原有商贸功能等方面去复原,并根据新的情况,赋予它更大更灵活的商贸功能。我们设想复建后,将进一步建成一处以打着历史品牌为旗号的做现代进出口生意的商贸实业团体。除可继续做茶叶、陶瓷器、外销画、手工艺品、丝绸、棉布等中国传统土特产生意出口外,还可做我国现代科技产品出口生意。也可做世界各国的进口生意。让他们自由竞争、自由经商,发展商品经济,政府不予干预及参与,只负责监督复建规划、方案及具体实施细则、效果、质量的把关,规划相应的停车场,交通线路和公共设施以及征收税款就可以了。

其二,制订复建十三行的规划、方案、效果全图以及开发规划等。除城建专家参加外,还应有文史专家参加。在经广泛征求意见和反复论证、调查研究、充实提高的基础上,作为今后实施的依据。

其三,在全面规划方案尚未批准实施之前,可先做好如下筹备工作:一是利用在十三行路选择一小楼房或利用塔影楼,成立"十三行行商、十三夷馆外商后人联谊会"和"清代十三行学术研究会"的民间团体组织,或交由炎黄文化研究会等学术团体负责联络海内外十三行后人,成立熟悉各种外国文字的外文调研小组,负责收集和翻译当时撰写及现今学者撰写的各种十三行外文书籍资料。收集文物资料,组织专家、学者开展学术研讨和交流,利用历史学术成果及新成果出版有关著作资料汇编等,筹建小型展室和规划、筹备十三行露天博物馆的大型展馆等事宜。二是政府和传媒加强对十三行旧址开发、利用的关注和宣传，在适当时机筹办十三行专题国际学术研讨会，邀请海内外专家、学者参与研讨，并在此基础上出版学术著作以及出版画册、光碟、旅游纪念品、小册子等，为筹建复原十三行保护开发区，筹办十三行露天博物馆和十三行开发机构作准备。

其四，根据我们开发、利用十三行的意图和设想，要发动多层次、多学科、多部门的内行专家参与制定多种方案，做好可行性评估和分析；然后挑选可行的方案作为最后实施的依据，要吸取在荔湾湖公园复建海山仙馆不成功的教训。

其五，根据有关历史文献记载，“十三行历史面积，周广约十余万平方米”以及我们的考证，今日广州文化公园中心舞台的广场处，在其东西约300米，南北约100米地区，是当年十三行商馆、夷馆的重点地带，现文化公园门前至江边今南方大厦、广州海关大楼、广州邮政大楼等地实为十三行广场和英国花园、美国花园。可以考虑申请市府支持，先将整个文化公园迁往别处，作为逐步恢复十三行历史建筑或纪念建筑。

其六，保留现有的市文保单位海关大楼、邮政大楼、南方大厦以及塔影楼、20层以上高层建筑，其余全部用作复原十三行历史建筑及周围环境风貌，如恢复花园广场、恢复十三行夷馆，实施办法可采用招标建造并用造价顶租金，建时要严格按“复旧如旧”原则及经多方论证实施的方案执行，不得违反，建成后以一定年限归其租用，租用业务范围应遵循十三行开发、利用的宗旨和原则进行。

在十三行原地部分恢复历史景区，有很高的历史价值、旅游价值，但实施难度较大。据了解，现在广州有关机构，正策划在白鹅潭周边另找地址重建十三行，严格按“复旧如旧”原则重建，一可用作十三行系列电视剧、电影拍摄的场景，同时可作为人文旅游景点向游客开放，这应该也是可行的。

第三节　在历史文化资源整合中凸显地方特色

——以清代岭南名园海山仙馆、荔枝湾故道、西关大屋三大资源的整合、开发为例

一、海山仙馆、荔枝湾故道和西关大屋的建筑文化特色及其艺术成就

（一）海山仙馆的建筑文化特色及其艺术成就

海山仙馆是清道光年间在广州西关荔枝湾建造的一座具有独特风格的、闻名中外的私家园林建筑。它又名潘园，有“南粤之冠”的美誉。这座园林建筑不仅规模宏大，其占地面积据有关资料推算估计可能达到或超过12公顷。园林风景优美，布局精巧，造园艺术高超，建筑装饰独具特色，内容丰富多彩，某些做法还融汇了西方文化特点；而且园主人潘仕成又是一位极有文化修养、对文化作出过重大贡献的商贾巨子，为道光咸丰年间广州四大首富潘（振承）、卢（观恒）、伍（崇耀）、叶（上林）中潘氏家族的代表人物之一。潘一生除经营盐、茶等以及外贸进出口生意获利甚丰外，还经常周旋于朝廷大臣、地方政要以及外国使节和商人之间，协助当时的官员如钦差大臣兼两广总督耆英等，处理外交、海防、商务、洋务等，起重要作用。且在参与夷务、洋务，承受督办七省海防战船、火炮和自制水雷等军工生产中，成为得力一员，致成巨富。并利用海山仙馆馆址建筑，广交高官显贵、名流才子、文人墨客和海外洋人，以其巨大财力，悉心搜求历代名家手迹、古帖、书画、善本、金石等文物，藏于海山仙馆，并将其摹刻勒石，“公天下而传后世”，对收藏保护古旧文物、整理出版中外图书等方面作出重大贡献。他整理出版的书籍丛帖计有《海山仙馆丛书》（收书56种，共461卷，不少为宋、元、明人未刻过的手写稿及粤中名人遗著，其校勘之精确，雕版之古雅，被誉为岭南善本，与常熟毛子晋的汲古阁、安徽鲍廷博的知不足斋等丛书齐名，至今仍为学术界所珍视）还有《海山仙馆丛帖》、《佩文韵府》146卷、《大清律例》104卷、《医药经验良方》10卷等。他还疏财好义，厚助公益，赢得享誉朝

野、圣旨嘉奖,"名流争相延访,筹饷、筹防大吏深倚之"的赞扬。当时国内许多重大的政治、商业和文艺方面的活动都在这座园林建筑内举行,如美国首任驻华全权代表义华业来华向耆英递交美国总统致清廷国书的仪式、琦善会见义律、耆英接见法国驻广州领事拉地蒙冬和美国旗昌洋行驻广州主任福布斯等,均在海山仙馆内举行,潘仕成在旁协助处理。因而海山仙馆是一座极有建筑文化内涵,又具重大历史价值、文物价值,对内对外都很有影响的建筑。

它的建筑特色和艺术成就虽然由于它存在的时间只有四十多年,从道光十年(1830 年)到同治十二年(1873 年),后归官拍卖,园址瓜分为彭园、陈园和潘园等,至解放初衰微破败、荡然无存,我们无法看到实物,无从进行研究考察;但以我们目前搜集到的当时留下的记载文字和图照等资料来看,仍能约略感受到它的绰约风姿和极具吸引力的艺术魅力。

1. 规模宏大、气势不凡

根据清人俞庆洵《荷廊笔记》载,海山仙馆水面面积为:"一大池广约百亩许,其水直通珠江,隆冬不涸,微波渺弥,足以泛舟。"说明其水面足有百亩左右,即 7 公顷左右,那么其陆地面积则起码应有 4.5 公顷左右,加上其他零星水面和后湖等计算,则其总体面积起码应在 12 公顷以上。这是规模相当大的园林,比起乾隆年间江南才子袁枚在江宁(今南京)小仓山麓下建造的随园,以及同时期广东四大名园(东莞可园、佛山梁园、顺德清晖园、番禺馀荫山房)都要大。其整个面积,根据清代江苏著名画家夏銮当时应主人之邀绘画海山仙馆落成时的全景图(总长 13.36 米 ×0.36 米,画心 3.5 米 ×0.26 米),以及有关当时文献资料记载等来看,海山仙馆大概是这样的:它位于今天荔湾区广州市第二人民医院至荔湾湖南部一带。其四至范围:西临珠江边,东到荔湾湖以西,南达叶氏小田园,北到现荔湾湖公园的西南部。总体布局分前后两大部分,前部分(园南边)为水面,后部分(园北边)为陆地。正门的门面极有气派,馆名为当年清廷钦差大臣兼两广总督耆英亲书,馆门则悬挂有名人手迹以"海山仙馆"四字嵌成的对联:"海上神山,仙人旧馆。"寓意这座仙境与人间合而为一的艺术园林是"天上才有,人间罕见”。厅堂回廊上挂有“人间仙岛”横匾，以及用荷花、荔枝、舟船、车马等入景的对联：“仙山琼阁，世外桃源。”“荷花世界，荔子光阴。”“荷花深处，扁舟抵绿水楼台；荔子荫中，曲径走红尘车马。”其水面是一个利用原有莲藕塘、水田等合并、挖深的大湖，湖上有象征海上神山的方壶、瀛洲和蓬莱三个小岛，湖面上浮游着仿吴门蒲鞋头样的苏轲游艇，陆地上有仿京都造的马车，作水陆迎送贵宾、好友之用。

2. 因水造山，巧为布设

海山仙馆较其他岭南名园的突出之处，还在于它善于利用广阔的水域和运土造山，巧为布设。他们根据荔枝湾的地形地貌特点，“相度地势，担土取石，壅而崇之”，使之“园有一山，冈坡峻坦，松桧蓊蔚，石径一道，俨然苍岩翠岫矣”。使海山仙馆变得“地域广阔，水广园宽，有山有水，可以登高，可以泛舟”。登上湖中小山，则可以见到与湖相通的珠江河那烟波浩渺之情状，从而使海山仙馆原有地域宽广的园林因借景而气魄更为宏大。同时潘氏按其造园主旨，精心布设园林中的各类建筑物。利用原先丘熹唐荔园的基础，加以利用、改造和扩充，保持发挥了它原有的优点，即“构竹亭瓦屋”、“编竹为篱、依村为幄”的天然野趣，以及原有园内山水花卉、绿化、坡地、池石、堤路和亭台楼阁的布置，并作扩充发展，以壮其雄和增其妙。在山上建有高数百尺的雪阁，使之高耸在树丛之中，在广阔的水面上，作一呈 S 形的九曲长廊，并在长廊中建颇具特色的楼阁，安排配置的敞堂歌台、小桥廊榭，廊中有亭阁，参差错落，迂回曲折。在总体布局上还兼具“东有白塔，高五级，悉用白石堆砌而成”；“西北一带，高楼层阁，曲房密室复有十余处，亦皆花承树荫，高卑合宜”，引人入胜。与原唐荔园相比，在清新淡雅之中，还有雕饰的华丽。

3. 师承传统，融会中西

海山仙馆继承中国园林艺术的优良传统，尤其是江南园林艺术的长处，要求园址周围有山有水，有名胜古迹，有良好的绿化配合，使自然风景、园林建筑和花木绿化之间，有一个有机合理的组合，从而构成各个美妙的园景和良好的环境。但它又不是一成不变地照搬别处的模式过来，而是根据本地域的自然和气候条件，因势利导，自成一格，具有亚热带地区那种“轻巧、通透、明快”的风格，尤其在内部装修上，更具精致华美，并且还吸收了不少西洋做法，做到“中西合璧”。除了屋的造型、装修、色彩基本保持岭南地区的民族风格主调外，如坡屋面采用土瓦，只有勾头，不设滴水，屋顶是斜直线不起折，只有檐口处扦入鸡胸式桷板形成微微翘起少许，在室内外装饰装修也保持民族风格：砖墙围绕，暹罗柚木做的双重厚重大门上面有门神，弯弯的屋顶上边雕刻着屋脊，屋脊的中央有一个大大的球形或兽形的东西，看上去很醒目。房屋通常是三间并列，用间壁隔开，有时也用镂花木雕，雕刻着花鸟或乐器。相通的门都挂着富丽的门帘，书房里面有布面装订的书籍，放在一些式样奇特的书架上，书房各处还点缀着一些古代的青铜器、香炉、昂贵稀有的瓷花瓶，此外还收藏有古钱、书画、兵器。采用这些古玩陈设和挂落分隔空间的做法，保持我国民居的传统风格，但亦吸收西洋做法，如地板是大理石的，房子里也装饰着大理石的圆柱，走廊都有圆柱和大理石铺的地面，极高大的镜子、名贵的木料做的家具漆着日本油漆，天鹅绒或丝质的地毯装点着一个个的房间……镶嵌宝石的枝形吊灯从天花板上垂下来。以上均根据美国亨特著、沈正邦译《旧中国杂录》中记载内容改写。

（二）荔枝湾故道的园林建筑的文化特色及其艺术成就

荔枝湾故道是广州市荔湾区具有悠久历史的风景名胜、消夏游乐之地。相传为西汉初年陆贾所经营，位于城西，其水之北面便是陆贾泥城，当其时一湾溪水，两岸皆为荔枝树成林，叶绿水清，相映成趣。加上经年人为美化，其西南接柳波涌，著名的柳波桥架于其上，南汉经营的“昌华苑”建于其上。每当荔枝熟时，便在宫苑里开“红云宴”。南宋以后，它仍是广州的风景区，清初张心泰《粤游小志》曾描述过当时荔枝湾的美丽景色：“松桧之外，杂植荔枝。……坡诗所以有‘云山得伴松桧老’语也。夏日，泊画船绿荫下，枝叶荫覆，渺不知人间有歊蒸气，故宫三十六，虽蔓草荒烟，而夕阳明灭中，犹想见当日红云宴也。”明代，它属羊城八景之一“荔湾渔唱”，有“一湾溪水绿，两岸荔枝红”的美誉，以及有“小秦淮”之称。晚清时期潘仕成的海山仙馆、叶兆萼的小田园、黄景棠的小画舫斋和民国时期的陈廉伯的荔湾俱乐部、陈花村的荔香园、彭光湛的彭园均在荔枝湾两岸。第一次国共合作时期，孙中山、廖仲恺、林森、汪精卫、李宗仁、陈独秀、徐谦等都先后到这里做客，陈独秀还即兴作了一联："文物创兴新世界，好花开遍荔枝湾。"当时荔枝湾呈现一派"蝉鸣雀噪、荷香十里、荔子千株、花艇游河、江滨浴场"的美丽景象。尽管后来由于人为与自然的种种因素，荔枝湾风景名胜日渐衰微，不断缩小、破败，但至今仍保存一段荔枝湾故道，并且荔枝湾故道这一具有千年以上文化积淀的人文景观，仍是我们今天进行现代化建设的物质财富，必须很好地总结、研究、保护、开发和利用。

（三）西关大屋的建筑文化特色及其艺术成就

西关古老大屋，是广州地区最具民俗风情特色、有着较高研究价值和能鲜明体现广州历史文化名城形象及深厚文化内涵的一笔珍贵的建筑文化遗产。它是在清同治、光绪至民国年间，由潘、卢、伍、叶等一大批豪门富商、政要及文化名人等在西关角一带建造的。既具有中国传统民居建筑的风格，又吸收了江南园林建筑的长处和中外文化的特点，并立足于本地区的自然、气候环境等的实际而形成的一种极有岭南地区个性特色的民居。其特点是屋檐高，进深大，装饰装修讲究和工艺精美，墙壁全用青砖麻石脚砌筑，门面外墙加一层整齐划一、平滑如镜的水磨青砖，门口用花岗石夹筑成，并要经脚门、趟拢、硬木大门三道，才可进入厅堂。屋内高旷清凉，有"冬暖夏凉"和"七八月时无暑气，二三更时有书声"之赞誉。其平面布局以厅堂为中心，按中轴线纵深发展，三间两廊，左右对称；平面分正间和偏间，附设青云巷，有的还拥有花园、亭阁。其室内装修多以砖、木、石雕花装饰，并配以适合南方气候特点，刻有套色的蚀刻山水字画和花鸟人物的玻璃画，做工精细，显得富丽堂皇。

但是，由于历史的种种原因和一直缺乏科学合理和具体的保护、管理，因而使最末一代封建王朝时期遗留给我们的建筑文化财富日渐残危，日益稀少；有些虽经修复，但却不伦不类、面目全非。其幸存数量已从清末民初鼎盛时期的八百多间，减少为现在的一百间左右，其中尚有保留价值的只剩下十多间左右了，西关大屋差不多成了绝世孤品。若不再加以有效保护和利用，这笔珍贵的文化遗产将在我们这一代湮没。因此，我们必须树立“向前人负责，向后人交代”的历史责任感和紧迫感，对海山仙馆、荔枝湾故道和西关大屋这“三件宝”，切实加以研究、保护、开发和利用，维修复建，让它延年益寿，保存下来，古为今用，为两个文明建设服务。

二、海山仙馆、荔枝湾故道和西关大屋的复建与开发

（一）复建的意义和价值

也就是说，我们为什么要把海山仙馆、荔枝湾故道和典型西关大屋作为复建的首选项目？

如前所说，是因为它们历史悠久，文化内涵丰富，含金量极高，是广州历史文化名城富有特色的重要人文景观和丰富深厚文化内涵组成部分，其影响力、吸引力都是很高的。凡是上了年纪的老广州，或在海外的同胞，对它们至今仍是津津乐道、情有独钟。对外国旅游者来说，也极具吸引力，可以显示出我国园林建筑和民居建筑的独特风格和高超艺术成就。对广州市商贸旅游业的建设和发展处于非常突出、重要地位，是发展旅游事业的基本“硬件”。复建这“三件宝”，可以带动整个广州市的商贸旅游业活起来，旺起来。也可以使广州荔湾区的这片土地升值，成为极有文化内涵、极高商业开发价值的黄金旺地。对荔湾湖公园的原有功能不仅无损害，而且还可以不断增加公园对外吸引力和知名度，成为不但在广州甚至在全国都有很高知名度的公园。尤其是恢复荔枝湾故道这一具有一千多年历代先贤在该处创造的园林建筑艺术成果和历史沉淀留给那里的人文文化，可以为广州市营造崭新的城市形象，开发新的旅游热点，为发展水景线旅游创设基本条件：如它可内联外接，带活三个被荔湾涌分割的大小人工湖水面，改善水质并可通过水闸通船或机械悬送，使传统或现代游艇在各湖与故道间自由穿梭畅游，领略那“海角荔堤垂柳岸”的韵味，扩大旅游活动范围，增添旅游活动内容和雅趣。并进而可畅游珠江开发河面，南达白鹅潭水面，观赏珠水晴波胜景，领略沙面昔日的欧陆建筑风情和小岛风光，还可把沿岛的珠江水域和西堤与沙基涌水面建设成独具风情特色的“水上居民”生活历史回顾博

览区,使之成为全国独一无二的“水上人家”旅游观赏点;并北连荔湾西郊体育公园和青年公园,创建广州城西滨江林带,为发展石门水景线旅游打下基础,其前景美好,潜力很大。

(二)复建和开发的设想

如何复建是个很关键的问题。因为复建是件难度极高的事情,搞得成功将是个重大科研成果,也会给广州市树立美好形象,带来的效益将是无可估量的;搞得不好,各方意见很大,影响不好,劳民伤财,且失去意义。因为复建要求高,必须按历史原貌进行“克隆”,力求达到恢复历史原貌,或接近原貌,达到形似神传,才有保存和开发价值。因此,我们必须审慎进行,吸取以往教训。首先应确定复建的原则和要求,其次应策划做好各方面的准备工作,特别是资金的筹集工作,一定要给足和落实到位,否则就会变成“虎头蛇尾”,半途而废,造成不必要的浪费。我们的具体设想如下:

1. 选址问题

这是关系到复建价值大小的一个很关键的问题,应尽量选择在其原来的园地范围内进行。这里先提出海山仙馆选址的三个方案:一是基本按清代地址范围,即荔湾湖公园西南部,现如意湖周围,及它以西原荔湾湖公园的2.6万平方米土地(现已做宿舍大楼或其他单位建大楼作别的用途),特殊困难地方,如临近珠江边,目前已变成黄沙大道部分和市二医院到西关上支涌及小画舫斋一带,则可在公园另觅地方补足。二是以如意湖为中心,向北延伸到五秀湖,与海山仙馆新筑连成一处。三是将荔湾湖公园进行整修,利用公园原有建筑、景色,尽可能地在适当位置依照海山仙馆的亭、台、楼、阁、塔、桥、廊、馆、室,进行布局,使之成为一处疏密有致、山水宜人的园林。并在此基础上,可考虑将荔湾湖公园的园名改为“海山仙馆”,以便充分利用海山仙馆的名声和对外影响力。

恢复荔枝湾故道也有两个方案,一是以多宝路桥头至西郊口全长1500米全面“原汁原味”恢复明涌(故名荔湾涌),恢复昔日一河两岸的自然风光和人文景观及古树名木。二是恢复市二医院后的三叉涌口到西郊口这段,全长1000米。

复建西关大屋的方案是选择两间有代表性的典型,如邓宫保第、梁资政第(大约合共6000多平方米左右),地址选在泮溪酒家以南,风水基入口处,利用那里均是破旧平房的商铺、拆迁户不多的情况,按历史原貌进行复建。其次是让广东木偶剧团迁出小画舫斋旧址,拆掉他们过去在那里建起的宿舍大楼和办公大楼等,按清末小画舫斋主人黄景棠建造的图样或原始照片和文字资料,全面恢复其原貌。

2. 复建的原则要求

(1)复建原则——"整旧如旧"。即按历史原貌进行复建,不能离开该建筑园林的历史真实去另搞一套,或去"创新"。因为这样就会失去意义,劳民伤财。

(2)具体要求——对建筑物复建的要求:必须符合当时这间建筑物的风格特色,做到形神兼备。海山仙馆的建筑风格,根据现存资料研究,它吸取了江南园林建筑的优点,但又具备岭南建筑的独特风格,具有刚直、挺拔的阳刚之气和适应亚热带地区那种"通透、轻灵"的特色。与当时先后兴建的广东四大名园(佛山梁园、顺德清晖园、东莞可园和番禺馀荫山房)在造型、装饰和色彩等方面,有许多相似之处,四大名园的亭、台、楼、阁的造法,与我们收集到的1844年法国人于勒·埃及尔拍摄的《海山仙馆全貌》等照片比较,基本无很大的差别,而只是在规模和体量上的差别。在复建时可参照进行。主要建筑物根据我们目前所掌握的资料,必须恢复建眉轩、雪阁(供嘉宾住宿的地方)、小玲珑室、贮韵楼(接待文人墨客的场所)、文海楼(珍藏古籍书画珍玩的地方)等,以小桥、长廊贯串,点缀其间。自然景观必须恢复昔日的山水、动植物,如荔枝树、莲荷等。担土垒石筑三座小山丘,在山丘边路旁建有鹿洞、禽舍和鸟笼,豢养珍禽异兽。建两座塔。总之,在复建时,要尽量在"海上神山,仙人旧馆"这副描写海山仙馆神韵的对联上,体会其意境,动脑筋,下工夫。

荔枝湾故道恢复,则要抓住其既是自然形成,但却巧夺天工的风格特色进行。其走势的线条须恢复其原来的自然、柔和之美。故对过去凡是人工硬加上去的东西,如整齐划一、线条生硬、堤围加高等的做法,都要重新按历史原貌改变过来，以保护昔日堤岸、地形地貌和古树绿化；把污水分流工程处理好，以保持其原有的清新水质的风貌。在整条荔枝湾故道上，我们认为在多宝路桥设荔枝湾故道牌坊，设牌匾邀请名人题写荔枝湾历史来由之诗文简介及有关之雕塑，作入口标志。在如意湖原调节闸处，恢复荔香园的“龙船楼”，使当年孙中山先生等历史人物曾到那里游览的史事得到传扬。在玉翠湖闸口处，重建明代的“听雪篷”，使之溯其古迹传世，增添游人雅兴。在适当处恢复仙祠古渡，设迎龙台，展示龙舟雕物，弘扬其特色，引发旅游怀古之情。按南汉时代风格建造横跨故道小桥两座，以重现当年这里“八桥画舫”的历史风采。在荔湾水闸处建“红云阁”，在荔湾涌出口段北岸，重建“红荔湾头第一村”（即建造西关小筑与临河水棚）在荔湾涌出口段两岸，补植大树，增建古牌坊，立雕塑群像。在故道出口处，设古代出海码头，供游舫上落，恢复生记等菜艇，恢复和弘扬荔枝湾饮食文化。

西关古老大屋的恢复，则要抓住它的建筑特点屋檐高、进深大、装饰讲究和工艺精美进行，墙壁全用青砖石脚砌筑，其平面布置以厅堂为中心，按中轴线纵深发展，三间两廊，左右对称；平面分正间和偏间，附设青云巷，有的还拥有花园。其室内装修，多以砖、木、石雕花装饰，并配以适合南方气候特点，刻有套色的山水字画和花鸟人物的蚀刻玻璃，进行装饰，所选取的以上两间典型大屋在复建前一定要尽量收集其有关历史资料，进行实地考察、研究，制定可行方案。

第四节　历史文化资源的保护和开发关系的探讨

——从清代广州荔枝湾故道的“建设性破坏”谈起

一、不容忽视的“建设性破坏”

在对历史文化资源的整合中，一个不容忽视的现象是：人们不顾其规律和保护原则，大肆滥开发、利用，进行“建设性破坏”。

广州历史文化资源遭受“建设性破坏”有下列三种表现：大规模的城市

化、环境污染和景点人满为患等的负面效应。大规模城市化的负面效应主要表现在人们追求在旧城改造中,进行无序开发和建设,把不少富有特色的历史街区、传统民居、建筑物、花园、别墅、假山、水池、古树、古河、古桥等进行改建或拆毁,或建现代化高楼大厦、宾馆,或进行房地产开发;或搞假古董,建不伦不类的仿古建筑;或在遗产景点周围大量建宾馆、酒楼、商店、游乐场等各种服务设施,再加上车水马龙川流不息,把自然遗产和人文遗产包围得水泄不通,完全失去了文化遗产固有的环境氛围。这种城市化一直侵入到遗产景区之内,蚕食着人类的历史遗产。而环境污染更直接危及文化遗产本身,例如那化学的、物理的、人为的各种污染,更令人触目惊心,而且在每日每时、一刻不停地破坏着遗产本身。只是这种破坏是在人们不知不觉间缓慢地进行着。待到人们发觉之时,为时已晚,遗产已陷入灭顶之灾。至于蜂拥式参观、超负荷开放带来的人满为患,则是更明显的"建设性破坏"的表现。以有千年以上文化积淀的广州清代荔枝湾故道整治工程为例,就是一宗典型的、罕见的"建设性破坏"之作。几条理由如下:

第一,因为整治工程违背了中央关于维修文物等传统文化遗产必须坚持"整旧如旧","保护为主,抢救第一"的方针,完全不考虑文物等文化遗产的特殊性和基本规律,作为市政工程加以整治,把原貌和风韵加以改变,造成无可挽回的损失。

荔枝湾是广州市历史悠久的风景名胜,有着深厚的山水文化积淀。它有两千多年的历史,其故址可远溯至公元前206年赵佗在广州自立为南越王时。据屈大均《广东新语》记载,在两千多年前陆贾初至南越,筑城于番禺西浒以待佗。"有荔枝湾、花坞、藕塘之饶,盖陆贾之所经营也。"千百年来,它是广州著名的消夏游乐地,素有"小秦淮"之称。其范围在古代并不限于今天的泮塘和荔湾湖一带,而是包括西关涌的外围都属荔枝湾。它北至洗马涌,南至黄沙。据《乾隆南海县志》记载,它"广四十里,袤五十里"。在唐代,那里已有著名的园林名胜"荔园"。南汉时,又建有皇家园林"昌华苑",每年荔熟之时,皇帝赐宴群臣赏荔称"红云宴"。明代时,这里被列为羊城八景之一"荔湾渔唱",有"千里红云,八桥画舫"之誉。清道光、同治年间,岭南一代名园“海山仙馆”,宛如人间仙境,闻名海内外,现时国外的一些藏书尚可查找到当年外国使节、学者、商人、旅游人士游览海山仙馆的记述、游记、照片和图片等资料。本市中山图书馆、广州博物馆、广州美术馆,珍藏保存有海山仙馆大量珍贵的文物、古籍、碑刻、书画等。同治十二年末,海山仙馆一分为二,即荔香园和彭园,后来在那里曾接待过孙中山、廖仲恺、陈独秀、林森和李宗仁等著名人物,留下不少故事和传说。尽管历朝历代这一名胜由于人为与自然的种种因素,发生了许多变化:如南汉被宋朝所灭后,荔枝湾便不再是帝王宫禁之地,昌华苑也逐渐变为菜畦藕塘,然而“一湾溪水绿,两岸荔枝红”的风貌仍在,在明代它还被评为羊城八景之一。后来由于城里的人口逐渐增加,荔枝湾的河溪两边成为菜农、贫民聚居之地,同时也变成了若干条村(如荔溪东约、南约、北约,及泮塘首约至五约等)。1958 年荔湾区人民政府动员全区人民及市支援部分人力,在那里开挖了三个人工湖,经两年多建成为荔湾湖公园等,但解放后荔枝湾仍保留了一段在荔湾湖公园内长约 700 多米的完好故道,两岸古树嵯峨,涌中浓荫掩映,一派岭南独特的自然风光的历史风情,弥足珍贵。1981 年初,中共广州市委曾批示由荔湾区制订发展荔枝湾旅游区方案,1981 年 6 月由中共荔湾区委区政府订出、报中共广州市委审核,计划将来的荔枝湾风景区的范围,将北起石门,南至白鹅潭,以及大坦沙等,建成新型旅游游乐区,前景喜人。但在 1998 年,广州市政部门在根治荔枝湾污水的分流工程时却投入六千多万元人民币,把它当做市政工程渠加以整治,进行彻底的改造。结果,把好端端的一条仅存的荔枝湾故道搞得面目全非,韵味尽失。他们先是拟把荔枝湾故道开膛破肚,搞条污水渠进行分流;继则大量砍伐沿岸古树名木。最后还提出须利用此涌来完善防洪防涝的市政功能。所以把原有涌道由原来的 20—30 米,最宽达 50 米,改窄为 10 米、16 米、18 米、40 米等,两岸堤围加高由原来的 7.2 米,挖低至 6.5 米,再升高至 7.8 米,护坡铺砌加大,沿岸堤围线由原来的自然柔美的弯曲线,变成拉直变硬。当有关人士提出意见并献出既可保存荔枝湾原有历史风貌,又可达到市政目的的两全之策时,仍是不予重视,结果既花了国家的钱财、人力物力,又使荔枝湾唯一保存的这段故道的历史风貌尽失,造成对历史文化、名胜古迹的“建设性破坏”。

第二,造成此后果的原因,是他们在认识上存在一个误区,没有正确认识和处理好传统文化遗产的保护开发与市政建设的关系,只顾建设市政功能,而忽略了历史文化遗产不能再造的特性。同时他们也不理会保存荔枝湾原有历史风貌与保存实施市政防洪、防涝功能并不矛盾,完全可以找到一条“鱼与熊掌”同时兼得的两全之策,为什么要采取牺牲历史文化遗产资源的代价来换取市政防洪、防涝的功能呢?在这个问题上,中央早有政策规定,是我们处理这对矛盾关系的唯一准则,那就是“保护为主,抢救第一”。这是由广州历史文化名城文物事业发展客观规律和我国基本国情所决定了的唯一正确方针。

第三,即使是从市政防洪、防涝功能着眼,也不必采取牺牲遗产的方法来达到。我们曾经请教过有关水利专家,他们认为历史上广州市是有防洪堤围的,其外围是北江大堤,内围是市区沿江堤岸及道路,以路代堤的防洪堤。如果荔湾地区要提高三百年一遇的防洪能力,则只要在原有基础上,再加高荔湾防潮闸以外的沿江堤围就可以了,完全不需要采取加高荔枝湾两岸堤围的高程,致使荔枝湾故道的历史风貌受到破坏的做法。他们还指出,即使加高荔枝湾堤围,对防洪、防涝也是毫无意义的。因为几十年的实践证明,现行荔湾防潮闸、荔湾湖和荔湾抽升站是一组非常成功的防洪、防涝的市政系统工程,不宜随意改动。只宜将其设施进行现代化的升级换代。它们各单元的功能明确,荔湾防潮闸的功能是防洪,荔湾湖的功能是蓄洪、防涝,建成公园美化城市,供人们休憩,荔湾污水净化抽升站的功能,除日常抽升污水输往大坦沙污水处理厂作净化处理外,汛期则是排洪、排涝的主力。公园范围内的荔枝湾故道的功能是排洪、排涝、蓄洪水流的通道,它位于昌华涌、荔枝湾涌和泮塘涌的下游。而按水利工程规范,处下游的水流通道是宜宽不宜窄的,宽是为了便于上游的水易于流过,以利排洪、排涝或水流进入荔湾湖蓄洪。其堤围高程 7.2 米是经过专业人士缜密考虑和精确计算而作出的数据,是与上游大部分地区高程相适应的。因此,市政整治工程将其河道改窄,堤围加高至 7.8 米是毫无意义的,甚至是有害的。因为它势必造成下游泄洪不及,上游受浸面积及范围加大。要解决西关地势低地区的水浸街问题,关键在于污水抽升站增设大功率的抽升排水备用机组。从理论上讲,将荔湾这组系统市政工程集雨区内的“径流”(即降雨量减除被房屋、建筑物、树木、地面吸收后所余的雨水)按三百年一遇的豪雨计,加上日常生活、工业的污水量,便可以计算出抽升排除这些天水(雨水径流)和地水(日常的生活、工业污水)所需的功率及机器设备。有了大功率抽升排水备用机组,随时可以针对有多大的天水地水,就有相应的大功率的机器设备及时将水排除,使之不能形成积水成灾。再将集雨区内那些20世纪50年代敷设低标准(一年一遇)的街渠下水道进行改造,提高其标准,进一步完善这组市政系统工程的功能,“西关水浸街”的问题便可获得根本性的解决。

综上所述,我们认为,清代荔枝湾故道的市政整治工程是一宗罕见的“建设性破坏”之作。

二、历史文化资源的保护与开发

当历史文化资源的保护与城市建设开发发生矛盾冲突时,我们认为,必须始终把保护放在首位。用一句形象的话来说,就是:“先救命,后治病。”因为传统文化遗产是历经千百年以上劫难和自然变故后的幸存者,是历史上遗留下来的反映社会发展水平和文明程度的代表性物证,是不能再生再长的,毁一件少一件。同时,它又是一种特殊的文明财富,其价值,特别是其经济价值是难以货币化的,即难以用货币的多少来估价和衡量的。这是我国文物事业发展客观规律和基本国情所决定了的。中央对此已制定了明确的方针“保护为主,抢救第一”。这是首先必须坚持的一条原则。

但是,我们保护城市山水文化遗产资源之所以重要和珍贵,并不是把它们当做“宠物”供养起来,或束之高阁,而是让它为当今和子孙后代服务。保护不是我们的唯一任务和目的。保护是基础,是前提,而开发、利用才是我们的终极目的。文化遗产的保护,是为了更好地开发、利用。因为它又是一种可以开发和亟待开发、利用的特殊资源,只要遵循其规律和保护原则进行,是可以给我们的经济建设带来源源不断的财富的,因为它既可作教育基地，又可作旅游观光的胜地，还可作为人们文化活动的场所等。一项丰富的、被良好管理的文化遗产是一个强大的旅游资源。

世界上许多国家和地方，由于拥有了这样的资源，其收入甚至是当地收入的支柱。在法国巴黎，支持旅游业的就是自身的文化。美国建的墨西哥城，全面展示墨西哥的文化、民俗等，因此墨西哥城享誉全球，也为美国带来巨大的经济收入。要克服人们在这个问题上的认识误区和片面性：即他们经常觉得文化遗产的保护是一项“公共开支的”、不计入经济估算，认为它是只有投入，无回报的。有的地方甚至还把旧有的、特别是已残损的古建筑看成是开发的障碍，全部予以清除，然后完全按自己的规划重新建成档次更高的仿古景观。有的在旧城改造中，把文化遗产看成是经济建设、房地产开发的拦路虎、绊脚石，等等。我们认为，这是一种急功近利的“短视”行为，要着眼长远，合理利用，防止盲目的、过度的甚至是破坏性的开发，更不能片面追求经济利益，急功近利，竭泽而渔。正确的做法应该是，做到两者和谐结合，协调发展，一方面要避免单纯的保护，光投入，无开发、利用，在两个文明建设中不起作用，没有经济回报，结果是文化遗产也得不到真正的保护；另一方面又要反对“建设性的破坏”，为旅游而破坏文化遗产，进行过度的开发。要达到在有效保护的前提下，提高合理利用的效益，使文化遗产的保护与旅游等经济建设发展相辅相成，相互促进，协调发展。要“利用不唯利”。

第三章

历史文化资源与城市文化生态的整合——以东山区为例

面对新的形势及各方面的增长需求，近年来广州城市建设总体规划一直在不断修正和完善中。2000 年 6 月番禺、花都撤市设区，行政区划的调整为广州城市空间的拓展与城市持续发展提供新的契机，使广州有可能从传统的“云山珠水”的小山小水式的自然格局跃升为具有“山、城、田、海”特色的大山大海自然格局。

作为旧城区的发展，目前的政策导向将继续侧重于传统的延续和环境的优化，将历史文化名城保护作为保持城市特色的基点。确立社会、经济、环境综合改善的原则，通过疏解过高的人口与建设密度，预留和控制公共开敞空间与公共设施用地，整治、改善与适度的旧城更新，展示旧城区作为广州城市传统的商业贸易中心和环境优美的历史文化名城的独特魅力。由此，历史文化资源整合首先体现为城市文化生态空间的改良。

第一节　核心理念与关键性问题的探讨

一、老城区建设的发展重点

以历史上的“番禺”城为中心，广州城区空间不断向四周扩展。新的城市格局的形成,突破了传统城市空间狭小的局限性,为广州向"国际化区域中心城市"的目标推进提供新的发展机遇。城市结构和城市功能的重组势在必行。

包括荔湾、越秀、东山在内的老城区,城市建设与管理的重点不再是"发展"和"叠加",而是"保护"和"优化",即重点进行内部环境的优化和提升,保护历史文化名城,促进人口和产业的疏解。当前的城市规划和建设十分重视城市文化、城市形象以及人居环境等要素的培育,在其核心思想中都体现了对城市环境的高度关注,尤其是对于老城区的发展,环境整治和特色维持是鲜明的两条主线。

城市环境包括自然(生态)环境和人文环境。在广州文化发展系统中,社区文化、素质教育、历史文化资源的开发与保护等环节,都与城市环境息息相关。文化与环境都是一个广义的概念。从某种意义上说,城市环境的形成往往是隐藏在其背后的文化要素的综合反映。

二、东山区文化发展的核心理念

对东山区来说,广州城市建设的要求主要集中在提高人居环境的质量和延续历史文化传统两个方面,即在于如何实现城市文化与人居环境的良性互动。通过对城市的空间形态、景观特征,城市的历史、传统和风土人情,城市的开发和保护等方面的具体问题的认识,营造蕴涵个性文化气息的城区环境,引导一种自然化、人性化的城市发展。

城市文化与人居环境的良性互动,即城市文化生态整合,其基本思想是:文化环境化,环境人文化。它应包含两个层次的含义:

其一,人性化。城市文化与人居环境,归根到底都是围绕人的需求。近年来一直提倡的"以人为本"思想,强调在社会发展和环境变迁中所蕴涵的一种人文关怀,而城市文化与人居环境的良性互动,其终极目标就是营造具有文化意味的人性化城市空间。只有立足于为市民营造良好的生存与居住的环境,使市民形成自豪感和内聚力,才能形成一种持续的文化。也就是说,应当努力创造一种人文化的环境。

其二，个性化。城市文化与人居环境的良性互动，不仅表现为充满人文关怀的和谐，还应在此基础上充分展示城市文化个性的独特魅力。个性是城市内在的、恒久的生命力。在全球化的文明进程中，受"工业经济"的影响，城市的面貌和生活方式从未像今天一样雷同和千篇一律。广州在现代化建设的进程中，已经失去了很多传统的、个性的、富有地方特色的东西，因而，保持城市独特的文化魅力，不仅是一种属于历史的、地域的、民间的文化的自我拯救，也是城市现代化建设中的一个严肃课题。东山区仍然保存着丰富的历史文化资源，尽管这些资源正被现代建筑的无秩序及现代城市生活的浮华所湮没，但通过一定的手段，可使之重新浮现出来并服务于今天。

人性化与个性化，是两个相关的命题。文化个性的形成，源于人性长期的潜移默化。不论是我们视觉中的街道、建筑、名胜古迹，还是一地的风俗习惯、生活方式、社会秩序甚至经济活动等，都是人的活动的表现方式。从这个意义上说，只有坚持人性化，才能更好地体现个性色彩。事实上，以人为核心，从生活中寻找特色，可以使我们从文化或泛文化的圈子中走出来，真正实现以人居环境为外核，以文化个性为底蕴的良性互动。

三、东山区文化发展的关键性问题

（一）虚与实——文化的具象化

城市文化的含义，从最直接的意义上说，可以理解为一种感知，对综合事物的感知。在实际生活中，对城市文化的感知往往与对城市环境的感知重叠。因此，城市文化的发展可以充分体现为城市文化空间或文化环境的培育，即通过良好人居环境的培育体现城市文化的个性发展。

但文化的含义十分宽广，文化的深层内涵体现在空间上的具体层面的选择，即如何从空泛的理论转换为具体的实践，并不是一件轻而易举的事情。长期以来，对于城市文化的认识，一直停留在文化特色的总括、文化资源的分类、历史文物的保护或者是文化与旅游的联姻等简单的层面上，并非是城市文化本身不重要，而是源于文化所具有的"非实体"特性，使城市文化的功能实践难以深入。

尽管如此，在经历了城市发展的初级阶段后，文化个性对于城市发展和环境培育的重要性越来越得到普遍认同。随着社会经济水平的不断提高，从城市的角度，追求可持续发展的恒久吸引力；从人的需要，表现出对高质量的精致生活的强烈渴求。文化如何具象化，或者说如何将文化理念巧妙地融入环境空间，已日渐成为一个必须正视的重要问题。

在当前城市文化的规划与实践中，存在两种误区。一种是过于泛化，仿佛包罗万象，却又虚无飘渺，令人无所适从，实际上是变相的架空，从而缺乏任何实践意义；另一种是过于片面，好像文化就是历史，城市文化的发展就是历史文化资源的保护，导致只有继承没有创新，只有保护没有发展。真正意义上的城市文化空间，显然不应该仅仅停留在对传统的延续层面，而应与现代生活相适应，契合时代发展的需求。

人需要生活在一定的环境中，除了适合与人居住的自然环境，还需要适宜的人文环境。如果缺乏这种人文环境，就很难令人产生一种家园的感觉。同样，如果形成这样一种人文环境，即使是路过此地的游客，也会产生"宾至如归"的感觉。进而，有了这种感觉，就能构成一种吸引力，而吸引力恰恰是我们致力追求的，它能带来巨大的社会、经济和文化效益。

（二）整体与部分——市与区的功能分异

区是市的地域细分，而非市的"微缩"，因此区与市的文化发展功能取向是不同的。

广州作为一个大都市，必然要求有与之相匹配的功能齐全、布局合理的文化体系，包括良好的人文环境，先进的文化服务体系、文化产业体系、文化管理体系，完善的文化市场机制，以及广泛的对外文化交流等。

东山区作为广州市的一个组成部分，其文化功能不应盲目追求"小而全"，俨然一个市的缩影。广州文化体系的建立，是从市的高度全面统筹，各部门分工合作的结果，而非地域上各个"小广州"的机械组合。从实际的人力、物力、财力来分析，区的文化功能也不宜分散。当然，从空间上的文化环境比较，广州的文化环境无疑是对各个城区建设的综合认知。因此，东山区的文化建设更应贴近大众生活,以营造精品城区为主题。集中体现区级行政地区的功能,在全市的整体版图上,东山应扮演好自己的角色,充分发挥文化板块的作用。

在指导思想上,东山区文化发展,首先必须围绕广州市文化发展的共同目标,积极配合市的具体需求,不能背离市的整体思想,自成一体。在实际工作中,由于东山区是老城区,许多重要地段的规划和发展都由广州市直接决策,东山区的权限范围可能相对受制。在这种状况下,也不能困囿于市对区的局限,而消极等待,无所作为。坐落在东山区行政区划内的任何资源,都是东山区自己的宝贵财富。不论决策权在何处,东山区都应充分发挥自身的能动性。在具体思路方面,首先应对区内资源形成一个明晰的构想,为市的统一布置提供科学、合理的建议,争取各类资源的合理利用;在市直接干预或间接影响区内发展的情况下,作为区的建设,也应积极配合市的整体规划,以促进广州市及东山区文化发展为原则,做好相关配套与衔接工作。

根据市规划局最近作出的职能调整,各区属单位、小区、建制镇(村)和一般地区的修建性详细规划、区属非主要地区建设项目的修建性详细规划等方面由区规划局承担。这意味着扩大了区级政府的权力,使得区级政府有更大的活动空间,按本区的环境与文化发展需要来制定政策和方案。同时,即便属于市级管理的地区或文物单位及古老民居,区级政府也可提出积极建议和配合,不仅与市统一规划要求,也与本区的实际需要相结合。在这方面,区级政府并非无所作为。现代城市管理的发展要求发挥行政区划的作用,使区政府成为城市管理的主体,使整个大都市社会管理的重心下移。前几年报道的北京西城区在五年内实现"八横"、"八纵"市政计划所表现出来的勃勃雄心,就是一个区级政府大有可为的范例。问题的关键在于:区级政府是否能够提出合理的、建设性的发展蓝图。

第二节　发展因素的分析与资源特色的评价

一、区位

（一）地理区位

东山区地处白云山以南，珠江以北，位居广州市中部核心区域，总面积17平方公里。

东起广州大道（杨箕自然村划归天河区）与天河区相接；西至北京路南段、文德路北段西侧的府学西街、德政北路、东濠涌（法政路口环市中路的一段）与越秀区相邻；南临珠江主航道与海珠区隔江相望；北傍旧广九铁路与天河区相依。

（二）文化区位

从文化的视角来看，东山位于新旧文化、传统与现代交接的过渡地带。

东山与越秀、荔湾同为广州传统老城区，但东山位于广州新旧两大城市轴线之间；西接代表广州传统文化的旧城中心；东邻广州新的城市中心、未来的CBD地区——天河区；南越珠江，是广州未来城市拓展的重点区域。

在区域内部，既保存了如文德路、先烈路、新河浦等地区的历史文化风格，也出现了像花园酒店、中华广场等代表新生文化的现代建筑；传统文化与现代文化在此交融，从而使东山区表现出与越秀、荔湾等老城区不尽相同的带有一定多元色彩的文化景观。

二、人口

1999年年末东山区总人口为591122人。与其他各区比较，东山区具有人口素质较高的人文优势。根据2001年统计，东山区具有大学专科以上学历的居民占总数的28%，是广州市平均水平的2.8倍。① 本区内集中了

① 王永平主编：《广州发展报告（1990—2000）》，《穗府信息》专辑2003年版。

大批的省市各级科研单位、文化单位、教育单位及党政军首脑机关等，由于历史因素或其他，如今有相当数量的文化名人也选择在本区居住，从而构成高学历人士、知识分子众多的显著特征。

近年来广州房地产业的蓬勃兴起、东山区教育发达以及环市东——天河北高级商务中心的集聚功能，造成高学历的白领阶层和事业成功人士向东山区的进一步会聚，从而继续加强了东山区这种特殊的人口构成优势。

三、历史传统

（一）城区沿革

历史发轫较早，城区由西向东逐渐延伸发展。现为东山区西界的德政北路在秦代已是古任嚣城的东近郊。两宋时期，今东山区的豪贤路、文明路、德政北路一带已成为广州城的老城区。明清时期，中山四路商业街已初步形成，德政路、文德路、文明路的商业亦渐次兴旺。清末以后，东山空气清新、环境优美，成为公共建筑和住宅区开发的热点。

（二）文化传统

文化的"贵气"。昔有"有钱有势住东山"之称，又有"东山少爷，西关小姐"的说法。区内现存大量风格独特的洋楼建筑，又有自秦汉以来的众多古墓，葬品丰厚，墓主多为达官贵族，足以佐证东山由来已久的上层阶级和贵族文化传统。

文教传统。早在宋元时期，东山区就成为全省教育的重地。宋代于番山下（今文明路）建广州府学宫，号称"岭南第一儒林"。明代在今中山四路地段建番禺学宫。清代在城东南承恩里建贡院（今文明路鲁迅博物馆），每年供岭南数千学子应试。贡院西侧，书院、祠堂林立，省内外著名的古玩字画一条街——文德路亦应运而生。东山区因此成为人文鼎盛之区。

红色文化。20世纪二三十年代，东山地区成为我国近代史上民主革命的摇篮。孙中山、廖仲恺、李大钊、鲁迅、毛泽东、周恩来等历史风云人物先后在此进行过活动，声势浩大的辛亥革命、工农运动、国共合作、北伐战争在此发源，至今仍留存了大量近现代革命史迹，使东山成为全省文物保护单位最多的城区。

四、社会发展概况

受行政区域限制，东山区地域空间较小，但人文荟萃，经济发达。第三产业发展迅速，商贸旅游、教育科技是东山区的支柱产业。生态环境优良，公园、广场星罗棋布，绿化覆盖率达 29.09%。2001 年人均 GDP 为 5736 美元，达到现代化标准；文化在经济社会发展过程中的导向、调适、保障功能日益突出。

五、文化资源特色的评价

地域面积狭小，但文化资源种类丰富，品位等级相对较高，资源组合条件良好。

（一）历史文化内涵丰厚

东山是全省文物保护单位最多的一个城区。在 17 平方公里的土地上，历代留存下来的遗址、旧址、墓葬、墓园等纵横交错，密集分布。尤以近现代革命历史遗迹最为丰富。现有黄花岗七十二烈士墓、广州农民运动讲习所、国民党“一大”旧址、中国全国总工会旧址等全国重点文物保护单位 4 处，广州起义烈士陵园、省港大罢工指挥部、鲁迅故居等广东省文物保护单位 9 处，以及广州市文物保护单位 25 处。此外，东山还有大量未列入文物保护范围但同样见证了历史沧桑巨变的建筑遗迹散布在大街小巷中。

从地域分布上分析，东山的历史文化资源大致形成三个不同风格的集中区域：

其一，以先烈路为核心的近现代史迹景观带。基本就是广州四大文化特色之一的近现代民主革命策源地的历史见证，革命文化的集中展示。

其二，以文德路为核心的古代文化艺术景观带。自古以来就是文人雅士、社会名流云集的场所，现已成为省内外闻名的古玩字画一条街。周边还散落有番禺学宫、城隍庙、南越王宫署等名胜古迹。

其三，以新河浦为核心的古旧民居建筑景观带。汇集了清末民初东山特有的中西合璧的洋楼建筑群，与西关大屋并为广州岭南民居建筑的代表。北部越中山路还可与梅花村、农林路一带近代住宅建筑区相连。

（二）商贸文化空间活跃

本区商业活动十分兴旺，人流稠密，街道繁华，商业文化氛围浓厚。在地域分布上，基本形成四大商业板块。

其一，以花园酒店、世贸大厦、友谊商店为中心的环市东路商业区，以中高档消费为主，同时还是广州著名的高级商务区和高级住宅区。

其二，以王府井为代表的农林下路商业区，向南一直可延伸至龟岗大马路。商品层次多样化，兼顾低、中、高档，但整体风格似乎更为推崇精致、高雅、时尚气息。

其三，以中华广场、流行前线、陵园东地下商业城为中心的中山三、四路商业区，以引导大众潮流的时尚、流行文化为主。

其四，以音像、电器、电脑配件等为主体的海印市场。规模宏大，具有专业市场特色，但档次偏低，一度假货充斥，随着天河科贸电脑业的崛起，业内竞争激烈，海印市场处于逐渐萎缩的状态。

除此之外，区内还形成了文德路文化街、新东园图书城、黄花岗科贸街、西贡海鲜美食街、陵园西通信设备城等一批成行成市、初具规模的专业街，以及酒类批发、摩托车交易、摩托车配件、体育精品、家用电器、毛线布料等工业品市场，点缀了东山区商贸文化的繁荣景象。

（三）教育文化首屈一指

东山区自宋元以来，一直是广州的教育重地，文化传统源远流长。至今名校林立，教育发达，水平居全市之冠。

第一，辖区内有中学 15 所，小学 46 所，幼儿园、托儿所 103 间，成人学校 6 所，社会力量办学 72 所，还有一批教研室、教师进修学校、少年宫、教师发展中心和少年儿童校外活动机构。

第二，其中，省一级中学 9 所，省一级小学 4 所，省一级幼儿园 13 所，省、市一级中学占全市的 43%，省、市一级小学占全市的 30%，省一级幼儿园占全市的 46.4%。执信中学、育才中学、广师附中、培正中学、七中、省实、培正小学、市一幼等颇负盛名。

第三，另有省绿色中学2所，省绿色小学1所；市绿色中学4所，市绿色小学3所；省绿色幼儿园5所，占全省的41.7%，市绿色幼儿园15所，占全市的29.4%。

第四，在众多名校中，还不乏执信中学、培正中学、七中等具有悠久传统的老学校。不仅教育水平领先，而且校园环境古朴，书香中掩映着斑驳的历史，这样的文化景观也是东山独具的特色。

第五，广州著名的高等学府中山大学北校区（原中山医科大学）、广东工业大学、广州大学东院、广州职工业余大学、省委党校、市委党校以及广东省教育厅等，均坐落于此，更增添了东山区教育文化的诱人魅力。

（四）政治文化集聚的中心

党政军首脑机关多，是东山区的一项特殊优势。省级领导机构除省政府外，基本集中在本区，使东山成为广东省的政治中心。此外，东山也是广州军区的中枢地带。广州军区司令部、政治部、后勤部、装备部、广州军区空军等首脑机关均汇集于此。

从地域上看，这些政要部门主要分布于东山最富有传统特色的新河浦地区，与东山特有的洋楼建筑以及新河浦地区的幽静氛围融合在一起，为东山文化增添了一份神秘和庄严的色彩。

（五）居住文化景观独秀

东山的居住环境，在中心城区属于相对较好的层次。由于地段优越，交通便利，教育发达，土地价格昂贵，前来安家置业的多为白领精英或事业成功人士，因此，房地产开发鳞次栉比，但基本以高档精品为主，使东山的楼盘文化成为东山一道亮丽的风景线。

位于珠江滨水区的二沙岛，是广州著名的高尚住宅区。临珠江美景，环境幽雅，岛上又兴建了星海音乐厅、广东美术馆、广东体育馆等标志性、高品位的文化艺术设施，整体洋溢着浓郁的高雅文化气息。其他如华侨新村、东湖新村、五羊新城等，大致都是广州不同时期小区建设的典范之作，其文化风格均有可圈可点之处。

在未遭破坏或改造的传统风貌地段，往往表现出与现代小区文化不同的风采。如新河浦、农林上路等，绿树成荫，古意盎然，在闹市中倍显其幽静本色。

(六)专业文化机构众多

东山区云集了各类文化科研艺术单位，这也是其他各区所不能望其项背的。按其文化功能分类，大致有：

省科技厅、黄花岗科技园、信息园、中国科学院分院、广东科学院、中山医科大学眼科中心、空军基地、地理研究所、能源研究所、地震研究所、微生物研究所等部、省、市属科研机构32个(据1995年的统计)①；南方日报、羊城晚报、广东电视台等辐射全国的大众传媒；中山图书馆、广州图书馆、省书刊批发中心、广东博物馆等广州主要的博物馆、图书机构；省文联、省话剧院、省粤剧院、战士话剧团、战士杂技团、战士歌舞团、武警艺术团等重要的文艺创作和演出单位；省市群众艺术馆、铁路文化宫、市工人文化宫、省老干部活动中心、星海音乐厅、黄花岗剧院、广东美术馆等众多的文化活动场所。

此外，2001年，全国第一个博士俱乐部落户东山，将进一步丰富和提升东山文化资源。

六、文化与环境的关联评估

东山区文化发展的核心理念，就是要谋求城市文化与人居环境的良性互动。虽然本区拥有丰富的文化资源，但文化资源是静态分布的孤立存在，如何将文化的内涵恰如其分地融入城区环境，营造出整体和谐的美感，并非是有了资源就可以解决的事情。在很大程度上，需要对潜在的资源进行再加工，通过适当的保护与开发、配套与组合，将它们转化为文化环境的有机组成部分。

东山区素以"文化强区"著称，它的近现代革命文化、商贸文化、教育文化等已为众所周知。从综合认知的角度分析，东山区已经树立了比较鲜明

① 王永平主编:《广州发展报告》(1990—2000),《穗府信息》专辑,2003年版。

的文化形象。与其他各区比较,本区的综合素质和人文环境相对优良,这一点已是无可置疑的。因此,在文化与环境的内在关联或良性互动方面,必须承认,东山区文化建设目前已取得一定成效。尽管如此,本区的文化环境显然仍存在种种缺憾和不足之处,找出存在的问题才会对未来的发展规划有所助益。诸如:

(一)历史文化资源未能物尽其用

尽管东山拥有众多的文物保护单位,但真正能给人以视觉冲击和深刻印象的只有黄花岗公园、广州起义烈士陵园、农讲所以及文德路文化街、新河浦民居等寥寥几处。昔日的洋楼与贵气湮没于民房小巷中,独具岭南风格的骑楼已残缺不全,街区的宁静为嘈杂喧嚣取代,具有标志性作用的建筑隐然褪色,未能充分体现文化要素在景观环境中的震撼力和共鸣作用。即使是上述保存较好的地点,也存在整体风格的弱化问题,如新河浦地区破坏环境格调的违章建筑、新建的风格不统一的现代建筑,文德路、中山路老字号面临城市改造和房屋拆迁的困境等。

(二)缺乏共同的文化意识

如果说东山区还有某种吸引力的话,那就是往来交通、购物比较方便,中小学教育质量较好,整体环境不错。但是,社会各个阶层、各个单位,或者各个街区并没有形成一种共同的理念:如何将东山建设得更好、更文明、更有文化氛围。文化资源需要合理的开发、整体的规划、有机的组合,才能最好地发挥文化功能。东山区文化资源的利用,涉及党政、文化、教育、商业、交通、城建、房地产开发等多个部门,文化环境的营造需要社会各界的通力合作。但长期以来"经济挂帅"的思想已深入人心,社会经济各部门在发展过程中主要考虑的是经济利益,对于有意识地融入文化观念缺乏认同。因而,大部分文化资源一直是呈分散、无序的自生自灭状态,缺乏一种整体的文化意识贯穿其间。而且,一些外来的文化资源,如省市级党政军机关、科研文化艺术单位等,由于未能正确认识其重要性,没有通过营造协调的周边环境或开展相关的宣传活动烘托渲染其对东山文化环境的提升和完善功能,导致资源的浪费和空置。一般来说,解决了生存问题后的首要任务便是如何使精神生活更充实、更有意义。为此,全社会应形成一种共同的文化理念,将大家的文化资源和文化热情都贡献出来,同心协力搞好环境和文化建设。在这方面,政府有责任并有义务动员、推动和协调各个方面,形成文化建设的合力。

(三)表现在空间上,东山区整体的人文环境并不尽如人意

在某些城区主干道、重要路段或一些示范区如中山四路、二沙岛等,文化景观经过统一规划而初步呈现舒适宜人的面貌;但在众多的街衢小巷中,处处仍可见破败和脏乱景象,往往很难感受到人文关怀和文化气息。东山区人文环境的营造,至今仍停留在点和线的阶段,缺乏一种整体的规划。事实上,即使是重要的文化点如古建筑等也并未完全得到适当的修缮和保护,重要的文化街区也仍然存在保护与开发的诸多问题。目前最为突出的问题就是:缺乏标志性建筑,缺乏文化符号与文化象征。某些地段或街区的外部环境已经建设得很好(如二沙岛),有了斯文和贵气,但在建筑物、街道或公园都很难见到象征本地精神内质或历史传统的文化标志,许多建筑只追求华贵、时髦,却不甚讲究材料和样式的艺术性,如已被滥用的瓷砖,在不经意间就会破坏整体环境的自然与协调。

第三节 城市文化资源整合的主题定位

文化主题就是区域文化发展的主格调,它是城区环境建设的灵魂,不论是自然景观还是人文景观,都需要有确定的主题或由人提炼、设计的主题。定位就是"去操纵已存在心中的东西,去重新结合已存在的联结关系"①。文化要蕴涵在环境当中,环境要体现文化的意味,没有一个中心概念就会无的放矢。如果要有意识地创造文化与环境的良性互动,首先必须要在复杂

① 参见李蕾蕾:《旅游地形象策划理论与实务》,广东人民出版社 1999 年版,第 114—120 页。

纷乱的文化要素中寻找出具有代表性的文化主题,奠定文化发展和环境建设的基调。

一、主题设计的基础理念分析

(一)承传历史文脉

任何地方的发展都有其特定的历史文化形态。城市特色形成的基础条件是城市的历史,有历史的东西存在才会感受到城市风格及其真正的文化价值。东山区的文化发展,同样不能游离于历史之外,割裂现代与传统的千丝万缕的联系。主题定位应充分体现这种历史的延续,体现本区特有的文脉精神。东山区的文化建设,不仅要延续过去的历史,而且应设法使之在现代文化中重现光彩。

(二)反映地方特色

文化主题的实质内容必须来源于地方独特性,充分挖掘和深刻分析地域背景,发现和提取地方性的元素。主题定位,应是一种"地方精神"、"地方意识"、"地方认同感和归属感"的集中映射。只有坚持地方性,才能在文化发展的大局中获取独立自存的价值。

(三)着眼未来发展

东山区的文化主题既要立足本区实际,又要具有全市发展的整体观念,从市政与文化建设的区域分工、功能协调等来考虑定位,既要着手从当前做起,又要具备历史感和前瞻性。

二、东山区文化资源的主题定位

(一)传统与现代交融的多元开放文化

东山区位于从荔湾、越秀旧城中心向天河新城市中心延伸的过渡地带,是新旧文化交汇、碰撞的锋面线。从周边文化的影响作用来看,东山区不可避免地受到两种文化的冲击。

在区域内部,东山本是与荔湾、越秀性质相同的老城区,历史遗留了众多的名胜古迹和传统风貌地段;但伴随着天河新城市中心的成型,本区东部环市路、东风路一带发展成为广州 CBD 的核心地带，承担全市部分商务办公、金融贸易等功能。

以上两种因素的综合，构成东山与周边地区相异的独特的文化风格。既不同于荔湾、越秀等老城区自然流露的历史沧桑、古朴意蕴；也迥异于天河等新城区散发出来的明快和张扬、充满时代感的生机和活力。与周边的单一文化风格相比，东山文化其实是兼容了新旧两种文化的特点，从而更多地带有一种多元混合色彩。在这里，传统与现代的冲突与矛盾、交汇与融合表现得淋漓尽致。

在实际的景观规划或环境整治中，应明确历史保护区与现代风貌区的地域范围，做好整体规划，将历史资源与现代景观巧妙地结合，体现从古代—近代—现代—当代的流畅的历史发展轨迹，塑造一种融历史的凝重色彩与新生的时代气息于一体的新型文化。突出这一主题，有助于东山文化形象的鲜明与独特。

（二）以高雅文化为核心的文教传统

传统与现代的交融，主要表现为一种视觉景观的感知。但是文化景观在凌驾于各种物质因素和非物质因素之上，往往具有一种内在的、抽象的"神韵"，可以意会不能言传，也就是文化最深层的特质，或者说"骨子里"的东西。东山文化最深层的共性特征，根据其地理文脉、资源特性与组合状况，可以概括为一种高雅的品格，象征着优雅、高贵、精致和品味。

自古以来，广州就有"有钱有势住东山"、"东山少爷，西关小姐"的说法。尤其是清末以后，东山成为达官贵人的风水宝地，当时兴建的中西合璧的洋楼建筑，在今天千篇一律的高楼大厦和拥挤的城市空间中，更显得清雅幽静、不同凡响。这种文化传统早已根深蒂固，构成东山文化精神的重要层面。

历史上，东山是广州乃至整个广东地区的教育重地。文治教化，源远流长。现代的东山又是广州名校汇集、教育昌盛的重要场所。教育与文化，尤其是高雅文化紧密相连。一个教育发达的地区，通常总是受到人们的崇敬和仰慕。

区内的文德路,古时就是名流雅士的流连场所,现在又是广州著名的文化艺术街,专销古玩字画、文房四宝等象征风雅格调的文化商品。对整个东山的高雅文化气氛起到了增色添彩、推波助澜的作用。

本区会集了大批党政军首脑机关、文化科研机构;还有相当数量的文化名人在此或曾在此居留;环市东一带是高级商务区和高档购物区;二沙岛是著名的高尚住宅区;华侨新村是华侨的聚居地;本区房地产开发总体以中高档为主,等等。这些因素的综合,在景观空间上直接增强了本区特有的高贵、神秘、优雅的文化气息;在人口构成上,凸显本区高学历人士、知识分子多的人文优势,而高雅文化总是与精英文化联系在一起,本区人口的特殊优势无疑增强了人们对高雅文化形象的认知。

农林下路的商业文化色彩与全市其他商业区相比较,明显具有一种雅致和品味的特征。如果说上下九延续了老城区的务实和价廉物美的传统,北京路更多地成为外地人观光购物的标志,天河城代表了时尚和流行,那么农林下路则隐隐透露出"小资情调"的含蓄和优雅。与本区的高雅文化品位相得益彰。

第四节　城市文化资源的整合思路

凯文·林奇在《城市印象》①一书中指出,一个容易产生印象、可识别的(Legibility)和可见的(Visibility)城市,应该是有一定形状的,有特征的惹人注意的。对这种环境的感知不仅是简化的而且是有广度的和深度的。它将是一个各具特征的各个部分结合明确而且连续统一的城市,时时刻刻都能使人理解和感知的城市。为了设计这样有印象力的(Imaginability)城市,可以依据城市形象的构成要素如道路、边沿、标志、结点和区域等五种形式类型进行设计。简而言之,就是在建筑物的单体设计、空间布局设计、城市区

① 参见[美]凯文·林奇:《城市印象》,华夏出版社 2001 年版。

域功能规划等不同层次上，融入园林意识、环境意识、生态意识、美学意识等设计理念，凸显特色鲜明、多层次的城市文化内涵，使文化品位在城市空间得以充分地体现。

一、文化与环境共生共荣的整合原则

（一）保护生态平衡为基点

文化建设必须以自然环境为基础，保持生态环境平衡是城市文化形象的根本。随着城市化的推进，人口的高度集聚，在城市环境中不同程度地出现空气污染、氧气不足；水源减少、水质下降；废弃物增多，噪声加剧，生态环境逐渐恶化。因此，文化环境的营造首先必须以保护优美的生态环境为基本点。在空间景观的布局方面，主要是绿化景观系统的建设，包括公园、街道、社区、住宅组团的绿化分布与体系以及河涌的治理、水质的净化等。

（二）文化主题贯穿始终

文化主题是对区域文化景观的全面概括和提炼，具有代表性，反映整体形态的内涵，因此，首先它是一个整体性的概念。不管是静态的景观还是动态的空间，在设计和营造时都必须充分烘托文化主题。东山区的文化主题，应该定位于围绕高雅文化为核心的传统与现代交融的多元开放文化，即以高雅的神韵为内涵，以传统与现代的多元融合为外在表现，塑造东山独特的文化形象。

其次，文化主题是从一种宏观的抽象的高度指导全局的发展，是核心的、精髓的理念，而不是具体的、细节性的东西。在实际的空间布局上，不应该片面地理解主题功能而导致风格雷同，应注意保持主题的统一性与单元的独立性，即整体的统一性与风格营造和小区特色的独立性与互补性，如骑楼、洋楼建筑的风格独立性以及这种独立性于东山整体环境的高贵典雅风格的一致性。

二、以文化节点为基础单元进行整合

文化节点是微观层次的特色营造，包括建筑格调及小品造型设计、公共空间设计、标识系统设计等，通过突出有个性的文化主题，增强区域识别性以及改善局部的空间景观环境与形象。

（一）历史建筑

建筑的设计首先要体现建设风格与立面造型的环境协调性，即营造建筑与城市交融的空间。其次，建筑是城市文化符号的主要载体，不能降格为只是具有美学价值或技术价值，对我们时代而言，应是可取的生活方式的诠释，应帮助表达出某种共同的精神风貌。

现代建筑的式样应当富有创造性，不能只考虑实用性而不顾艺术性。可以根据地段景观特征，在区域基本主题风格的基础上百花齐放、造型各异。一方面要表达建筑功能的需求，另一方面要与该地段的城市空间环境相协调、相融合，其主要内容包括出入口、沿街立面风格、绿化等。

如历史建筑既是土木建造之物，同时又是某一历史时期社会经济文化的综合写照。历史文化资源的开发，重点往往不在于其建筑本身，而是在其结构外观背后所蕴藏的深厚的文化意味，这种隐含的、内在的文化意味才是它的灵魂之所在、审美价值之所系。东山区有国家、省、市级文物保护单位三十多处，现存建筑有的对外开放参观，有的已改作它用。不管其性质和用途如何，对于文物建筑，在主体外观上首先应遵循"修旧如旧"的原则；在历史保护区控制地带的建设项目，也要注意其体型、风格、色彩等必须与文物建筑相协调一致。既要维持它的传统风貌，又要尽可能地存留其特定的历史文化气息。

有些名胜古迹，因为种种原因，已经不复存在。对于历史古迹的重建，应持一种科学和审慎的态度，充分考证其意义的必要性和现实的可能性。因为不管该历史建筑曾经有过多么辉煌的过去，都已是"陈年往事"。重建，即使原样复制，也始终是一种遗憾，源于该历史建筑曾经附载的文化符号早已荡然无存。真的遗迹即使残缺不全，也会令人回味无穷；假的建筑即使工整完美，也会留下"鱼目混珠"的缺憾。其次，对于已经湮灭的名胜古迹，还要考虑该遗址当前的使用情况和周边环境。对于确有必要的重建，在式样的设计和材料的选取上应有特殊的讲究，使其富有历史感和艺术感。

东山区历史文化旧址或遗址的重(修)建,当前主要集中在中共“三大”旧址和万木草堂的恢复与开发。前者位于新河浦传统风貌区,附近还有内容相关的古迹“春园”和“简园”,虽然主体建筑缺失,但整体环境基本保存完好,适当的重建可以在某种程度上再现当年风貌;但由于“三大”旧址是掩映在东山最富有传统特色的古民居建筑群之间,所以在此周围征地7000平方米的同时建设革命历史主题广场,反而会适得其反,破坏原有的弥漫其中的幽静古朴的文化意蕴。后者位于中山四路长兴里,虽然原来的青砖祠堂建筑的基本结构仍在,但整片都已改作民房及工厂用地,环境破坏比较严重,复原代价、维修费用较高;考虑该区是旧城改造的拆迁地带,修复主体建筑及重建周边环境,作为改善城市环境和发展旅游的一种有效手段比较可行,而且与临近地区番禺学宫、明远楼、文德路文化街的性质相近,可遥相呼应,通过串联作用营造整体的古色古香的文化氛围。串联一系列的文化景观是一种凸显文化特色的有效手段。通过串联作用,可使各个分散的文化景观呈现规模和整体的效应,达到引人注目的效果。这种手段包括环境改善、符号指引、渲染气氛、地图着色、鼓动宣传等。

(二)公共空间

公共空间的合理分布,是对人最大的关怀和尊重。现代化城市必须具备一流的公共文化设施,如广场、公园、博物馆、美术馆、图书馆、科技馆、展览馆、影剧院、文化宫、体育场、青少年活动中心、会议中心、学术交流中心、音乐厅、现代科学文化中心、娱乐城等。在东山区的公共空间营造中,作为城区建设,不要求面面俱到,应因地制宜,突出主题。

其中,城市广场在现阶段城市文化环境中的功能作用受到国内外一致的认同。建设广场不仅提供宽敞的文化空间,在视觉景观上给人以美的享受,而且它还可以作为居民休闲游憩的场所,将文化景观和文化活动充分结合。东山的英雄广场小有名气,可惜规模太小。

广州“中变”期间,本区建设了鲁迅纪念园等7个城市绿化广场、主题公园,还结合小区环境整治,兴建了一批社区小公园。“大变”期间,原计划实施新英雄广场、中共“三大”旧址革命历史广场、大沙头珠江文化广场、省博物馆革命文化广场等5大广场建设工程。这些都充分说明政府对营造城市公共空间的重视。但是在实际的设计和建设过程中，应该注意几个方面的问题：

(1)空间系统组织、功能布局和尺度控制。包括主要空间的类型、造型与模型，地形标高的利用，空间开口设计及地上地下空间等的综合利用。

(2)注意建筑物之间、建筑物与广场及其他背景之间的比例，保护广场周围的视觉环境，否则一些高层建筑物的身影插入广场建筑群中，就破坏了广场的完整性。

(3)坚持高起点、高标准，绝不能搞同水平的复制。一处败笔，不但未增加多少功能，反而占据多处空间，造成视觉污染。

(三)标识系统

标识系统，包括建筑小品设计如城市雕塑、喷泉、水池、小品以及沿街广告、户外招牌、灯饰、灯光照明等。

标识系统的设计，遵循两个原则：规范化与艺术化，即在与整体环境和谐一致的基础上充分发挥艺术的想象力和感染力，营造视觉景观的美感和文化氛围。

三、以文化景观廊为骨干形成线状分布

街道除了交通功能外，还形成了城市景观走廊和连续空间。文化景观走廊，就是以大大小小的街道为基本要素，根据其使用功能和建设发展的状况，按城市总体空间布局的要求，进行统一的景观环境设计，形成丰富多彩、形态各异的"画廊"般的城市景观带。

"中变"期间，东山区进行了大规模的"穿衣戴帽"和人行道改造工程。投入7000万元，改造了主要路段的54条人行道共79.3公里；投入1亿3千多万元，对"一区三边"和主要路段1038栋陈旧楼房的外立面进行了翻新改造，在很大程度上改善了城区基础设施和环境景观。在新的规划思想下，改造工程将继续开展，但不应仅限于建筑物的翻新改造，还应在更高层次上体现人文关怀、突出文化品位。

首先应在沿街建筑装修、店铺门面、园林绿化、环境卫生、广告标识、交通工具等城市综合风貌上透射文化品位。尤其是在主要干道或特色景观集中的街区，应创造具有领域感的交往空间。主要体现在三个方面：第一，规范，即有比较一致的风格；第二，规模经营，凡对外消费经营，尽可能形成集聚效应；第三，匠心独具，即有艺术品位。

其次，注意发掘城市空间的人文内涵，使之在宜人的空间尺度、舒适的休憩环境之外，还应具有或者是完整的历史脉络如先烈路，或者是浓郁的文化氛围如文德路，或者是繁华的商业气息如农林下路等。通过各个地区的人文故事或历史事件，以及艺术手段的气氛渲染，使人感受到丰厚的文化底蕴。

再次，步行系统的设计和实施。步行系统是城市设计强调以人为中心的重要体现，包括步行商业街、林荫道、二层或地下步行道等。主要考虑其结构、交通组织、空间组织、设施布置及氛围构筑等问题，以及各种空间的步行系统连接，使之成为富有活力的开放空间，进而改善人文环境，提高市民生活质量。

四、文化景观区的划分与主题设计

（一）历史文化区

本区历史文化资源的物质层次大都简洁平实、朴素无华，不易诱动大众的兴奋中枢，但其所附载的无形的精神文化却博大精深、源远流长。因此，历史文化区设计的关键是营造一种深远的文化意境。在可能的条件下尽量扩大保护范围，对外围环境加以整治，并与周围不协调景观进行绿化隔离，创造一定的引景空间。也就是为历史文化景观开拓一个良好的外围空间。东山区在地域分布上的三大景观分区：先烈路近现代革命史迹带、文德路文化艺术专业街、新河浦近代建筑群，分别应针对其发展的优劣势条件进行整修。如先烈路，受环市东、东风东主干道的截断、高楼大厦对景观造型的破坏、大量违章建筑对景观空间的侵占等影响，如何保持主题风格的统一性和连续性；文德路受北京路影区空间的控制，在繁华的商业气氛中如何突出它古色古香的高雅文化氛围；新河浦洋楼建筑“养在深闺人未识”，大部分历史建筑年久失修，破坏景观主格调的违章建筑屡见不鲜，有待整体规划保护。此外，在各文化景观区，疏散而不是再增加固定居住人口，应是一项长期举措。

（二）中心商业区

以农林下、龟岗大马路为纵轴，环市东、中山三、四路为横轴，集中建设连成一体的环市东、农林下、中华广场三大具有集聚功能和光环效应的商业中心区。突出其高档购物特色和时尚流行气息，同时发展休闲游憩的综合配套，如必需的休憩广场、公共绿地及公共服务设施等。至于海印市场，应该尽快实现向更高层次的专业批发市场和物流配送中心的发展模式的功能置换。中心商业区除了商场本身的建筑之外，还应考虑人群的集聚与疏散是否方便快捷、游客是否有足够的休憩空间等更高层次的需求，这种大型商业业态空间不能受到挤压。最近作出的农林下路扩路及修建计划，无疑是一个亮点，但在建筑式样与材料选取方面必须有所讲究，应该从长远的角度考虑，而不能只顾及短期效益。如果条件尚不具备，宁可将空地预留，集中精力做好基础设施建设，也不能仓促上马，人为制造不必要的缺憾。

（三）滨水休闲区

广州珠江两岸滨水区是一个景色宜人、蕴涵丰富历史文化传统的城市空间。东山区临江景观带的设计，主要由大沙头码头的改造（港湾广场的修建）、沿江路的美化以及二沙岛文化氛围的进一步丰富和提升三个层面构成。主题定位于休闲文化功能，即为市民提供一个活动、休闲、享受自然的场所。大沙头码头的改造，目前提出建成渔人码头的规划建议，与二沙岛文化艺术区相得益彰，既可以削弱二沙岛的“孤岛”之嫌，又能突出东山高雅文化的主题形象。

以上三处是东山区的特色景观区，除此之外，大部分区域可能是特色不明显甚至面目雷同的生活或生产用地。景观设计的主要目的是尽可能突出文化主题的环境美化。其中，随着社会发展水平的提高，人们对物质和文化的需求也不断提高，住宅小区的环境整治日趋受到重视。旧住宅区的整治，重在环境的优化和传统建筑的功能置换或内在更新。新区的建设,不仅要求符合现代化城市风格的建筑形态,还要求充分利用阳光、空气、树木、绿地、色彩、铺地的图案,道路的景观,以及合理的用地布局、便捷的交通流线和便利的生活、文化设施等,通过共同要素的合理铸造,构造和谐完美的空间轮廓。

五、整体风格与标志性景观的确立

文化景观的设计不能缺少宏观意义上的总体把握。总体的规划布局,是保证整体风格统一的必要条件。其主要任务,就是将中心区、商业区、工业区、生活区、文化区、广场园林、街道交通等对建筑物的不同要求特点反映出来,并通过理念一致的设计,使众多、分散的人工符号在确定空间范围内形成错落有致、疏密相间的统一整体。

标志性景观,通常是一个地方可以给人留下深刻印象的地区形象标志。广州市内,提到天河区,就会联想到天河城、天河体育中心;提到越秀区,就会联想到北京路、中山纪念堂;提到荔湾区,就会联想到上下九、西关大屋。但提到东山区,往往会令人有些迟疑,不能肯定什么才是它的代表特色。尽管东山文化资源一大堆,但无论是现代文化景观还是传统文化遗存,都缺乏像其他各区一样的标志性品牌。标志性景观不一定要宏大、有气魄,但一定要独具匠心,别出心裁,艺术的魅力才是最好的标志。

第五节 东山区文化发展的基本思路

一、战略目标模式

文化发展的战略举措,是突出主题定位、实现发展目标的一种战略性措施,是属于操作层面的规划指导。

文化发展的战略目标:以高雅文化为主线,景观节点和轴线为依托,整合传统文化、近代历史、现代商业等三大板块的多元文化风格,塑造岭南文化底蕴深厚、东山文化个性张扬的文化功能区。

文化发展的战略模式——政府主导型多元驱动模式：以政府为主导，引导市场方向；以项目为龙头，策划精品形象；以公众为主体，培育整体环境。通过多元主体的结合，自上而下地推动东山区文化板块的建设。

二、政府功能整合的可能性与思路建议

（一）整合的行政基础

文化的全面发展不是一个口号，作为一项实实在在的系统工程，它需要一个有效的支撑平台。自上而下的发展模式决定了政府部门在东山区文化建设中的主导作用，各个职能部门协调的程度和运作的效率，直接影响政府能否为唱好戏搭好台。文化发展战略实施的关键在于政府功能的整合能力，只有从整体的高度，群策群力，才可能打造区域统一的文化品牌。应该形成这样的共识：文化发展有利于塑造东山区的良好形象，促使经济更好地发展。

文化建设渗透至众多具体的职能部门，其发展并非文化部门独力所能承担。从政府职能的角度看，不同部门履行的基本职责和权限差异明显，而综合的文化建设又往往与各部门的关系密切。从战略的拟订、主要项目的策划及实施、文化生态环境的培育到城市雕塑和光亮工程的规划，既涵盖了文化发展领域的各个层面，又涉及多个部门的行政职责。只有协调好各行政部门间的关系，才能成功地进行政府功能的整合，构筑文化发展的平台。

（二）政府功能整合建议

有效的协调方式是达到良好整合效果的保障。建议由区委、区政府联合牵头，设立专门的协调机构（如文化发展委员会或协调小组），对东山区的文化建设进行统一规划、实施和管理。在项目负责和审批环节中，通过各个部门的有机配合，共同努力，实现"文化强区"的发展理念。

协调机构可以由各个与文化发展相关的职能部门组成（如规划、建设、环保、园林等）。为了避免机构的膨胀，建议以文化部门负责具体组织工作，由其他部门的负责人组成"虚"的管理机构，而在运作过程采用"实"的

弹性工作方式。即：协调机构具备具体的职能，在涉及多部门的文化发展规划等方面，由文化部门组织、区委区政府统一协调；对可能影响东山区形象的重大项目，负责进行意见的咨询和协调工作等。通过“平行协作”的整合方式，保证“自上而下”的政府主导型模式顺利形成。

这种协调作用体现在两个方面：既要协调本区政府各职能部门，也要协调与市政府有关部门的关系。只有建立合理的行政协调机制，才能将文化建设从文化部门的“小文化”走向具有全区战略高度的“大文化”。

（三）政策合理引导

建议针对多元的行为主体制定相应的政策，合理引导文化发展战略的具体实施。

针对行政部门的政策：出台与文化发展相应的协调法规，并对具体需要协调的工作制定具体的条例，特别是东山区的文化广场工程、治水工程、绿化工程等重大的项目。适时通过人大进行立法，保障文化战略成为东山区今后发展建设的主线之一。

针对市场的政策：鼓励文化含量高、群众喜闻乐见的高品位工程进入东山区（如星海音乐厅），其中高雅文化工程、现代商业文化工程、教育工程等是优先照顾的项目。建议在项目审批、土地利用方面给予资方一定的优惠，并充分考虑设施配套、安全保障等辅助环境条件，使东山区在文化工程引进中具有品牌形象和效益回报的双重比较优势。在文化活动方面，着力推行文化进社区的活动，并充分利用本区专业文化机构众多的优势，加强单位与地方的文化共建。

针对公众的政策：公众整体是动态文化景观的载体，文化强区的概念最终离不开高文化素质的人群。东山区属于广州市的旧城区，空间发展弹性小，适宜向精致化和高质化方向发展。建议通过政策吸引高素质的群体的集聚，使其成为东山区文化品牌的组成部分。良好的公众形象和素养是一个地区重要的无形资产。从邻近天河区的发展看，天河北一带由于商务办公业的发展，逐渐成为白领阶层社区。这种集聚的效果通过市场杠杆，借助房地产业自然而成。值得借鉴的是，对高素质人群而言，东山区的吸引源更为丰富——人居环境、文化传统、商业氛围……建议通过政策制定，实现高素质人群的多元化聚集（居住、会所、展览、论坛等），提升东山区的公众文化内涵，塑造公众的良好的文化形象。

三、以文化工程为载体，构筑特色文化景观

文化节点和文化景观轴是属于静态的文化载体，也是文化整合的一个重要层面。重大项目和工程往往承载大量的文化信息，直接地成为文化的物质载体。在东山区文化建设中，诸多与文化关系密切的工程都是潜在的文化符号，是文化建设在操作层面的一种反映。以下以几个设计到"十五"计划的重要工程为对象，从文化的角度对其发展建设提出建议，希望在和谐的协作背景下，共同构筑东山区的特色文化载体。

主要工程	文化发展建议
新英雄广场	现英雄广场进行扩建，将南侧的省人民体育场拆除改建成集绿化、休闲、群众体育活动于一体的开放式体育公园，与英雄广场共同形成大型综合性城市广场，并将成为东山区的标志性建筑。因此，新英雄广场要展现的不仅仅是某种单一的文化元素，而应成为整个东山的文化象征。在规划设计中，应尊重历史、尊重现实、尊重自然，协调建筑与城市空间的关系，着重于文化意象的塑造。在功能布局中，引入开放性和人性化的理念。通过丰富多彩的艺术手法，力求准确表达对东山文化内涵的解读和诠释，形成历史与时代完美交融的文化空间。在文化活动组织方面，建议文化部门与旅游、商业、体育等部门进行联合，形成一方组织、多方协作的体制，制定长期活动方案，通过精心策划内涵丰富的动态项目，培育为"欢乐东山"的引力中心。
革命历史广场、博物馆文化工程、万木草堂广场	以近代和现代革命历史为主题，塑造爱国主义基地的形象。借助先进的科技水平和设施，通过深刻而有新意的活动内容，重现鲜活生动的历史事件，弘扬优秀革命文化。在表现形式上，可与旅游活动相结合，不仅作为静态的教材，还应发展动态参与的多种项目，力求寓教于乐。
港湾广场	拟建的港湾广场将充分展示广州亿吨大港的形象，在功能设计上被定位为以旅游休闲为主的城市滨水风貌区。因此，在文化理念设计中，应将滨水景观与休闲文化、体育文化相结合，突出游憩和文体的特色。此外，港湾广场恰好位于珠江沿线新旧文化景观的交汇点，应充分表现东山传统与现代交融的特色，突出与西岸、东岸截然不同的"文化转折点"的风格。

续表

主要工程	文化发展建议
商业街改造工程	农林下路将逐步拆除临街商铺,拓宽街道,建造高层综合性商厦,引导农林下路改造成为以百货业、大型零售业和品牌专卖店为主、大型商厦林立的广州"淮海路",走高档路线,无疑有助于提升东山高品位的文化形象。其他四大商贸旅游区的建设,应与此相呼应,发展高雅文化,保持文化品位,是东山商业文化的主体风格。
光亮工程	充分考虑滨江岸线夜间休闲活动的特点,配合该工程建设,以露天形式创造独具东山特色的夜生活文化。建议文化部门与市政园林部门等共同策划,使珠江不同文化岸段有不同的"光亮"特点,展示东山文化品位。
河涌整治工程	河涌整治实质是将河流从被动的排水功能恢复其自然生态体的功能,通过自然廊道将生物多样性引入大都市,创造和谐的人居环境。东濠涌、新河浦涌作为全区商贸和居住文化的"活眼",在整治过程中应重视水体的可亲近性,在闹市中塑造"小桥流水"的现代景观风貌。建议市政园林部门与文化部门合作,论证最优的治水方案,改变以往"脏、乱、差"的面貌,重现水边风情。
穿衣戴帽工程	文德北路的传统粤韵、新英雄广场商贸文化、沿江路的滨水游憩,均各具特色,应量体裁衣,鼓励丰富的造景手法,塑造东山整洁美观的整体环境。
绿色社区工程	在物质条件的满足的基础上,居民对邻里关怀、娱乐、安全、归属感、个人价值体现等精神层面有更高的需求。绿色不仅是一种自然生态的景观,应从文化生态的高度进行生态社区的建设。建议基层管理部门与文化部门合作,开展社区文化的规划和实施工作。

四、空间发展战略:顺势而为,借景生辉

从意象感知的角度看,东山区处于荔湾区传统商业中心区向天河区现代 CBD 的过渡区域。"顺势而为",即在物质景观建设上不与邻区攀比,巧借自身在"峰谷"之间的位置,构筑一个独特的东山文化板块,以文化为纽带,将三者联为一个兼具现代建筑景观与特色传统文化的整体。

从区位角度看,行政区划并没有改变地理空间的联系。"借景生辉",即借助地理关系密切、公众普遍认同的城市资源,塑造东山区的文化形象。

西联商景：文德路紧邻北京路，后者是全市传统的商业中心，二者相连发展，有利于东山区知名度的提高。根据《越秀区商贸旅游业发展规划总体规划》（2001—2010年），在北京路商业步行区的规划方案中，财厅——中山路以文化为主题，商业与旅游业并重发展；中山路——泰康路建成高级购物区；泰康路——沿江路建成观光、休闲步行区。规划后的北京路整体的文化风格属于时尚型和休闲型流行商业文化。文德路文化发展切入点：展示近千年的文化历史，与北京路构成互补型商业街。初期宜在北段引入广东省的文化精品经营，如广州市线装古籍书、佛山陶瓷、剪纸、肇庆端砚、潮汕茶具等；并扶持恢复绍华轩、翰雅斋、宝生斋等老字号。一两年后在中段（至万福路）发展为聚集全国知名文化商品的商业街，如安徽宣纸、湖州毛笔、宜兴紫砂壶等。适时在南段（至沿江路）引进国外文化精品，形成商品层次丰富、影响力强的特色文化街。近年来，由于旧城改造消失了一些知名的老字号，现代商业网点的建设也使一些原有的知名老店也纷纷迁址（如"三多轩"从北京路迁址文德路）。在这种背景下，文德路应该发挥固有的文化凝聚力，创造条件吸纳品牌资源。建议将其作为文化发展协调机构近期的工作内容之一，做好文化强区的起步工作。

东借城景：珠江新城是广州市规划中的21世纪CBD，商务、金融、办公、信息服务等是其未来的主导功能，但文化功能相对薄弱，东山区可以发挥自身的文化优势，成为与东部新城区联系紧密的文化服务区，同时借助珠江新城的形象树立自身的品牌。文化发展协调机构应大力发挥组织和管理的作用，形成一套成熟的制度和良好的运作机制，成为全市高水平文化艺术展览、交流、演示活动的中心，通过"软资源"与现代城市中心互惠发展。

南托水景：江河是人类璀璨文明的摇篮，留下了众多千古的文化印记。黄鹤楼、岳阳楼、滕王阁、东方明珠等建筑，就是长江流域古今文化的典型代表。珠江作为广州的母亲河，孕育了具有两千多年历史的羊城，但目前岸线充斥着大量的商业性的建筑，尚未出现与大都市形象相称的艺术精品。

东山区南部依托风景旖旎的珠江，与南部临江楼盘迅速崛起的态势相比，北部滨水线本身仍是保存良好的公众资源。岛上建筑——星海音乐厅是珠江沿岸颇具代表性的建筑物，也是东山区一个重要的文化节点。考虑到珠江新城的用地性质，其岸线利用将倾向于商业游憩功能；东山区范围内的珠江岸线，建议通过用地功能置换，以高雅文化为核心，整合音乐厅、图书馆、博物馆等文化资源，形成“一江三岸”的自然和文化景观轴，将东山区的沿江一带建设为具有鲜明岭南特色的文化精品橱窗。

第四章

历史文化资源与广州城市风格的设计方案

鉴于一直以来外界对广州文化资源的地域意义的认知程度较低，我们拟解决一个普遍性的误区：为什么有两千多年历史文化的名城被认为缺乏文化根源？本章致力于在深厚的文化资源中遴选出对于塑造广州城市风格最具意义的相关元素，提出恰当的设计解决方案，目标指向历史文化名城与现代化区域中心城市发展目标的统一性；通过借鉴古今、中西城市风格设计的对比实例和有关的实地调查，拟提出广州总体风格的概念设计；探讨文化资源作为资本运作的可行性，以增强广州的聚集力、辐射功能以及竞争力。

第一节 城市识别理论以及有关对广州城市风格的讨论

一、城市识别理论概述

城市识别理论来源于企业形象设计理论。20 世纪 30 年代前后，美国著名设计师雷蒙特·罗维和保罗·兰提出了企业形象设计（Corporate Identity System）的理念，被称为“CI”或“CIS”，意在对企业以及产品进行个性识别，确立产品形象，在市场认知中建立稳定性。这一理念对城市形象识别产生了重要的影响，当城市推向市场时，随后就形成了城市识别系统（City Identity System）。

20世纪90年代以来，随着城市建设的深入，这一理论被广泛地应用到国内城市形象的设计中。1992年出版的《地区形象理论及其应用——广东省花都市形象建设课题报告》，是国内第一部有关地区形象设计的专著。该报告以花都市为实例，对地区的形象理论、花都市总体形象的定性评价、未来形象的设计与塑造、形象建设的实施意见都进行了系统论述。这也表明了城市识别系统的理论进入到实际的操作中。

就目前国内城市设计认可的理论，城市识别系统由三部分组成：

MI理念识别（mind identidy）——→BI行为识别（behavior identity）——→VI视觉识别（visual identity）。

城市理念识别是识别系统的内核，指得到公众普遍认同、体现城市自身个性特征的一套反映城市明确意识的价值体系，同时包括观念、形式与形态、俚语、习俗等，是一种指导性的意识。由于它是非空间的观念和价值，同时也可能是一种主动的感知行为。

行为识别是识别系统的中间层面，是城市整体的行为文化，通过城市的组织、管理等行为传播城市的行为信息；也指以制度的方式规范城市的特定活动。在实际运用中，体现为制度文化。“城市是多样的，不同性质的城市有着不同的实体要求，体现不同的人文价值理念，需要不同的内容、结构、层次和标准的实体要素组合，具体地表现一个城市规划是否合理与适当，往往通过城市规划程序规则的实际运用来保证，这是城市规划制度价值之所在，也是城市规划制度的文化内容。”①

视觉识别是指通过一系统外在的城市物质载体，表现城市的独特内涵与外在风格，是城市美学的直接表达，如建筑、民宅、雕塑等，同时也是色调、声音等城市符号的集中体现。

① 李卓彬主编：《城市文化与广州城市发展》，广州出版社2003年版，第213页。

城市识别理论的建立旨在从内核到外观上定位城市的特性，在城市建设的实体中同时融进城市精神、城市风俗、市民习惯等非物质因素。我们在此讨论的城市风格就是城市识别理论的运行。

城市风格指的是城市与众不同的存在与发展方式。风格既指个性、标志，同时也是一个综合的概念。城市的风格是设计的结果，因此它是一种识别符号。显然，独特性和可识别性是风格的属性。没有可识别性，就不具有风格。创造风格，本质上是在凸显“唯一性”的同时创造可识别性。

近20年来，在识别理论三大层面上展开的对广州城市风格个性的讨论，集中在以下几个视域：

一是以岭南文化的讨论作为主题。对广州城市文化的讨论始于20世纪80年代中期。与京味、海派三足而立的地域文化讨论，强调的是以文化风格作为城市风格的主体，对社会现象进行“文化学”的概括和正名，主要以地域概念强调其特质。如《广州的文化风格》①一书，就是致力于对广州的地域特色进行文化学的概括。一方面呈现它对传统的传承，另一方面体现对自我的创新。20世纪90年代以来，随着“岭南文化”被认同为学术概念，广州的地域特色广被强调，它所具有的个性魅力更被广泛关注。

刚刚启动的国家建设部和广东省联合进行的珠三角城市发展规划，可以视为广东对未来珠三角城市群协调发展的重要指南。其中，珠三角经济要素的整合以及社会发展目标的制定，同样离不开文化的因素作用。因此，“新岭南文化”再度被提出，以更广阔的空间和已得到认同的文化资源作为基础，以整合泛珠三角的人文精神。

二是以城市精神的揭示作为标志。以城市精神为特质作为理解城市的钥匙，是新世纪以来“重新”认知广州的主要途径。《南方都市报》对广州城市精神的解释说明了这一问题：“我们坚持认为，广州的城市精神需要重新叙说。这种叙说的目的不是停留在‘如数家珍’的层面上，更不是为了制造

---

① 参见广州社会科学研究所社会问题研究室：《广州的文化风格》，广州文化出版社1988年版。

一种地域性的文化自恋，而是指向一种城市文化自我意识的觉醒。以往习以为常的所谓‘平民精神’、‘实用主义’乃至对于‘岭南文化’的褊狭理解，在这里都要重新受到质疑。”①

始于2003年的“新时期广州人精神”以及“新时期广东人”精神大讨论，以新时期社会经济发展为背景，着力于发掘形成岭南社会特质的广东人的精神品质。持续了大半年、覆盖了岭南社会各层面的这一活动，通过组织座谈会、开展有奖征文活动、网上论坛、社区讨论等形式，对岭南文化再次进行了深层次的整理和检阅，从而提炼出体现社会深层次意义的精神风貌。

“敢为人先，务实进取，开放兼容，敬业奉献”被概括为新时期广东人精神，而“团结、和谐、宽容、奉献”则被概括为新时期的广州人精神。

三是城市形象设计的展开，表明对广州的认知进入了科学化与整体化的阶段。作为城市发展战略，广州城市形象的研究在国内是走在前列的，最集中的成果体现在1997年由广东经济出版社出版的《广州城市形象建设战略研究》一书中。它由广州经济社会发展研究中心主持完成。

该成果综合运用了经济学、社会学、哲学及生态学等跨学科理论，并借鉴了国外城市学理论的观点，探讨了城市形象与城市形象的总体问题，涉及城市形象的综合评价、城市形象的历史演进与现状评析等问题。将定量分析与定性研究相结合提出的城市形象设计与建设中的综合评价指标体系，可视为该理论的创新之处。这一评价的成立，使城市形象建设从功能、定位、空间布局等诸方面，都落实到一个可供具体运作的科学方法论中。

随着岭南社会在近二十年间的经济改革的成功，广州的地域文化成为学术研究中的“显学”，对广州城市各种现象的讨论也在各种层面上得到了关注。但是，到目前为止，外界对广州的整体认知依然是不明确的，表现为一是误区较多，二是认知模糊。在对国内诸城市的解读中，广州依然“最说不清”。以下的意见颇有代表性：

“来到广州这个地方不算久，总感觉这是个很难用一句话简单概括的

① 《南方都市报》2003年3月3日。

城市,有点说不清楚的意思。广州有世界顶级名牌的豪华卖场,也有状元坊、上下九这样的平民街市,广州人摩登时髦,热爱追逐时尚潮流,广州人也淳朴怀旧,念念不忘传统风俗。问我的那些外地朋友对广州的印象怎样?只有一句:'经济发达的沿海开放城市。'似乎就是中学地理课本上的原句,思维单一明晰,直截了当;再问有何补充,便只有沉思、困惑、语塞……"①

显然,对广州城市的识别已经不能限于精神层面,还应该在设计上体现其独特性和唯一性。目前广州面临着历史上最大的城市格局的改变,而且由于"申亚"成功,使广州获得了向世界展示自身的极佳机会。因此,广州城市风格的定位设计正当其时。

广州的城市风格是富有个性的。1959 年广东人民出版社出版了朱光市长的《广州好》一书。《自序》介绍道:"兴来调寄《望江南》,写成《广州好》五首,以抒绻恋之情。"其中有一首赞美广州的夜生活情趣的运用了一个粤味浓郁的"叹字":"广州好,夜泛荔枝湾。击楫飞觞惊鹭宿,啖虾叹粥乐余闲,月冷放歌还。"②这一"粤味"不应该被淹没在共性的发展中。

同时,城市风格设计不是"简单地扩大平面和管线系统,在一定时间内按设计图完成建造工作——城市设计是一门几乎未开发的艺术,一种新的设计方式和新的看待问题的观念。"③因此,城市的识别是从实体到理论的运作。

如果说,城市形象定位是一种战略安排,城市风格设计就是战略中的基石,更凸显操作性。

从形象设计过渡到本章采用的风格设计概念,旨在从城市识别理论的三大层面上认知广州城市特质的同时,更注重城市的战略功能向城市美学的全面发展。

我们设计的城市风格将结合以下三大原则:历史文化的独特性;自然景观的唯一性;审美追求。

① 《南方都市报》2003 年 11 月 6 日。
② 朱光:《广州好》,广东人民出版社 1959 年版,第 34 页。
③ [美]凯文·林奇:《城市形态》,华夏出版社 2001 年版,第 204 页。

二、城市功能定位对风格的影响

城市风格服务于城市功能，功能高于一切，这是一直以来城市发展的要求和方向。因此，功能定位深刻地影响了城市风格。近半个世纪以来，从广州城市的发展战略看，主要是反复进行了经济意义上的功能定位，没有更多地关注对城市的风格设计定位。

历史上，广州一直是区域中心城市。由于处于珠江三角洲北部的优越的地理位置上，广袤富裕的珠江三角洲天然地成为广州的经济腹地，两者互相依存，共同发展。珠江三角洲地区发达的商品经济、广州所拥有的四通八达的华南物流中心的地位，促使广州发展成商业中心和国际贸易中心。

新中国成立前，广州一直就是一个消费城市。货运繁忙、交通发达，广州的"商城"定位，正是基于这样的历史渊源。

自新中国成立至改革开放前的近三十年间，广州城市建设总体上是按照生产城市的目标来布局安排的。根据把广州建设成为生产城市的发展战略，发展了西村、南石头、赤岗、员村、鹤洞等工业区和黄埔港口区，包括房屋建设、市政设施建设、公用设施建设等；以工业为中心，这时期的城市风格重点体现为新兴工业区的勃兴和一批新兴居民区的建设。

改革开放，也使广州的城市建设先行一步，围绕着建设现代化中心城市这个目标，在20世纪的80年代初期，广州就先期编制了《广州城市总体规划》，并在1984年经国务院正式批准。这一总体规划已经考虑到广州城市建设从城市功能向城市美学发展的需要，因为规划中要求在全市开展以加强规划管理为主题的清理违章建筑、清理非法用地等工作，力图解除广州"大乡村"的整体印象，使广州突显现代化功能。最重要的是，该规划在优化总体同时，着力加强了对一些重点地段的规划建设，如北京路、中山五路、江南大道、环市东路西段、天河体育中心区、石牌高教科研区、广州经济技术开发区等，使广州初步呈现出国际大都市的气象。

但同时，这一规划并没有对新兴的房地产开发进行有效的规范，尤其是未对整体的城市人居环境进行有效的提升、对历史名城进行深度保护，造成了以牺牲环境、牺牲城市形象为代价换取经济繁荣的重大损失。仅以广州商城名片老字号而言,2000 年,总共有 29 家老字号从广州版图上消失。直到 21 世纪初,这一问题才得到正视。

1996 年,广州提出"建设区域性中心城市"目标,正式开展了大规模的城市改造,连续 8 年每年投入超过 150 亿元的资金进行城市建设、超过 500 亿元的进行环境综合整治。2000 年广州制订的"十五"发展计划,也提出了广州要实现"两个适宜"、"三个发展"的城市发展目标,首次在城市建设与规划中把人的发展的因素置于首位:"适宜创业发展、适宜生活居住",做到全面发展、协调发展和可持续发展。

显然,在此目标下,城市建设已经进入了以人的发展为导向的理性时期。根据广州的发展规划,广州市未来几年内,将重点发展汽车、造船、会展、物流四大产业,以此带动全市的经济增长。规划目标是:广州成为全球主要的汽车制造基地之一、世界一流造船基地、华南的会展之都和中国南方国际物流中心。这"四张好牌"将会极大地刺激广州、广东经济的发展,使广州真正成为带动全省、辐射华南、影响东南亚的大都市。同时,广东省委、省政府也对广州提出了"精心打造经济中心、文化名城、山水之都,把广州建设成为带动全省、辐射华南、影响东南亚的现代化大都市"的发展目标要求。①

都市圈和城市带的建构,是打破行政区域的发展目标。从广州市未来的规划看,城市布局将分为核心层、紧密层、联系层和辐射层四个层次,多中心布局体现广州多层次的优势。

2001 年《广州城市总体发展战略规划》获得通过,广州开始实施"南拓北优、东进西联"的城市发展战略,将广州市划分为都会片区、花都片区、从化片区、增城片区、南沙片区五个片区。并通过有机疏散、开辟新区、拉开建设优化城市空间结构,形成一江多岸、两轴三带、两个转移带、三个大港、四个物流中心的格局。其中,从广州科学城、广州国际会展中心、广州国际生

① 《南方都市报》2004 年 7 月 6 日。

物岛、广州大学城到广州新城、南沙开发区到南沙港区的“南拓轴”是广州城市空间发展战略的核心，正在形成“山、城、田、海”的城市发展新格局。

经过建国后四十多年特别是改革开放以来的建设，广州城市建成区面积已从原来的54平方公里扩大到203平方公里，布局从单一组团结构发展为沿珠江三组团结构，并形成了以建成区为中心，以市桥、新华为卫星城，有荔城、街口、新塘等重点镇的市域城镇体系。

显然，自20世纪90年代中期以来，广州的城市发展步伐已经紧紧“国际化”了。表现在紧抓了城市生态学与城市可持续发展需要的龙头，广州城市规划理念全部据此出发。如在1998年，市委、市政府提出把广州建设成为“山水城市”。2001年，广州荣获“国际花园城市”称号，获得中国人居环境范例奖；2002年，又被联合国授予“国际改善人居环境最佳范例”（迪拜）奖。2004年，广州又提出“创建国家环保模范城市”的目标。市民对城市环境的满意率由1997年的27%增加至现在的95%。

目前城市发展的重要特点是：从城市格局看，是从单中心向双中心组团发展；从城市结构看，是从单体城市向都市圈发展；从城市功能看，从追求功能化向生态化与审美相结合发展。

从城市功能组团布局显示，由于功能不同，也将产生不同的城市风格，其基本的定向是：一是旧城中心组团，以越秀、东山、荔湾等旧城区组成。本区域既是居民密集区，也是权力决策机构的主要集中地，主要功能以政治经济、行政管理、历史文化、商业和民居为主。二是新城中心区组团，包括珠江新城和天河区小组团，本区域将发展成为以金融、商业信息、技术研究开发以及对外交流、生活服务为主的多功能现代化新城区。

在新的城市规划中，对广州提出的要求是多方面的：生态化、中心特色与审美要求等。因此，从区域性中心城市向国际化大都市目标的发展，广州城市风格设计也应随着城市发展模式的变化作出充分的战略性考虑。正如解决建设与名城保护的矛盾一样，传统与现代化如何完成传承与转换问题，是可持续发展的历史文化名城与现代化国际大都市发展的关系、现代城市意识与历史文化名城意识问题的集中体现。

实际上，目前广州“历史文化名城”的思路定位以及风格是比较明确的。越秀区塑造“古城文化”风貌；荔湾区的西关文化风情特色；东山区的近、现代历史文化特征；海珠区的滨水文化、水乡果林特色；黄埔区的古港文化特色；芳村区的“千年花乡”特色，以及天河、白云、番禺、花都区和从化、增城市都形成了相对有特色的定位，但与现代化国际大都市的发展目标的衔接是不明朗的。

第二节　对城市识别的设计建议方案

如上分析，广州具有非常丰富的文化资源，发展道路独特，我们建议对广州城市风格的设计要凸显以下三个特质：富有传承力的历史文化名城；以云山珠水花城为基础向山城田海跃升的生态城市；以商业文化为主体文化的现代化商都。

19 世纪的濠畔风光

一、富有传承力的历史文化名城

如本章第一节第二部分所分析,体现广州城市个性的途径之一,就是它对历史的传承能力,这一传承力并不仅指它的继承性,更是指它的创新性,这就是广州保持活力的秘密,它表明了广州的现代性是有历史根脉的。本节提出凸显其传承力的若干思路,并力图与现代城市风格相融合。

(一)深化城西风情的“旧城概念”

1914 年修筑成西堤马路

城西指的是长堤商业区、十三行、沙面区域。广而扩之,包括了西关地区。坊间俗语说:未识广州,先识西关,这也在一定程度上说明了“城西”对于人们认知广州的标志性价值和代表意义。城西是历史的“完成区”,是人们产生历史感的对象,也是广州城市巨变中的参照物。

这一区域具有传统广州城市的特质,集中了旧广州最重要的生活元素,如囊括了广州四大重要的建筑类型:公共建筑、租界建筑、酒店以及最有特点的民居。直到今天,房地产商强调的“城西概念”,也直指这一旧广州风情。

作为广州最早的三大商业中心之一,这一区域曾集中了大新公司、先施公司、爱群大厦、东亚酒店、大三元酒家、中央大酒店、广州海关等商贸大厦和酒店,历史上外贸发展、水运繁忙,最繁荣时有银行十多家,全市四大百货公司这里有三家。创办于 1902 年的海珠大戏院曾是市内规模最大的戏院,拥有三层 2000 个座位。羊城电影院是电影人卢根 1921 年创办的广州第一家电影院,原名明珠电影院,后来又陆续拥有西濠、广州等几家影院,是广州影院最密集的地方,加上大新公司等创建的天台游乐场,堪为旧广州的娱乐中心。

20世纪的二三十年代，随着第一代“跨国公司”的建立，广州的第一代金融中心也形成于此。沙面的银行、十三行的钱庄，天字码头附近的中央银行，成为广州金融机构最为集中的地区。直到现在，沿江路一带仍然聚集了不少金融机构，中国人民银行、中国证监会等金融监督管理机构均坐落于此。

本节的设计提出以下的思路：一是重现旧广州风情与“旧城”概念；二是展示传统商厦以及酒店的经营特色和恒久魅力；三是重构以珠江为依托的现代休闲方式。

1.“旧广州风情”的意义

就一个地区而言，区域个性实际上是城市个性的符号，由于广州城市布局东移，当今广州“新城”、“旧城”的格局已经定型，因此，“旧广州概念”具有城市学中重要的“持久性”和“完成区”意义，是人们对一个城市最稳定的记忆。与“新城”的现代性和不可预测的变化相比较，“旧城”则具有不可替代的稳固魅力。发展于清末民初的城西与两千多年不移的“旧城”中心越秀区相比较，这一区域具有最重要的三大特点：其一是近现代城市结构与元素的完整性。电影院、商业中心、民居、骑楼、码头、租界、饮食等元素组成微缩的旧广州。其二是中西风情浓郁，最大限度地呈现出广州作为口岸城市的特质。其三是呈现了广州商业文化营造的繁华的生活方式，正所谓：“十里楼台千顷月，几曾歌舞让姑苏。”

下表是现存的组成“旧城”的主要元素的归纳，是体现旧广州风格的主体。

商业大厦	近代建筑	酒店饮食业	码头	娱乐
南方大厦（原大新公司，建于1918年）	爱群大厦	新华酒店、新亚	天字码头	西壕、广州羊城
华厦公司 原先施公司1914年	海关大楼	大三元、大公、大同	西堤码头	西濠二马路“为食街”
爱群酒店	邮政大楼			
	孙逸仙纪念医院（原博济医院）			

表中列举的建筑以及各种娱乐设施都跨越了百年历史，但类别完整，堪为旧广州元素的集合。因而，“旧广州概念”在塑造广州城市风格上的潜力有：一个怀旧的平台，有历史而不在乎历史之美、背负历史而历史感薄弱的广州人可借此重温历史；而在当前持久的怀旧热潮下，“旧城”除了提供完整的观摩传统广州风格的范本外，还具有不可估量的旅游业的发展潜力；一个与现代性相对应的样本，现代化的成长需要传统的对应，随着时间的推移，这一对应的意义更为重要。

2.“呼应性”：建筑群落的“广州特色”

建筑是最显著的城市特征，它是城市风格的符号；建筑也是综合的艺术，一个城市和地域的个性和内涵在很大程度上总是以历史存留物的方式体现在各种类别的建筑风格上，有力地凸显着城市文化。

城西一批以爱群大厦、海关大楼、邮政大楼、骑楼、洋行、学校、医院等组成的新古典式、新巴洛克式、券廊式、仿哥特式、古典折中主义等中西合璧风格的建筑，除了给全城带来了欧风美雨的洗礼外，主要的价值就在于它的“呼应性”——实现了城市建筑群落中的对话以及还在于它所体现的“广州特色”。

建于民国五年（1916年）的粤海关大楼

正如第二部分的分析，广州的近代化是在包容中实现的，它体现的是以我为本的对外来文明的吸收与改造，这一批建筑正是广州这一城市风格的最直接的注脚，是最具有广州城市开放包容特质的“建筑语言”。它们既是广州传统上中外贸易和文化交流的见证,也是跨越了时空的建筑美学的范本。在广州的现代建筑中,能够具有这样双重意义的,仅此而已。但近二十年来广州城市的东移以及一批当代建筑的崛起,尤其是人民路高架桥的建立,大大影响了人们对这一建筑群的欣赏和认识,也忽略了对其应有的开发经营。

这一建筑群落所具有的特征是:

其一,整体性和完整性:如沙面被誉为西方建筑风格的博览盛会。拥有从新古典主义、浪漫主义、折中主义到第一次世界大战后影响最大的现代主义风格的一百五十多座欧陆庭院式建筑,它们展示了19世纪60年代至20世纪40年代欧美资本主义工业化大生产的迅猛发展时期,建筑作为艺术和技术相结合的最高形式的建筑思潮。这些建筑与以传统风格为主体的西关大屋等民居相互呼应,体现的是广州近现代化进程中的冲突与交融。

其二,对比性:提供了解决技术、理念、环境冲突的模式。广州当代与未来的现代化也面临着各种层面的冲突,当代建筑的各为主题,究其实就是价值观冲突的集中体现。但本着人类文明和谐进步的本质要求,其冲突不会比一百年前更难解决。无疑,这一批建筑不仅承担着“怀旧”的责任,而且提供了一份解决社会文化冲突的范本。

为了推动外界更好地认识这一建筑群,建议设计“城西建筑博览”、“一日游”项目;通过在这些建筑中举办有关的市民活动,重新引导群众认识、欣赏经典之美;把这些建筑实体转化为对外宣传标识性符号,如图片、邮票、画册等。

(二)“穗城”、“羊城”与城市神话资源的古为今用

广州是一个拥有众多神话传说资源的历史名城,几乎每一例著名的山水形胜都附丽着优美的神话传说。英雄传说、民间风俗、巫术也有着丰富和多样的神话传说资源。它们为山水增添了奇诡色彩的同时,也深刻地反映了粤文化的物质和精神特质。

广州开城立基的历史就源自神话传说。如广为人熟识的“五羊衔谷,萃于楚庭”的传说,就是广州别称“五羊城”、“羊城”、“穗城”的源头。如今的五仙观就是传说中史前五位仙人降临的纪念之处,传说中还留下了“仙

人拇指”遗迹。旧羊城八景中诸如“珠江秋月”、“蒲涧濂泉”、“景泰归僧”、“穗石洞天”、“五仙霞洞”、“浮丘丹井”等，都取景于神话传说，尤其是著名的“羊城三石”与神话传说密切相关。

作为人类共同的文化源头和母题，神话传说提供了文化根源的认同。一直以来，广州人普遍地缺乏对本土意识的认知，造成了粤文化“无根”的浮躁表象。大众对广州历史文化的认识来源于对根源意识的认同，这一认同的前提就是熟知我们这个城市的历史演变以及由这演变凝聚和沉淀下来的人文精神。这其中，神话传说担负着重要的职责。它除了在山水形胜中体现粤地神话传说的想象力，还以曼妙的记录反映着先人的宗教信仰、哲学、科学、审美等各种意识形态，拥有着“上天入地”的超自然的品质，创造了无穷的想象空间。一个拥有两千多年历史的文化名城，这一题材正是“根源”之一；也由于神话传说在民间的生生不息，体现了广州的文化传承，但是这个重要的题材在现实中却完全被埋没了。

一个没有神话传说的城市，就是没有想象力的城市，同时也是一个没有超越品质的城市。目前仅有五羊雕塑和五仙观反映这一题材，这种缺失是非常不当的。我们提出大力发掘这一题材的两条思路：一是通过呈现神话传说的美好故事的同时，重新梳理出粤文化的根脉意识；二是把神话传说转化为各种风物的具象，提升为旅游资源。

1. 关于五羊雕塑和五仙观的处理意见

传说中的五羊与五仙观（虽然目前的五仙观是多次易址的结果）应该是一体的，“仙人拇指”还在五仙观内，这一传说故事在根源与传承上一脉相承，仙人、仙羊、农业文明、开城立基——充满神秘的美好想象的城市神话，应该完整地还原其内容与形式。把五羊雕塑安置在越秀山上只是具有标志性作用，这样做有两大弊端：一是切断了这一神话故事的完整性，也完全泯灭了该故事的神秘缥缈的背景，使外界失去了对“广州之根”的深度认识；二是由于目前五羊雕塑所处的越秀山木壳岗这一相对隐蔽的位置，外界参观不方便，影响了认知的广泛性。

对五羊雕塑位置提出两个处理意见：置于广场或者回归五仙观。广场是公共享用的空间，五羊雕塑能瞬时唤起人们对城市的记忆、对城市根源的追溯。最近有学者呼吁在东站广场或者大都会广场安置五羊雕塑，①从被广泛认知的角度上看是合理的，但也关乎神话背景的现场性问题。由于目前对五仙观的整治已见成效，我们曾在早晨和傍晚两个时段观察过其广场的人流量，由于广场面对热闹的惠福路，除了运动休闲的人流外，也有部分人以之作为新的“地标”，五羊雕塑回归五仙观，与五仙观里的“禁钟”、“羊城第一楼”等明代遗物相连接，相信更能发挥源远流长的作用。

2. 珠江来源以及珠江三石的“源头”呈现

珠江来源的美丽传说以及珠江三石的浮沉说明了城市特有的演变过程。

“珠水”和现已隐在珠水中的“羊城三石”与神话传说密切相关。清初屈大均的《广东新语》和乾隆进士李调元的《粤东笔记》中都记载有“羊城三石”的传说。它们曾是江中的三个岛屿，东为海印，西为浮丘，中为海珠，三者隐隐相应，数百年间，水木清华，堪是粤中名胜。

三石中最著名的海珠石又叫“走珠石”，源于一个宝珠入江的传说。相传古代一位到广州经商的阿拉伯商人掌心中的一颗璀璨的宝珠跃进江中，化成一块方圆90丈的樵石。南宋方信孺有诗“底事明珠解去来，当时合浦已堪猜。胡贾不省何年事，老石江头空绿苔”，吟诵的就是这一件旧事。这颗宝珠所在的江面，就称为“珠江”。20世纪30年代海珠石上曾建有风物宜人的海珠寺，因有海军大将程壁光立像而扬名。

而在江中的“海印石”和“浮丘石”也流传着神话故事。海印石位于大沙头东，明万历年间曾建有“海印阁”，清时称为观景楼，清末才与陆地相连。浮丘石在今中山七路西门口的石岗街。粤地童谣所唱：“浮丘叔、浮丘丈人同一目，撒豆成金人不知，兼上珊瑚担一束。”说的是一老一少的二仙，两人共用一目扶携而行，居人遗以麦豆，撒之成金，形成今

① 2004年7月广州市社会科学会召集的关于广州迎接亚运会、树立城市形象的座谈会上有关的专家意见。

天的“撒金巷”。

这一资源有着“源头活水”的意义，至少包含着几大文化内涵：反映了古代广州作为国际商都水远发达的风貌；反映了广州人对水的崇拜，也是广州人“以水为财”的生活观念的直接体现；引导人们认识海珠石等一系列人文景观的美学价值，从而提高对城市美的认识。

近年来，对珠江的整治和沿岸景色的美化已经全面展开。经过数年间的跟踪调查，我们了解到，除了有专家呼吁设计“海珠石”一景外，①各种类别的城市艺术，都忽略了这一重要题材，即使以“海印”为名所建立的大桥，也没有对此作出任何“源头”上的说明。建议如下：

其一，在三石相应的位置，树立有关的雕塑艺术作品，在审美上首先要激发人们的想象力，并配合有关的故事说明。目前在海印石公园内的“海印石”没有历史背景承托，艺术造型欠佳，缺乏想象力与审美价值。

其二，在珠江边的公共空间中，选择性赋予三石之名称。

其三，以旅游艺术品的形式，重现三石这一反映城市沧海桑田变化的题材。

其四，在对珠江的深入整治中，发掘、推广一批与珠江相关的神话传说。

3. 白云山风物和郑安期的传说

目前，白云山除了作为风景区以及作为广州最大的体育锻炼运动场外，似乎没有发挥其他的功能，神话传说与人文景观非常缺失。实际上，白云山是广州最大的“文化场”。民间的每年阴历七月二十五“游白云”以及安期生的传说，就是白云山特有的风物。如白云山上的舒鹤台，就来源于安期生的传说故事。传说中，秦朝的方士安期生带着李少君南去罗浮山，结庐菖蒲涧，采涧中九节菖蒲服食，他最终为采药而坠崖，民间在其飞升日农历七月二十五设拜祀之俗。天南第一峰的岩石就是郑仙岩，白云洞是其故宅，九龙井是它遇九童子泉涌而成，舒鹤台是他飞升而鹤迎的地方。早在宋代，康与之就有《鹤舒台》一诗：

① 参见广州炎黄文化研究会编：《云山珠水绿羊城》，广州出版社 2001 年版。

白云深锁路崎岖，鹤去台空景物殊。

山展翠屏连绣幕，泉分清溜滴明珠。

道人只问丹砂井，隐客犹寻九节蒲。

试问葛仙来去后，至今遗迹事何如？

如今，郑仙岩有联“云开世外三千界，岩倚天南第一峰”，就传诵着这一仁德故事。

在对白云山的开发中，迄今为止，最缺失的是这种对人文景观的整合。山因人存，应该从源头的传说展开发掘。

我们认为这一题材对解决“城市之根”、“城从哪里来”的问题起着关键作用。

其一，了解广州城市沧海桑田的演变；从神性的历史化开始，以世俗故事作结。这是粤地文化传承的一个基本的逻辑，即神话演变为地方传说和风土民俗。

其二，神话传说风物整合为旅游资源。以白云山为例，郑安期的仙台传说与白云山关系密切，但多年来未曾有开发。

其三，对超乎自身想象的神话的超越性，反映了人类的创造力和心灵的超越性。拥有神话背景的城市才是有想象力的城市，广州的务实精神不应该建立在扼杀城市的超然气质上。

（三）名城与名人：群体精英的凸显

人是城市的主体，城市对人的影响怎样评价都不为过。任何城市都是人所创造的，都是人活动的载体，都是人的梦想的结果。山水依人而存、城市因人而名。如20世纪40年代岭南大学校长陈序经所言：“大学非大楼之谓，乃大师之谓也。”由于名人是特定历史阶段城市人文精神最集中和最有价值的体现，历史名城实际上就是历史名人的展示舞台。

诚然，后工业时代的发展道路与模式，使城市空间的传统格局与意义面临挑战，但城市的本质并没有超越人居的范畴，依然要呈现人作为主体的地位，依然要呈现名人作为社会典范和价值力量的能力。

相对于其他的历史名城，广州的名城地位未得到充分的彰显，我们认为主要的原因就在于未能恰当地突出名城与名人的关系，历代名人行藏、遗址以及相关的活动都在不同程度上被忽略了。

历史上的广州名人辈出。《羊城古钞》作者仇巨川歌咏道："山川之淑气常凝，文献之流风可接。"①唐宋名臣张九龄、崔与之，明清的南园前后五子、岭南三大家，以至近代独步一时的各界英豪，如杰出音乐大师马思聪，文学大师陈残云，被誉为"民俗学之父"的钟敬文，岭南画派代表人物高剑父、黎雄才、关山月，著名雕塑家潘鹤，著名作家刘斯奋，粤剧表演艺术家红线女等……近代史上更是群英灿烂，伟大的革命先行者孙中山，中国最早的具有维新思想的资产阶级改良主义者郑观应，中华民国第一任内阁总理唐绍仪，中国去美留学第一人容闳，第一个工程师、中国铁路之父詹天佑，第一个飞行员冯如……

可见，广州从来不缺乏"大师"和"精英"，但由于广府人的务实姿态与"恬仕进"② 的政治追求，却没有为群体优势的集中呈现建立起展示平台，也忽略了文运传承的有效方式。广州不缺少名人，而是缺少展示的平台，造成这一认识误区的主要原因就是因为广州的群体精英没有被集体推出。

由于广州的"平民性"和所崇尚的平实姿态，很多名人都隐于民间，如四大寇之一的陈少白。辛亥革命胜利后，他只在广东军政府出任了几个月的都督府外交司长，1922 年以后，他就回到家乡江门外海，担任一个小小的乡事委员会主席(乡长)，以一个党国元勋之身，在革命功成后退居乡间，正是粤人对功名场一贯态度的典型例子。

一个城市，凸显哪一部分人的精神气质作为城市的"主体"，也就体现了怎样的城市风格。19 世纪以后，当西方社会资产阶级成为城市主体时，斯宾格勒开始了对城市主体问题进行理性的反思，他说："城市变成了金融市场、价值的中心，货币价值之流开始注入物品之流，使它理智化并控制它。

---

① 仇巨川：《羊城古钞》自序，广东人民出版社 1993 年版，第 1 页。

② 屈大均评述南宋名丞崔与之语："吾广一带海陆为郡，山奥川豁，古称珍饶——故其民素乐清旷而恬仕进。"

因而商人就由经济生活的器官变成了经济生活的主人。”①

在考察城市风格时，精英群体的代表性无疑就是一种标识，基于广州在中国近代史上的领潮流之先的启蒙意义，我们建议以近代史上的群星作为主题，着力塑造广州“英雄城市”的风格。

在此，提出两个修正意见：一是近代史上的群英，囊括了各个领域。一直以来舆论导向只是较为关注思想界的领袖，但由于思想界领袖们最后的活动几乎都不以广州为主战场，因此，减弱了在广州的影响同时也影响了外界对广州在革命史上地位的认识。建议把精英的范围扩展到社会各领域中。如同盟党人、艺术家潘仕成，一生多姿多彩，其成就跨越了从政治到艺术、新闻等领域，但宣传上只把他作为“义士”，其故居就在广州的东郊，迄今没有任何保护措施；二是本着尊重历史的需要，应还原具有不同政治理想的人士以及“边缘”精英应有的地位。如关于胡汉民的地位以及在广州居留地的修复等。

广府人的入世与出世，都低调而务实，使一切辉煌都回归平凡与本然，这就是广州的名人群星淡而无华的原因。同时这也使名城与名人呈现的任务更为艰巨。

二、以“云山、珠水、花城”为基础，向山城田海跃升的生态城市

历史上的广州城就是以生态理念建立的。“五岭北来峰在地，九州南尽水浮天”，广州拥有着得天独厚的地理环境，五岭陈其北、大海环其东，而在一城内也是背枕白云、南临珠海，有着枕山襟江水的雄浑气势，所谓“白云珠水两悠悠”。城内的三山、二湖、六脉、八濠，构筑了名副其实的山水城市。两千多年城址不易也是生态选择的证明。

在广州新一轮的城市规划中，正确地抓着了“生态”这一源头，并提出了从“青山碧水蓝天绿地花城”向山、城、田、海的大生态格局跃升，这无疑最能体现广州自然与人文相结合、历史与未来相连接的发展途径。

---

① ［德］奥斯瓦尔德·斯宾格勒：《西方的没落》，商务印书馆2001年版，第745页。

“云山、珠水、花城”这三大自然资源是广州城市最重要的自然资源，但近三十年来，这些资源却没有被恰当地运用。我们在此致力于凸显“云山、珠水、花城”这三大自然资源，讨论以山、城、田、海的生态格局为基础的城市发展。

（一）从“青山半入城”的地理优势到文化名胜

历史上的羊城八景中，“白云晚望”、“景泰归僧”、“灵洲鳌负”、“粤台秋月”等都展示了广州城内的“山景”，但本部分主要分析白云山的生态文化意义。

白云山的文化名胜长期被忽略。唐代诗人杜审言、李群玉，宋苏轼、杨万里和清初的王士桢都留下了重要的行迹与诗文，描述“千章古木临无地，百尺飞涛泻漏天”的景色。清人陈际清编著了《白云越秀二山合志》，其中，介绍了白云山三大景区、八大胜迹、十大丛林、十八古迹等。但目前白云山的生态文化功能没有被充分认识，建议如下：

其一，依托白云山，恢复有关的民间节俗。如“游白云”与重阳节登高。农历七月二十五“游白云”曾是广州人的传统习俗，与九九重阳一道，是民间的纪念节日。

其二，发掘名人名墓。如二乔百花冢，九国公使戴鸿慈墓、抗法英雄冯子材墓、清诗人三大家之一的梁佩兰墓、八大名墓之一的苏家山、华林寺祖师坟等，这都是广州人文历史的重要组成。

其三，神话传说与地方风土的开发。如安期生传说等。

其四，独特地理文化的展现。如位于摩星岭、五雷岭、马鞍山间黄婆洞，传说是秦始皇时，望气的方士认为广州有五色气，派千人凿之而形成的。南朝沈怀远《南越记》中录有此异象，这从地理文化上反映了广州的“偏霸之象”。而白云山的石质是黑白相间的流状花岗岩，抗侵蚀力强。由眼球状的石英、长石晶体、黑云母、白云母等形成了“上耸如飞、下临欲坠”的独特的岭南地貌，也具有独特的地方性。

（二）亲水主题：一脉相承的关联

据清代阮元主持的《通志》说：“广州城之有池，自宋大中祥符邵晔始。”

其后，疏浚为南濠、西濠、东濠、清水濠，旧指为古东、西澳。明洪武三年，朱亮祖合三城为一，环城而浚旧濠，“今谓之玉带河”。从宋到清末，濠畔就被经营成繁茂的商业区，清代学者屈大均的《广东新语》记载了一首《濠畔行》，中曰：“花舫朝昏争一门，朝真争花出暮花入。背城和何处不朱楼，渡水几家无画楫。五月水嬉乘早潮，龙舟凤舸飞相及。素馨银串手中灯，孔雀金铺头上笠。风吹一任翠裙开，雨至不愁油壁湿。”他由此记载道：“广州濠水，自东、西水关而入，迤逦城南，径归德门外背城。旧有平康十里，南临濠水，朱楼画榭，连属不断”，这种歌舞之盛，使他感慨道，“饮食之盛，歌舞之多，过于秦淮数倍。”①

由此可见，历史上的广州是一个“水城”。市区两水（珠江、流溪河）、四湖（东山湖、麓湖、流花湖、荔湾湖）及市内河涌，就是广州名城赖以持续生存、发展的空间环境。《广州城坊志》中也曾记载了白鹅潭、柳波涌、拾翠洲、沉香浦、蒲涧、甘溪、荔枝湾等水名。早在南汉时已建有著名的流花桥，宋代建有状元桥、狮子桥、花桥等。明代建有云桂桥，清代建有汇津桥。旧羊城八景有一半风光是关于“水景”的，如“石门返照”、“珠江秋月”、“菊湖云影”、“蒲涧濂泉”、“大通烟雨”，等等。

广州与珠江三角洲在经济上融为一体的背景也是由于珠江水道和纵横交错的水网河汊建立了重要交通渠道：“生意兴隆通四海，财源茂盛达三江。”在广府民俗中，水是“财”的别称。在俚语中，“水脚好”、“水头足”是带来好远的意思；“度水”、“扑水”是指思量赚钱或筹钱；“傍水”是指向别人借钱。这与广州曾是海上丝绸之路的起点、有着繁盛的海上贸易大有关系。如今房产市场上最高卖点的“无敌江景”，也是广州人注重“活水为财”的家宅理念的发挥。

20世纪50年代广州对市区下水道进行全面改造，改建濠涌和全面整治内街下水道，而敷设街渠，治理濠涌基本采取了填埋的拆除的方式，如彩虹桥因为西马涌的消失而面临被拆，这种处理方式造成了对环境保护起重

---

① 屈大均：《广东新语》卷十七，人民文学出版社2000年版。

要作用的濠涌湿地的大量消失。如有关专家对填埋荔枝湾北段建设古玩一条街发表了激烈的批评意见，认为是“建设性破坏”，可惜没有得到重视。①

在对广州城市生态风格的设计中，“亲水主题”是一个基础，这既基于广州历史上的自然和人文的条件，也是广州城市未来生态发展的需要：配合了广州山水型生态城市发展规划方向的要求；②作为重要的历史文化特质海上丝绸之路发源地的见证；顺应以水为财的民俗心理需求。

“亲水主题”的设计建议在三方面予以考虑：

1. 关于码头的建设问题

码头曾是广州人重要的生活元素，也是广州“水”文化的构成部分。在“小变”和“中变”工程中，广州市在拆除了三十多个单位码头、浮趸后，投资建设了新码头，并整饬保留了重要的码头。

近日，我们实地考察了珠江南岸的纺织码头、石冲口码头、海幢码头、鳌洲码头等5座保留下来的码头，考察了4条过江线路，看到了码头建设“努力现代化”的趋势。但我们认为，由于在重建与开发中，缺乏侧重性，表现在功能、审美与特定区域地理环境结合上缺乏风格，如位于芳村的白鹤洞码头，几十年来以功能建设为主，非常简陋；天字码头粉饰过度，失去“广州第一码头”的历史厚重感。

我们建议宜根据不同的区域特点，细分与设计各处码头的风格。以下根据调查提出相关的意见：

(1)中大码头——西堤南方大厦码头、天字码头，是极佳的珠江景观线，依托于中大的文化气氛，是外地专家学者、学生观摩广州、推介广州的窗口，应该重点建设。

(2)相对于西堤的都市繁华，芳村南岸码头可体现一些郊区野趣。如位于芳村的白鹤洞码头，宜突出古榕石阶江潮的岭南风情。珠江一河两岸，因其是河南、河北水路往返的码头，应该体现不同的生活情趣。

---

① 罗雨林：《警惕“建设性破坏”》，《人民日报》2003年11月2日。

② 广州是我国最早启动生态城市发展的城市。2001年8月，投入180万元，请两院院士、北师大环境科学研究所专家等一起参与，历时两年多，制定了《广州城市生态可持续发展规划》。

(3)天字码头的整饬过于繁华,失去历史感。天字码头是清代“官用码头”。新任总督、巡抚都在此乘舆张盖;经永清街、雄镇直街、双门底、承宣直街而抵越华路的两广总督府。对此的整饬宜重视历史感,与其他码头的特点有所区分。

(4)过江渡船功能单一,建议增加一些私伙局演唱与对城市的宣传等节目。

2. 关于桥梁的保护以及对城市美化的作用

我们曾对流花桥、越秀桥以及云桂桥进行了实地考察。选择这三座桥进行调查,是因为它们分别代表不同建设时期的建筑风格,形成不同的景观,而且它们均被列为广州市的保护文物。综合考察的结果,情况都不容乐观。流花桥、越秀桥的考察情况如下:

(1)流花桥。流花桥是有记载的城内最古老的石桥,广州“三朝十帝”中南越国仅存广州的两处遗址之一。南汉在城外修建的芳春园以越秀山为中轴,流花桥为枢纽,“飞桥跨沿,林木拥之如画”。《粤中见闻》中“南园”条说:“苑有桥曰流花,伥常与女侍中卢琼仙、黄琼之、蟾姬、李妃、女巫樊胡女、波斯女为红云宴于其中。今雨后沙飞水流,犹有人拾得残钗、珠贝,此乃亡国之遗物也。”①流花桥毗邻广州最幽静雅致的兰圃公园,目前只留部分残迹,桥面上经营着一间饮食店。

(2)越秀桥。与城西的彩虹桥、城北的流花桥一样,越秀桥是老城区东北郊的地标建筑,在修建东风路前是东西走向的交通要道。目前越秀桥上是东濠涌高架桥,西北角立有“整理东濠下游碑记”石碑,是民国初年抗击水患、疏浚东濠涌的见证。但由于高架桥的遮盖,此桥已成为停放垃圾车与摩托车的乱地。

(3)云桂桥。位于海珠区小港公园内的云桂桥建于明代,目前仍然承担着“桥梁”功能,但由于小港涌的整治未见成效,此桥已失去原有的美学意义。

---

① [清]范端昂《粤中见闻》,广东高等教育出版社1988年版,第29页。

飞架珠江上的七座近现代风格的桥梁与城内的古桥同样是塑造广州生态城市风格的重要资源，体现了历史名城与现代化广州一脉相承的关系。1963 年新羊城八景的评选中，还评选出了“双桥烟雨”，这也说明了桥梁不仅具有实用的功能，而且具有美学的意义。在对山水城市建设中，桥梁对塑造城市的美的作用不容忽略，建议进行全面的调查整饬，重现其生态与人文之美。

3. 以“水”为龙头的民俗节庆活动

广州市民的“亲水”活动历来丰富，性喜近水玩水，如被称为“小秦淮”的荔湾泮塘，明清两代已是河涌纵横、百舸云集、游人如织。“荔湾渔唱”是明代羊城八景之一。“十里红云，八桥画舫”、“一湾溪水绿，两岸荔枝红”、“泮塘夏日荔初红，万树骊珠映水浓。消受绿荫亭一角，乱蝉声飏藕花风”等诗文，正是清末民初的广州水景风情和广州人贫富共享的亲水活动的写照：艇仔粥、游河、品荔等，构成广州人的亲水生活。但近半个世纪以来，由于水环境的恶化，这些活动都基本萎缩了。随着广州水环境的提升优化，建议在以下方面重现市民的“亲水主题”：

（1）目前作为广州城市形象品牌的“珠江夜游”向豪华型发展，过于隆重，作为“节目”比作为休闲更合适，不适合一般市民，费用过高。① 从功能到休闲，建议恢复适合一般市民的“游河”活动。如恢复 20 世纪五六十年代的畅游珠江的活动；在珠江一定的区域，允许游人下江游泳，体现人与自然的一体，体现山水城市的自然优势。

（2）依托珠江，建构特色休闲方式。历时 4 年规划完成的《广州市商业网点发展规划（2003—2012 年）》中特别提到要形成广州中心组团“两轴一带”的标志性网点空间形态：“珠江两岸，着重突出休闲、亲水和中西文化风情，通过两岸风情商业街的建设，打造广州最亮丽的休闲服务带”。因此，沿江路酒吧风情街的建设、西堤码头、天字码头等的整饬，正是这一规划的前期实现。我们认为，这一区域的休闲服务形态宜与广州其他区域有所区

① 目前珠江沿岸文化史迹游线路费用为 138 元。

别;一是依托珠江,以“亲水”为主题,设计一系列的“赏江玩水”的休闲活动,如经营老广州人喜爱的“游河”、“扒龙船”、“艇仔粥”、“疍家歌会”等,这是广州城市风格最有魅力与个性的体现;二是依托“旧广州”概念,把休闲活动设计为一系列的怀旧方式,如旧式饮食、老电影、“游公司”、“过海”等;三是整合以“水”为主题的品牌活动,以此宣传城市形象,如目前每年举行的“国际龙舟邀请赛”,可作为品牌深度开发。

清两广总督阮元为泮溏水乡题匾

(三)“花城”品牌以及岭南佳果图例的运用

“花城百花开,花开朋友来;鲜花伴美酒,欢聚一堂抒情怀。”20 世纪 70 年代以来,很多外地朋友正是冲着这首《迎宾曲》投奔花城而来的。“花城”成为人们识别广州的品牌之一。

早在汉代,陆贾已说南人“彩缕穿花”。晋惠帝永兴元年(304 年)含嵇著的《南方草木状》就说广州的花木“春华者冬秀,夏华者春秀,秋华者夏秀,冬华者秋秀,其华竟岁。故妇女之首,四季未尝无华也”。花开络绎不绝,四季佳果纷纭丰盈,一直以来,广州人就有“衣香食果”、“以花作衣”、“依食为茶”的生活习俗。故民谚有道:“珠浦之人以珠为饭,花田之人以花作衣。”历史上的广州南有花田、东有花市、北有花桥、西有花地。直至今天,金秋一城斗菊香,迎春倾城的三日三夜花会,以及光孝的菩提、海幢的鹰爪、萝岗的香雪、石马的桃花等都广为人识。“人日游花地”这一民间习俗盛况还为人津津乐道。

但近年来,“花城”品牌走向了式微,取消了每年一度的菊展,闻名遐迩的迎春花市也经营困难,大有“花城”不飞花的趋势。

要让“花城”品牌长久地成为广州城市风格的识别符号，需要认识“花城”品牌的三重意义：

第一：以花为“市”。闻名遐迩的广州花市，首先是广州一盘长盛的生意。

考察花市的形成与变化，就可知它与广州城市的商业布局变迁紧密相连。清代、民国年间的两大花市分别位于当年广州的两大商业中心区藩署前和十八甫。自20世纪50年代起的数十年间，北京路成为广州的商业中心，因此，西湖路、教育路一直是广州的“中心花市”。进入新世纪，城市中心东移，中心花市转移到了天河体育中心。这一变化说明了花市是一种民俗节庆的同时，最主要的是一盘生意。又如，历史上广州珠江南岸庄头村以南石头、瑶头、庄头、南村、小港、五凤村曾以种花为业，形成了常年花市。因此，清诗人黄子高的“花贩诗”有云“何不庄头村里住，一生衣食素馨花”，这也就是《珠江竹枝词》里刻画的“看月人谁得月多？湾船齐唱浪花歌。花田一片光如雪，照见卖花人过河”的风雅。又因鲜花交易要经过五羊门南岸上船，这个渡头就因此有了“花渡头”之风雅称号。①

现在的花市似乎承担的社会职责太多，反而失却了广州花农依花为食的本然要求。只有在观念上把它还原本质，即放回市场，由市场进行调节与规范，才能让其自然生长。

满洲窗的花语丰富多彩

第二，以花语代言，是广州民俗心理的诉求。

把广州喻为花城，还因为花之为物，是粤民间寄情托意的载体。各花有各种固

① 曾在珠江南岸的“花渡头”，已重建牌坊标志，目前已移至晓港公园内，失去了基本的依托，是一个失败的重建个案。

有的象征意义：石榴多籽（子）、芭蕉叶（业）大，传统西关大屋的装饰图案多以鱼、鳖、龙、古钱、明珠、菱角、羊和岭南花果为主，是“以世俗的图案语言寄托自己祈望”①。在陈家祠的装饰艺术中，花语的隐喻、花语图例的美学运用非常广泛，这些反映粤式生活风俗的装饰艺术，以花语代言，含蓄地反映了民俗心理的诉求：“竹报平安”、“百年好合”；富贵竹、开运竹、五代同堂、一帆风顺、鸿运当头。

第三，广州城市的重要视觉识别，一部分来自于“花木”。

广州特有的花木，如木棉、含笑、白兰等早已成为广州城市的重要视觉识别象征。老广州还有以树景观识别街道的习惯。如惠福路的榕树、先烈路的木棉树、滨江大道的榕树与凤凰树等。民间还有随花木生长变换生活节律的习惯，如木棉花开，就是提示“寒衣盖拢”，天气入春转暖了。

“花”的符号等同于广州的“城徽”。早在20世纪80年代，木棉被评选为广州的市花，“稻穗鲜花献人民”被作为广州人的精神，全力打造花城品牌。2001年，广州荣膺“国际花园城市”称号，这一被公认为“绿色奥斯卡”的评选，涉及城市环保、资源利用、人与自然等当代人类的重要议题，这也使广州的“花城”品牌再造拥有了优越背景。

由于花城品牌是经济、审美、生态功能的结合，更是广州城市风格的历史体现，它是广州城市生态发展系统不可缺少的元素。建议把花城品牌的装饰美、点缀美的功能提升到生态功能上，而在传统的审美意义上加以大力培育。建议如下：

1. 与“青山绿地工程”连接，营造“城在林中、花在城中”的花城

广州2003年9月启动的“青山绿地工程”用3年时间投资50亿元打造119平方公里绿地，计划将绿色生态引入城中，体现在“一带、二环、三块、四片”的营造上。②

---

① 李卓彬主编：《城市文化与广州城市发展》，天马图书有限公司2001年版，第278页。

② “一带”是珠江沿岸30米至50米绿化景观带：“二环”是环城高速公路绿化带和内环路沿线绿地：“三块”是白云山风景区、海珠区万亩果园和芳村区生态农业花卉生产基地：“四片”分别是中心区绿化片，白云区绿化片，天河区、黄埔区以及开发区绿化片，海珠区、芳村区绿化片。

2003年,广州市政府召开“关于青山绿地工程建设新闻发布会”,向社会描绘了2006年的羊城美景:500米—800米内有园林景观,市民出门基本见绿;广州的出入口有景观,外地客人步入广州可体验到绿色生态氛围。青山绿地工程完成后的2006年年底,广州市建成区绿化率将达到35%以上,建成区绿化覆盖率达到38%以上,人均公共绿地面积从目前的人均绿地面积9.44平方米增加到11平方米以上,可以满足广州市创建“国家环保模范城市”、“国家卫生城市”、“国家园林城市”和“全国文明城市”等有关城市绿化指标的要求,已经接近世界名城人均绿地面积的指标。从中可见,“青山绿地”工程是一个指标体系,要求具体的配套工程加以实现。但目前虽然有“城在林中、花在城中”的规划方向,但对鲜花的栽培数量、布营艺术、品类却没有定下具体的指标。而广州城市未来生态化发展以绿色生态作为人与自然一体的目标,本身并不能突出广州特色,只有把“人与花”的密切关系、花与地域的紧密联系作为重点推出,才能真正体现“城在林中、花在城中”的历史与未来意义。从审美到生态,这是对花城之义的新解释和新要求,因此,应把“花海”的实现同样作为具体的指标追求。

2. 恢复金秋菊会等系列花会盛事,培养广州人的风雅的生活情趣

金秋菊会、萝岗赏梅、人日游花地——这都是广州的花会雅事。在民间流传中的关于素馨斜和“百花冢”的韵事,也说明了羊城花事充满了传奇。

金秋菊会是除春节花市外,全城最大最集中的花会,展示了广州人艺菊的技巧和流派。与春节花市以商业性为主不同的是,每年一度的金秋菊会则是纯粹的“赏花”活动,可说是广州人风雅生活的集中表现。

以花为体,使广州的生活充满了风雅的情趣。但随着近二十年间市场经济的冲击和生活节奏的转变以及各种娱乐生活的兴起,传统的赏花活动都已经停止了,例如萝岗砍掉了梅树,换上了橙树,从而也使广州的“花城”之义只剩下迎春花市的独力支撑。

通过养花、赏花、买花等途径,培养广州生活的风雅,这也是提升广州人精神气质的途径。冬日的萝岗赏梅、夏到流花湖赏荷、金秋菊会、兰圃品兰——开发培育为广州人的新节俗,才能丰富花城的内涵,使花城品牌源远

流长。

3. 南国草木的识别性意义

地方风物具有最浓厚的地域意义,同时也是营造地方特色的重要元素。正如椰树之于海南、牡丹之于洛阳、岭南佳果之于岭南,等等。随着近年来"洋花"的入穗,充满亚热带风情的南国草木渐不为人识。自2000年开始,广州民间文艺家协会推动了一个题为"让民间文化走进青少年课堂"的教育活动,其中,乡土知识(包括南国草木的科普)讲座大受欢迎。可见,从青少年做起,推广南国草木是可为的。另一方面,南国草木作为标识图案的运用还不够广泛,只在一些传统的装饰艺术中得到反映。建议选择一些有特色与寓意的南国花卉图例应用到公共建筑中。如芭蕉,象征事业的根深叶(业)茂、蒸蒸向上,可以运用在长堤堤岸的外立面上。最近,亚洲最大的花卉市场落户芳村,将形成一个不落幕的花市和地方风物的展览会,正可借此推广"花城"之美。

"令人永远怀念、向往的景象莫过于愉快的劳动,风调雨顺的田野,明媚的花园,丰收的果园,整洁、甜蜜、宾客盈门的家园和生气盎然的嬉笑之声。甜蜜的气氛不是沉静,而是轻声回荡——婉转的鸟啼,嘁嘁的虫鸣,成人的低声细语,顽童的尖声叫闹。当你熟悉了生活的艺术,终将领悟一切可爱的事物都是必不可少的——路旁的野花和精耕细作的谷物,林中的飞禽走兽和精心喂养的家畜。"①霍华德在《明日的田园城市》中的梦想可成为"花城"的具体规划的图景。

从小山小水的格局向自然山水的跃升,同时也需要花品牌的多层次开发,目前,恢复其丰富的内涵,应是发展的第一步。

三、以商业文化为主体文化的现代化商都

20年前,广州人说,"未到西湖路,不算到广州";30年前,他们说,"未到南方大厦,不算到广州"——广州是以"商业"旺地作为城市的标识,而不

① [英]霍华德:《明日的田园城市》,商务印书馆2000年版,第18页。

是历史文物或者人文景观。因此，没有什么比“粤东多商”更具有岭南社会的特色了，以商业生活为中心建构的政治地位和文化特色，造就了广州人独特的意识观念和富有地域特色的民俗，实际上粤地诸多的生活习俗与观念都来源于“商性”。

商业是根本，商性是民性，甚至在政府的规划中都流行着这样的说法，规划就是商业的规划。在此，首先要厘清两个认识上的误区，其一是把商业活动与文化追求对立起来，认为广州的“商性”抹杀了文化，广州有商业没文化；其二是不把商业文化作为主体文化。我们认为，正是基于广州的商业特质，应该着力把商业文化作为主体追求，在历史的基础上塑造现代化的商都。

塑造广州的“商都”风格，历史资源以及现代基础都非常丰厚，以下就归纳提出若干思路：

（一）商业街：城市本质与生活方式的多重呈现空间

人是城市的主体生命，街道是城市生命的细胞与城市结构的脉络，是城市形象和城市景观的视觉焦点，城市风格的呈现实质上最大限度地取决于街区元素，包括街区的布局、功能以及人的生活方式，对于广州这个强调民间生活方式的城市，街区元素可视为城市风格的根基。

在大商厦形成前，“商业一条街”已经成为了广州商业文化的重要符号，演变为粤式的商业模式。广州的商业性一大特点是街道以商品命名，富有趣味。象牙街、扁担巷、竹篙巷、米市路、卖麻街、铁炉巷——早期广州的商业贸易是以“街”作为主体的，“成行成市”，自古就是广州生意场的特点，街市也称为“栏”。“欲尝百味下西关，想住清闲入枝湾，若是玩客去陈塘，要作买卖鱼果栏。”这一首反映从前西关吃喝玩乐的打油诗，也点出了旧广州以街为市的特点。在20世纪90年代之前，广州的商业中心就集结在几条“街道”上。由此可见，“商业街”是体现广州“商城”特质的重要因素。

广州市现有三十多条大型商业街，如越秀区北京路步行街、泰康路装饰材料市场、大德路鞋城，东山区海印电器市场、陵园西通信市场，荔湾区上下九步行街、长寿路玉器街、南岸路装饰材料市场、海珠区江南路商业街，等等。目前有一种趋势是大力发展“商业步行街”,但要避免的是商业步行街千人一面的发展模式,只有真正地在多重空间中经营好街道特色,才能创造城市的风格特色。

根据广州城市的传统特色,商业街可以在以下三个方面发展其综合功能:

其一,商业中心。如上所论,广州有以街为商业中心的传统,拥有与现代化商厦不同的发展模式,并且充当了市场的晴雨表。如兴起于80年代中期的商品集市——以西湖路夜市为代表的“灯光夜市”,曾在商品流通、解决就业、交流信息等方面,见证着广州商品经济步入市场的进程,也成为了外地人观察广州改革动态的最直接的晴雨表。它以不断更新的商品信息导向着国内市场,变换着潮流的倾向,义不容辞地成为改革开放中广州风貌的一种标识。

其二,城市广场。在广州传统的城市格局中,城市中心通常就是城市的主要街道。街道是真正的公共空间。实际上目前广州以“广场”名之的商业中心也是从商业街发展而来的,如荔湾广场依托上下九商业街,中华广场依托繁华的中山路。这一大便利就是发挥了广场聚集性强的综合功能。因此,承接了广场功能的商业街道,要营造“广场”的气氛和创造广场的活动场所,提供信息交流、休闲娱乐、欣赏审美的商业功能。在这一方面,我们认为荔湾区的上下九路与荔湾广场相互依托所首创的“周日广场”是比较成功的范例。在商业活动的主题下,提供了一系列西关风情的表演、娱乐等文化活动,并且在环境的营布上重视了市民对商业与文化的双重需求。

其三,“文化街”的文脉意义。历史文化名城与“商城”名号同时赋予广州,这也同时意味着广州有多重的选择。目前,广州开发塑造得最为成功的文化街是越秀区的北京路以及东山区的文德路。考察这两条文化街的塑造,都是充分地运用了城市文化资源的结果。北京路的古城遗址与现代名店相结合的开发,无疑是广州特色的成功。因为它把握了商业的重要钥匙:人气。这同时也是“文化”被市场认同的第一道门槛。在商业目的上,商业化是主体,在文化开发的角度上,商业化是手段与载体,这才是广州特色。

与北京琉璃厂、上海城隍庙和南京夫子庙齐名的广州文化街文德路,建于北宋庆历年间,明末清初,这里集合荟萃了书店、古玩店、文具字画店四十多处,著名者有文华阁、玩文斋、萃经堂等。其时,文人、社会名流、学者、文化界鸿儒们都出入于此,时人称此为“古玩字画一条街”。当时称为府学东路,1918年,拆城扩建马路更名“文德路”。

这里一带可称为广州传统的文化之地,文风蔚然。东接广府学官、番禺学宫,西连大、小马站书院群落,建于20世纪30年代的省立中山图书馆就在它的腹地中,书香流播。

但是,今天这一条“文化”街为人所知,并不是因为传统的文化景观,而是作为字画集散的商业街而闻名,甚至连上海城隍庙、南京夫子庙般作为文化旅游品牌的功能都未能加以实现。为此,东山区政府将以文化与市场结合的模式,重接其文脉。如积极引进国内外文化精品、老字号品牌,形成一个规范、成熟的古玩、艺术品鉴定和交易场所。大力支持文博单位和投资者在文化街内开设文物鉴定、展示、交易等文化经营项目,市民随时可以到这里进行咨询、鉴定,还可以进行古玩、艺术品的交易。

空间开发与非物质运用的融合,是对文化街塑造提出的更高要求。融进“老字号”、传统艺术、工艺和有地方特色的民俗风情,既保护了传统资源,又创造了市场。对此,华林路的玉器一条街的开发可作为范例。华林玉器酸枝工艺街位于广州西关的西来初地,工艺品生产与销售历史悠久,闻名于世。该地曾是多种民间工艺品的集散地,尤以生产玉器工艺品、酸枝家具、骨制品、锡制品器皿闻名,清末至抗战前是广州享有盛誉的古玩字画的“天光墟”所在地。目前,华林街已成为一条专业化生产与销售玉器用品和酸枝家具的街道,也是岭南民俗风情的展示场。

(二)传统商厦“商业文化”的延续与创新——亦游亦商:以南方大厦(大新公司)为例

广州传统商厦的商业文化已经具备了现代商厦的广州特色,即把商业与娱乐休闲的相结合,在这种模式中,最重要的是体现在对“聚人气”的经营上。

大新公司与1914年在长堤开业的先施公司曾是华南最宏伟、最华丽的大厦。它楼高9层,是20世纪20年代初期广州最高的大厦,最具特色的是它开创了粤式商业的模式:人气与财气的结合。

大新公司以经营"环球百货"为号召,兼营亚洲酒店、觉天酒家以及理发、照相、餐饮等,整个"连锁"行业都以"百货"的名称作为号召的招牌。它把商业模式集中化,"以人为本",创造了集游玩、购物、休闲为一体的亦游亦商的"商业模式",实现了今天综合商厦的所有功能。

自大新公司设立以来,"游公司"就成为百姓的时髦节日。透过"百货"花色繁多的品种,广州接触了欧风美雨;通过公司现代化的设施和服务信誉,认识了现代化企业经营的方式。"游公司"使商业经营成为广州人的生活消遣方式。在这一传统下,才形成后来南方大厦的"游览"盛况。

20世纪的六七十年代,承继30年代的商业传统,以大新公司南方大厦为代表的传统商厦是广州最繁盛的商业中心之一,四乡的人们"进省城"购物首先到的是南方大厦。"不到南方大厦,就不算到过广州",以至于南方大厦成了广州的代名词。广州人以它的兴荣为兴荣,当时有一句流行于民间的口头语:"请你去南方大厦九楼饮茶",因为南方大厦的餐厅设在九楼,"到九楼饮茶"曾经是广州人最时尚的待客节目,更是港澳同胞宴请亲朋的"身份的象征"。因此,"游公司"的商业文化一脉相承。

比较而言,传统商厦的商业文化区别于以天河城为代表的新商业模式的特点是:其一,以老字号作为号召、以商誉作为生命。广州第一代商厦大多由华侨投资管理,具有中西结合的色彩,拿来主义使之别具环球特色。其二,老派经营的人文色彩。同样耸立在珠江边的1987年2月7日开张的白天鹅直接秉承了这一"人文色彩"——自开张伊始就坚持"四门大开"。投资者霍英东先生这样认为:"我们应该让任何人都能进入宾馆,就是入来参观照相的,也该让他们进来,让群众看看一些新的事物。就是从经济观点来考虑,也是开放好,先有人气,然后才有财气,当时大家还是担心会不会由于人潮拥挤而出事故。最后经过春节期间向大量群众开放之后,反映很好,大家都觉得宾馆开放是正确的,所以坚持开放下去。这是内地第一家对群众开放的高级宾馆。"①人气足、财气旺，重建这一"老派"商业模式，白天鹅已经是一个先例。如果认同商业是广州生生不息的动力和城市风貌，那么重整传统的商厦模式是必需的。

（三）老字号品牌的象征

广州工商并举、藏富于民，诸多的生活习俗与观念都来源于"商性"，而传统的著名的街区都以老字号作为标志，如于1918年扩建成的上下九路，东起人民南路，西至恩宁路口抵文昌南路口与第十甫相接，自明末清初以来，一直是广州的商业中心之一，金银首饰、百货、服装、鞋帽、布料、药材、饮食等商铺名店云集，拥有皇上皇腊味店、伦章纺织品商店、广州酒家、清平饭店、陶陶居、莲香楼等，传承着城市的商业传统。

从清末到民国初，广州的一批的老字号及其品牌产品走向鼎盛。在一定的意义上，老字号就是老广州的商业象征。对于商业繁盛的城市而言，老字号、老招牌就是一面晒不薄颜色的酒旗。如果说老字号是商业生活的结晶，倒不如说它们是这城市的一张名片——迨至百年后的今日，我们说起老字号，就会联系着这品牌经营后面的艰辛故事——一盘真正的生意是藏在招牌后面的，是另一种形式的对生命和根脉的延续——这就是人伦、诚信，附加时间的检验。对老招牌的追认，其实就是对围绕老招牌形成的一整套生活趣味和一系列文化氛围的认同。因此，在开发中，要强调商业一条街与商厦的不同的功能与美学价值，在对空间的重组中，强调保留民间化的商业生活方式。

第三节　部分符号标识的运用举例

在现实生活中，城市的风格与印象也是通过一些集合符号传达的。在

---

① 转引自《南方都市报》2003年1月13日，节选霍英东1987年2月7日在中山大学授予名誉博士典礼上的演讲。

不同的时期、不同的阶段,我们都选择了一些富有象征性的符号表明社会的文明和进步:如50年代的烟囱、60年代的高压电线杆、70年代的钢铁大桥……这不同时期的识别语言,表明了城市的识别也可以由符号组成。一般而言,符号识别有三种类型:展示符号;记忆符号;象征符号。

本节在访问调查的结果上,对部分最重要的城市识别元素如何运用提出实践操作方案。

一、关于节俗作为文化符号的运用

地方节俗也是地方的标识。"节日文化是以文化活动、文化产品、文化服务和文化氛围为主要表象,以民族心理、道德伦理、精神气质、价值取向和审美情趣为深层底蕴,以特定时间、特定地域为时空布局,以特定主题为活动内容的一种社会文化现象。"①

广州天河珠村乞巧节

从1946年开始举办的法国戛纳国际电影节,已经成为了世界上最大规模的电影盛会,同时也是戛纳的标签。慕尼黑的啤酒节、巴西的狂欢节同样也是各自地域的代表符号。显然,在城市的风格识中,符号化的意义是重要的。

如本书第二章的分析,广州的传统节日的资源非常丰富,它是表现地域文化的有力工具,同时也是城市文化生生不息的动力。但由于众多的节俗属于"民间"性质,分散、规模小、缺乏整合成文化气象的平台。而摈弃了一些落后、迷信的因素,这些有着浓郁地域特色的节俗可进行深度的开发,整合成城市文化的符号。

① 周尚意、孔翔:《文化与地方发展》,科学出版社2000年版,第203页。

广州传统节俗整合开发目前所具备的条件有：

其一，以传统民间文化作为依托的节俗，内容和基本仪式都保持了原型，这是其经久的魅力；民间性与参与性，是民间活动的最重要的特征，它所具有的凝聚力量，在最大程度上真实地表现了民间的生命认同。它是民间力量的总体呈现，同时也是传统文化的总体呈现。数十年以来，在社会活动中，广大的群众只被定位为旁观者以及受教育者，是被动的受众，而民俗活动所创造的空间却以一种民间艺术和民间集聚的形式，体现在群众的广泛参与上，是群众“自动”的“参与”的。在这个意义上，它是人们的一种心理归属和行为认同，也因为有这样的内涵依托，堪可传承传统民间文化的内容和基本仪式。

其二，拥有非常地方化的节俗载体，如年花、龙舟、中秋月饼等。这些载体富于地方特色，闻名遐迩，从传统到现代，既完整地保留了传统的声色味，又作出了适应现代时空的某些变革，具有非常的生命力。

因为已经具有以上相应成熟的条件，为了更确切地了解节俗作为广州文化符号的可能性以及操作意义，我们设计了“如果把广州的传统节日推向国际，哪一个节日最合适？”的问题，访问了一个居住小区的约50位居民。小区的居住对象包括老广州、老外地人、新客家以及从小学生到80岁的老人，意在了解在众多的节俗中，哪一类型或者是哪一个节俗堪代表广州的节俗文化，值得整合推广。

以下这一表格是预先列出的，供选择之用。表中把节俗归纳为三大类，选择了代表性的列出：传统的；官方的；民间的。

此前，我们已经对广州以及珠三角传统节俗进行了一些基本调查，结合该倾向性的访问结果，总体状况表明以下趋势：

第一，传统的节日依然最受欢迎、最被重视，四大节日虽然形式简化了，但仪式依然被遵循，主题意义不变。

第二，民间节俗由于最贴近底层与生活，“沉渣泛起”，具有很强的生命力。近20年来，在复古、怀旧的社会潮流中，珠江三角洲各地的生菜会、波罗诞、郑仙诞、金花诞、何仙姑诞、日娘诞、盘古诞、王母诞、鱼花诞；醒狮舞、

广州重要的传统节俗归纳表

节俗名称	类别	内容	依托物品或者食品	节俗意义、活动（对城市或个人）	你参与吗
春节	传统	拜年	年宵、鲜花	迎新	
中秋	传统	拜月 团圆	月饼果品	纳福	
国庆	官方	庆贺	一般	庆贺	
重阳	民间	登高	菊花	纳福、登山	
冬至	民间	团圆	鱼生	迎新	
关帝诞	民间	拜关帝	果品	纳福纪念、上香	
端午	民间	赛龙舟	粽子果品	纳福纪念、划龙船	

八音锣鼓、乞巧节、飘色游艺等传统节俗，却在发掘整理下如火如荼地整体推出，造就了广东各地村镇乡间的节俗新时尚。第三，岭南地方性的节俗的一个共同的特征是：祭神的仪式完整。通过各种改良的现代仪式，再现着传统节俗中“敬天祭祖、天人合一、娱神娱已”的根本意义。无论何种类别的民俗活动，都以对生命本体的崇拜、自然崇拜和鬼神崇拜为母题，以避邪祈福以及归嗣认宗为观念认同，体现着人性与神性、天人合一的初始的哲学思想。在此基础上，鲜明地再现着民间的心理诉求。

第四，实现着现代性的转换。如2000年夺得全国民间艺术最高奖“山花奖”的番禺黄阁镇的麒麟舞以夸张、绚丽的吉祥物的造型，融合着锣、排鼓、唢呐等清新明快的演奏，把这一古代的巫术礼仪改造为现代的祈福舞蹈。沙湾镇已举办了数年的大年初八的“生菜会”，以“生菜”与初八（发）的“生财”谐音表达了民间求财兴旺的愿望，吸引了八方来宾，在广交天下客的形式里赋予了招商引资的现代意义。南海南庄镇的清明祭祖已成为归嗣认宗的重要形态。借着上坟、聚餐、访友等各种环节的进行，重新认同着被忽略已久的血嗣亲系，追认着传统乡村社会中根深蒂固的血缘和家族观念以及乡土情怀。

回到"如果把广州的传统节日推向国际，哪一个节日最合适"的调查主题中，虽然四大传统节俗最被重视，但比较集中的选择意见依次是："中秋节"——→"龙舟节"。理由是"有地方特色"；"活动或者节日食品很特别"。

这一结果也说明了以下的原则：最简单的感受形式是"地方特色"。狭义地说，地方特色就是"一个地方的场所感"。"而这种感觉中的元素能够和其他相关的时间和空间的精神相连接，并进而去理解其非空间的观念和价值。这是一个环境的空间形态和人类认知过程相互作用的交汇点。"①

从"越是地方的就越是世界的"这一思路出发以及以调查结果的倾向性为基础，我们建议集中力量推出以"龙舟节"为主题作为广州的"主打节俗"。理由有三：第一，广州水网纵横，充分体现水运发达的城市特质。第二，从民俗风情到体育竞技，正是传统元素与现代城市积极向上精神的结合。第三，龙舟的制作、拜祭、游乡、藏龙、起龙自成完整"体系"。如"起龙"——"四月八，龙船透底挖"，传统的仪式非常完整（可能是所有节俗仪式中保持最完整的）体现了广府民系的"水"崇拜信仰。

二、关于标志性建筑的符号化

城市的标志性建筑是城市的"形象代表"，它是城市风格最重要的视觉识别之一。在功能上，标志性建筑大多是城市的地标，同时，也是人们认知城市的最直接的载体。标志性建筑超越于建筑本身，具有历史与社会价值观。因而，它的形式只有满足了社会文化心理才能纳入社会的认知体系，成为城市的风格代表。如紫禁城与长城之于北京，凯旋门与埃菲尔铁塔之于巴黎，维多利亚湾之于香港，都已经具备了社会文化的意义。

我们曾就"你认为什么可作为广州的标志性建筑"这一问题，调查了各

---

① [美]凯文·林奇：《城市形态》，华夏出版社2001年版，第93页。

行业、各年龄段、老广州与新客家三十多人,意在测试市民心目中的“城市殿堂”。

测试结果表明,市民对广州历史文化的认同感很高,对于承担“名城使命”的标志性建筑,倾向性意见是要选择历史建筑而非当代建筑。市民选择的范围从古到今。综合各方面意见,比较集中地认为可作为标志性建筑的载体有:

海珠广场、海珠桥、爱群大厦、南方大厦、中山纪念堂、五层楼、五羊雕塑(非建筑类)、中信广场

这一测试显示出如下的问题:对城市认知程度,深刻地影响了选择结果。选择“五层楼”的,是多位60岁以上的老广州。原因是“造型美”、是“广州的风水坐标”;选择“中信广场”是一位新客家,值得注意的是,问及多位选择“五羊雕塑”的青年人,为何不选择“中信广场”时,答案是“太新”、“没有历史”。

从选择结果以及与绝大部分人的交谈中可知,他们也认为:广州的标志物应该是传统建筑。首选的最美的传统建筑是“中山纪念堂”、“爱群大厦”。

五羊雕塑非建筑类,但有相当的影响力,新客家也比较熟识,但不知道具体的来源与历史。

在选择中,市民尚不能把城市风格特质与标志性建筑相联系,如问到广州是著名的“港市”,为什么不选具有导航作用的“三塔”? 回答是“不熟识”。可见,对广州城市特质的宣传非常缺位。“熟识”、“有名”成为了选择的首要条件。

值得关注的是,市民并不是按照建筑的量体大小或者建筑材料的“现代性”衡量心目中的“城市殿堂”,主要是考察它与城市之间的关系。这一价值的追寻与定位,表明了市民对自身生活城市的真实的认识:城市是人的城市而非地标的城市,标志性建筑物应该有历史背景。

被选择的建筑大部分都位于广州传统中轴线上,这也说明了标志性建筑与传统中轴线的相得益彰的关系。这被认为是一种完美的结合。

调查表明,市民认为,一定的稳定性与恒久性,才堪为城市的标志性建筑,才能成为城市风格的代表。标志性建筑承载了城市的精神、象征、审美内涵,这正如有关专家所论述的:"它应是城市历史文化的沉淀,反映出城市固有的个性风貌,是向外界标志城市独特存在价值的商标和载体,可以存在数百年而不变。"①更有学者进一步指出,作为城市人文标志的象征的标志性建筑,应具备三大因素:特定的文化内涵;个性独特的外观风貌;与山水形胜的有机结合,并为民众所认同。②

1965 年建于越秀山麓的电视塔,高达 200 多米,是全市当时最高的建筑物;1968 年建成的广州宾馆,高 121 米,号称当时全国建筑高度之冠,被城为"27 层";随后,33 层的白云宾馆、63 层的中天广场——无疑,这都是以高度取胜的建筑,却未能被认可为"标志性建筑"。也因此,"标志性建筑"不是自我标榜的产物,而是自然与城市人文精神共同作用的结果。中科院院士周干峙在谈到广州发展思路时,也表明了标志性建筑不要硬搞的观点:世界上许多标志性建筑都是自然而然形成的。因此,从城市是一个有机体出发,标志性建筑最重要的因素是其文化精神的生命力。

历史上,为广州市民所熟识和认同的标志性建筑大部分建立在广州传统的城市中轴线上,如中山纪念塔、中山纪念堂、市政府、人民公园、海珠广场及海珠桥。根据最新的规划,广州拟建设一条长 18 公里的南北向城市新中轴线。新的城市中轴线位于天河区,从北边白云山东麓的瘦狗岭向南,经广州火车东站、中信广场、天河体育中心、珠江新城的珠江大道、跨珠江至赤岗,一直延伸到洛溪大桥附近的新客运站。

目前,由于新城市中轴线的出现,城市的"标志性建筑"的选择偏向于新城市中轴线上的建筑。如 1997 年落成、楼高 391 米、进入了全球高层写字楼十甲的中信大厦。这一智能型商厦位于新城市中轴线上,仅次于上海的金茂大厦成为中国第二高楼;又如作为广州新城市中轴线上的一个重要

---

① 张鸿雁:《城市形象与城市文化资本论》,东南大学出版社 2003 年版,第 138 页。

② 广州市炎黄文化研究会编:《云山珠水绿羊城》,广州出版社 2000 年版,第 81 页。

节点，“双塔”将成为体现广州现代化大都市形象的标志性建筑。“双塔”位于广州21世纪中央商务区——珠江新城的J区，是规划中的两座超高层建筑。其中，西塔是近期将启动的重点项目，东塔属于远期开发项目。在它们的南面是广州市著名的四大文化建筑——广州市第二少年宫、广州图书馆、广州歌剧院、广东省博物馆；往南与规划中的电视观光塔遥遥相望。这一组建筑以整体组团的方式展示了广州现代都市风格。

三、关于城市雕塑作为城市美学符号的问题

作为综合性的三维空间艺术，城市雕塑是生活、艺术、科学、技术、时代精神和大众情感融于一体的空间造型艺术，被称为“城市的眼睛”。它是城市美学中的关键元素，具有优秀艺术品质以及内涵丰富的雕塑，堪为城市的标记。如广为人知的哥本哈根的美人鱼、布鲁塞尔的撒尿男孩的造型等。

据了解，目前广州城市雕塑最被认可的作品有：广州海珠广场的《广州解放纪念像》、越秀山的《五羊石像》和中山纪念堂的《孙中山像》。而近年完成的西汉南越王博物馆外墙以羊城文物为主题的浮雕、星海音乐厅充满现代气息的群雕以及20世纪90年代建立的雕塑公园的作品，是一批新型的城市雕塑作品。

就这些作品的数量而言，对于塑造广州的城市空间艺术美学显然是很不够的。

广州在2003年开始启动了“城市雕塑工程”，就是对此进行的补课。率先在荔湾区的上下九、沙面推出的《西关风情》系列雕塑，由于题材生活化，获得了广泛好评，并成为了人们认识老广州的直接版本。

2004年6月广州城市雕塑邀请展以“艺术，让城市更美丽”为题举行，参观人数超过3万人，日均6000人以上，表明了城市雕塑正走向市民大众。

我们在该雕塑邀请展上访问了若干参观者，与一年前调查对《西关风情》系列雕塑的关注结果相比较，参观者已经开始走近、熟识与接受“城雕”。面对“你认为城雕增加城市美吗?”这一问题，大部分市民回答：是。但同时，大部分人并不清楚广州有雕塑的专题公园，未欣赏过专题的雕塑作

品。问到“你最熟识广州哪一件雕塑作品”时候，比例依次是：

五羊石雕——→广州解放像——→孙中山纪念像

但总体上也反映，市民对城雕的认识依然是“新生事物”。一方面，对广州现有的优秀的雕塑作品了解不多，另一方面，对城雕表现城市美的根本功能缺乏认识。

广州的城雕资源最集中、最具有价值的是一批近现代人物雕塑。树立在黄花岗公园、越秀山上的一批群英雕塑，反映了广州近现代作为思想摇篮的风云际会。如现在越秀山上的清末著名外交家伍廷芳座像，①就是20世纪30年代著名诗人李金发的作品。这一时期的岭南引领了中国思想界的风潮，从反清革命思想、开眼看世界到早期的资产阶级维新派的兴起，广州、广东一直引领着中国的思想解放运动。由此，这一批群英雕塑直观地反映了广州对中国历史的贡献，但这一资源长期未得到应有的重视。

1979年，雕塑家唐大禧创作了《猛士》，以张志新烈士为原型，首次使用了人体雕塑，以象征的手法刻画一个裸体女子骑马弯弓的形象，副题是：献给为真理而斗争的人。广州最具影响力的杂志《作品》、《花城》把它作为封面，曾引起全国范围内的大讨论，具有里程碑的意义。这一事件也标志着广州务实开放的城市精神孕育着各种城雕题材的生长。

例如，荔湾区将计划在十二铺西竖立詹天佑雕塑，在华林寺广场竖立达摩祖师雕像，在十三行与人民路交界处竖立十三行标志性雕塑。东山区也计划在大沙头港湾广场竖立林则徐雕像。越秀区将在省财厅前竖立南越国王赵佗雕像，与南越国宫署遗址、西汉南越王博物馆、北京路千年古道形成主题旅游线路。② 这一系列的举动，无疑将立体塑造广州城市的历史美与现代美。

同样是历史题材，为什么《西关风情》大获成功而近现代人物雕塑却被

---

① 广东新会人伍廷芳是第一位在西方国家拿到法学博士学位的华人，也是第一个享有英国律师资格与香港“太平绅士”之誉的华人。1882年，进入晚清洋务大员李鸿章的幕府。1896年至1910年，两度出任清朝驻美国等国使臣。被时人评为：“能以出世之精神，作入世之事业。”

② 来自2004年7月5日城雕观摩座谈会消息。

冷落？我们认为涉及以下问题：

第一，关于题材的选择。广州的务实精神，决定了艺术与精神的拓展同样不能离开"本土性"与可识别性，五羊城雕广为人识，主要是"写实"。"看不懂"是一个不能回避的障碍。广州20世纪90年代兴起的雕塑主题公园，初衷关联着雕塑艺术与城市、人文、环境的关系，使用了大量抽象的造型以及夸张符号，但目前该公园只作为市民另一处体育运动场所，已经失去了"艺术公园"的主旨。

第二，历史题材的现代处理。《西关风情》的成功，探讨了历史题材现代处理的道路。生活是艺术的源泉，以生活为本，才能跨越时空。在历史性与现代性的关联上，获得大众的认同。

第三，广州的审美的趣味当是平实的，与城市的风格相一致。因此，艺术的超越当辅以写实的表达，才能获得完美的、成功的传达。

总体来说，广州雕塑注重历史性，但比较公式化，缺乏动态感，新近推出的雕塑，已经开始注重生活场景，但在一些比较抽象的雕塑方面，则缺乏想象力，缺乏超越性。广州富有历史题材和神话传说，可以提供很多可供遴选的题材。从更广阔的范围说，城市的雕塑，如果选定了主题，可以在全国乃至世界范围里来选择雕塑家，不应拘泥于狭小的圈子，以至万千雕像如出一炉。

另外，作为城市的文化符号，雕塑的思路应该更宽广一些，街道、城墙、房屋等可运用浮雕、镶嵌等艺术手法，而且更应注重历史性、艺术性和想象力。如美国的麻省理工学院就把葛洪铜像嵌在该校的标志性建筑的主楼大厅里了，而作为其发源地的广州却没有开发出这个题材。

四、城市广场：市民性的凸显

广场增加城市的力量。广场景观是历史、文化、艺术特色和城市市民精神气质和生活方式的集体呈现。因此，城市广场被称为"城市客厅"，它具有如下的作用：聚集性与疏散性；文化活动平台；参与性与亲民作用；信息交流平台；公共活动的展示；城市环境艺术的体现。

市民行为与广场的关系如下表：

活动内容	名称	群体行为方式
世界范围 纪念性 政治性 社会性	五一节、三八节	组织参与
民族性 国家	国庆 七一	组织参与
传统节日	春节 中秋	个体参与
西方节俗	圣诞节 母亲节	个体参与
文化、艺术、体育	主题式艺术节等	组织或个体
商业活动、庆典		组织或个体
公益活动 募捐	慈善会等	组织
娱乐、游戏	"私伙局"等为主题	组织或个体
临时性集会		组织

城市景观从本质上说是人类活动的共享空间，空间就是一种物质，可以支持人们共享社会实践。广场就是城市空间的一种最突出的载体，市民性的意义就是在城市空间表达人本主义——为人服务，满足人的行为需求的，而不是沦为形象工程或者政绩。广州把国际化作为努力方向，但迄今没有一个可称为国际化的城市广场，也同样缺少一个具有以上综合性功能的城市广场。如下表所示：

类别	代表
商业	天河城 荔湾广场
政治	英雄广场
标志	海珠广场 中央公园中心广场
观赏 绿化	东站广场
文化	陈家祠广场 五仙观广场 仁威庙广场
休闲	大都会广场 楼盘附设的广场 中大北大门广场
体育 操练	越秀山体育场

考察广州城市广场的主要特点是：

第一,广场的类别完整,广场主题多样化,但综合功能欠缺。

第二,重"商业步行街"建设,轻广场建设。以中心而论,以"商业步行街"代替广场的中心作用。

第三,西方城市广场最突出的公共性与市民性不足,即开放性不足。20世纪90年代后期的城市环境改造中,"还绿"工程是走向开放性的一大表现,制造了以中央公园为主的一系列开放性广场。

第四,城市广场的公共艺术形态基本缺失。

举例点评如下:

天河东站绿化广场位于广州市新城市轴线上,占地面积4.7万平方米。广场中央绿地2.6万平方米、铺种马尼拉草18315平方米,称为广州的"绿地毯"。该广场实际上只是一块巨大的草坪,其中6000平方米被规划为标志性图像,也不具有广州的城市特色。由于人群不能进入其中,它也只具有不明确的单一观赏性。

20世纪50年代—80年代,海珠广场曾经担负着广州形象的代表,它的最重要的特质是位于城市中轴线上,与珠江海珠桥、广州解放纪念雕塑、交易会旧地址等广州城市标志建筑连接为整体。由于广场设计有亲民性,直到今天,依然是群众聚集休闲的去处。缺点是面积小、演示力量弱、都市气质不足。

富于都市气质与艺术气质的星海音乐厅前广场,交通不便,数年前举办过户外音乐会,是广州文化与公共活动的展示平台。但缺乏相应的休闲配套,虽然拥有珠江美景,环境幽雅,同样也不能聚集人群。

1993年,在华南理工大学建筑设计院何镜堂先生主持下完成的中国市长大厦与大都会广场,其初衷非常富于人文精神:采取了退让原则而设计了广场,如何镜堂先生所说:"运用古典风格的入口广场来作为城市与建筑的过渡空间,意在此寓意广州的市民文化及建筑国际大都市的城市文化精神——感受到设计者对城市传统人文环境的尊重与关注",希望"形成一个城市广场和广场文化,使市民有个非常好的活动空间"①。但到目前为止,

① 《南方都市报》2004年6月16日。

这一“大都会广场”名不副实，聚集不了人气，没有任何的市民活动。

到目前为止，国内对城市公共空间与群体行为的关系，还没有引起足够的重视，广场的规划在人本方面依然不完善。除了商业、休闲的要求外，公共空间更要考虑为公共活动创造条件。

社会公共空间是由空间与时间组成的，即点（场所和中心）、线（路径和方向）、面（范围和区域）组成的三维空间组合。由于空间是对时间的记录，因此并不是静态的。“在城市这样有限的空间里时间得以留存并叠加在这个空间里。因此在共享时间里城市更多地交织着人类的情感和认识足迹以及社会历史进程的痕迹，一个城市就是过去和现代、时间和空间的累积和延展，就是不同社会发展的聚会点。因此，对城市物质空间的认识仅以静态的存在去理解城市物质空间是不合理的，我们同时也需要加入时间的尺度以及人与物之间互动的连续性和动态性。”①

这就是说，广场这一公共空间最重要的是人的活动，无论是哲学上的“时间”还是社会学上的“社会状态”，都需要人的创造、流连、共享。一句话，广场就是人气聚集的地方。这就是大型商厦也以广场命名的原因。处理城市广场这一公共空间最重要的原则是“参与”性，最大限度地聚集“人气”。

共享性是城市生活的特质，也是城市生活吸引人的地方。“城市的魅力究竟是什么？人们忍受远远劣于乡间的生存环境，在污染、拥挤、嘈杂和紧张的节奏中奔忙，是为了什么？从功能的角度而言，城市和农村的区别究竟何在，尤其当农民也能方便地享有曾被认为是城市人的奢侈品的高档消费品之后？城市文明，它究竟是由什么和怎样构成的呢？答案是两个字：交往。”②因而，城市中的公共空间不仅是私人生活空间的延伸，而且是城市生活方式的直接体现。

正如上面的分析，城市的魅力在于交往，同时，它的困境也在于交往，这

---

①　张鸿雁主编：《城市·空间·人际——中外城市社会发展比较研究》，东南大学出版社2003年版，第8页。

②　杨东平：《城市季风》，东方出版社1994年版，第59页。

是城市生活的动力与压力。如果把自由作为一种城市气质的话，广州是具有这种自由品质的。它是一种对生命本质的追求和生活质量的表达，保持了最符合人本性的部分：自由与发展。外界普遍认可广州生活方式的自由，但同时也对人与人之间的疏离感反应强烈。这与广州在尊重私人空间的同时缺乏“公共空间”密切相关。

在这方面，西方发达国家和地区在建设广场方面的经验值得借鉴。如英国的海德公园，坐落在伦敦的闹市区，占地数十公顷。那里既是人们的休闲地，却也担当起疏散功能，而在节假日里，又会聚了大量的“人气”。另外，波士顿广场也坐落在波士顿中心城区，虽然地处闹市区，却显得宁静悠闲。这样的安排与伦敦的公园颇为相似：在人口密度极大的地区预留出极大的空间，作为公共生息休闲之处。广场在这里也可看做是一个人们事业与生活的一个缓冲地带。

广州将在新城市中轴线上建构“市民广场”，建议应体现如下的主题：归属感；主题意义；生态意义；艺术的审美意义。

五、城市声音与城市色调的符号化

正如美国城市社会学大师罗伯特·帕克所指出的：“城市，——绝不仅仅是许多单个人的集合体，也不是各种社会设施——诸如建筑物、电车、电话等——的聚合体；城市也不止是各种服务部门和管理机构，如法院、医院、学校、警察和各种民政机构人员等的简单聚集。城市，它是一种心理状态，是各种礼俗和传统构成的整体，是这些礼俗，并随传统而流传的那些统一思想和感情所构成的整体。由此看来，我们也完全可以把城市看做一种有机体，看做一种心理物理过程。”①

城市是一种有机体。因此，城市的个性的塑造不能忽略生命的元素与细节结构，林奇在《城市形态》一书中肯定了这一规则：“景观元素也在自己的范畴内更加令人印象深刻，例如道路，不再只是标准断面，或只有单调的

① [美]罗伯特·柏克：《城市社会学》，华夏出版社1987年版，第1—2页。

细节。每条路都有自己的景观特色，都以自己的方式与所在的文化与自然相协调，并显示出景观的序列。建筑也有个性，所有场所在不同的时间里要求不同的声音和味道。”

光线、动作、声音、气味——这些有机元素如何被正确地贯注在识别系统中，已经不仅仅是城市规划与城市建筑的问题，而是关涉到社会心理等相关问题。如被称为“香港尖东”的广州环市东路，因为会聚了世界顶级的名店以及写字楼，弥漫着炫目的华丽与贵族气质。老西关的老火靓汤与粤曲回旋，表现的是富足与安稳生活气氛。天河新区的街道上，在天津的狗不理、兰州拉面、西安的泡馍等异乡食物的交错下，显示的是南北交融的态势。

由于城市声音与色调的可缔造性，因此，与城市规划与城市建筑密切相关一致，城市风格也可由特定的声音与色调体现。在对城市的识别中，城市特有的声音与色调同样被列为识别元素之一。

离开一个城市，曾经的“市声”就成为人们对城市记忆的最深层的符号。20 世纪 60 年代前，海关大钟楼的钟声曾日夜回旋在羊城的上空，成为全广州的“格林威治时间”，是全城人晨昏劳作、饮食起居的坐标。这一特有的“广州之音”直到现在还被老广州们怀念着。

广州荔枝湾文化交流协会多年就致力于这一项工作。他们把流落在民间的如“鸡公榄”、“唱龙舟”等民间说唱艺术发掘出来，在上下九步行街重现这些“声音记忆”，以唤起人们对传统广州的缅怀。这一发掘整理工作虽处于初始阶段，但显然具有现实的操作性，可为政府在城市风格的营造上提供独特元素。

城市也是色调的表现体与统一体。现实中的人们“不再生活在事物的直接实在性之中，而是生活在诸形式的节奏之中，生活在各种色彩的和谐和反差之中，生活在明暗的协调之中。审美经验正是存在于这种对形式的动态方面的专注之中。”①城市色调既是自然和环境的统一，也是设计规划的

① ［英］恩斯特·卡西尔：《人论》，上海译文出版社 1985 年版，第 93 页。

结果。城市的复杂性以及市民的异质性,决定了城市色调的多元性。

近年来,国内开始了城市色调的规划与定位。北京是国内率先进行城市色彩定位的,它把灰色凸显为城市的主色调,强调的是庄严宏大的城市风格,虽然这一主色调的定位也引起了不同的意见,但这一规划理念体现了城市建设进入了更为全面科学的人性化时期。

作为"六脉皆通海,青山半入城"的山水城市,广州城市色调一直以自然为宗旨,虽然没有理论规范,但已经形成一定的程式。自然色调上,就是"一蓝两绿":珠江水蓝与白云越秀之绿。而在人为设计上,最成功的三个范例是:西关大屋为代表的"青灰"与东山花园洋房代表的"赭红"以及珠江北岸长堤的混合色。

"青砖"的西关大屋以通风采光良好的人性化设计与东山"红砖洋房"的质朴、宁静体现着欧美别墅的"乡间风格",形成两种不同风格的对比。以青砖石脚和脚门、趟拢、大门"三件头"为组成标志的"西关大屋",被认可为粤式古民居的"豪宅"。这一批在清代同治、光绪年间,由新兴的富商巨贾兴建于今天荔湾区宝华路、多宝路、逢源路、华贵坊"西关角"的大宅,体现的是传统的居住形态和理念。主要的外象特征是造工异常精致的平滑如镜的水磨青砖墙面。配合着这样精细的设计,屋内施以华贵的装饰,使用的酸枝家具,以简练流畅、气质典雅的明式和繁缛精美的清代风格为主,镶嵌雕刻精美的砖雕、木刻、陶塑以及美轮美奂、光线幽暝华丽的满洲窗等。屋外是青灰的麻石街道,协调着灰墙黑瓦,营造了"睦邻熙熙"的居住氛围。

东山花园洋房指以东山恤孤院路、新河浦路为主要集中地段的、建筑于20世纪二三十年代的西式民居建筑群。它以不同于西关大屋的建筑风貌,反映了两种不同的居住形态,从而使广州的兼容并蓄精神在民居建筑上得到表述。

与西关大屋的整齐划一迥异不同的是,东山花园洋房的风格形态各异。

一类是别墅建筑。钢筋混凝土梁混合结构,外立面是多采用柱廊或券廊形式,配以形式各样的山花顶,有平顶的副楼;宅前多设庭院或前廊,墙体多采用红砖清水墙面,局部配以白色柱廊。阳台等造型受西方风格影响,多为古典柱式，建筑面积较大，布局灵活，二、三层居多，前后有庭园，多有柱式门廊，也有门上方设三角山墙式屋顶遮雨和泻雨，室内装修较好，地面铺上优质水泥花阶砖。梅花村陈济堂公馆占地5610平方米，有屋4幢，建筑面积2000平方米，配以中国传统园林中必有的假山、六角凉亭等，是20世纪初中西结合的典型；另一类型是洋楼，同样是红砖清水墙面，楼上有阳台或前廊。主楼前有小庭院，绿树成荫，组成了城市化中的乡村风貌。

百年后的今天，西关大屋与东山花园洋房的主色调的风格依然非常显著，两者对比强烈，而且有整片的保留区，建议“捆绑”起来，作为对广州风格识别的元素。可依据的理由是：从区域上看，一西一东，顺应了对传统广州城市格局的认识；从主色调看，一青一红，对比显著，象征着广州的多元性与丰富性；从建筑本体看，虽然建筑时间相距近半世纪，房主身份也各不相同：西关大屋以商人为主体，东山花园洋房以官员为主体，但中西交融的主题却是一致的，这也体现了广州城市立足于为我所用的开放特质。

此前，广州对西关大屋和东山花园洋房都只进行了单体报道，由于推介力度各有差异，因此，外界多知西关“有大屋”而不知东山“有洋房”。没有进行对比，更没有在色调上进行策划推介。基于以上的理由，建议进行色调的“捆绑”策划。

珠江北岸长堤的混合色调，也是可供借鉴的自然与人工结合的成功范例。白石长堤、绿色古榕以及白浪蓝天和主要以青灰主调为外立面的建筑群，组成了非常协调的“外滩景观”。这一混合色调非常富有层次，可谓一步一景。

近年在“小变、中变、大变”工程中，已经对城市色调进行了有关的规划，建立了一个适合广州的“因地制宜”的原则。但有些整合还缺乏科学的论证，如上下九路的过于艳丽的“粉色”主调，并不能承托其渊远的历史感。天河新区的建筑多各自为主题，色调庞杂，每个建筑都在争夺主色调，实际上演变为无主题。

建议在对“新城”的规划中，树立前瞻的观念，进行城市整体的主色调的设计。

其一，因为广州不是一个政治城市，不适合大一统的原则，应“因地制宜”，贯彻多元化。

其二，提倡以自然生态为取向，在“山、城、田、海”的城市格局规划下，“绿色广州”应树立为主题，一切以自然为本。

其三，在未来的珠江新城商务区规划中，要吸取天河规划的失误，确立一个具有现代化气息的主色调，建议由规划专家做一个详尽的社会调查。色调要符合人们的审美要求和贯彻适宜创业与人居的取向。

其四，主色调要反映广州的包容与平实的城市精神，如赭色、褐色等。

在国内，城市风格的设计还是一个崭新的课题，基于它是未来城市发展的重要竞争力，也基于广州所拥有的2000多年的历史文化资源，我们尝试把两者进行有意义的结合，提出了以上的解决方案。

主要参考文献

1. 罗雨林:《罗雨林文博研究论集》,广东省地图出版社 2001 年版。
2. 罗雨林主编:《荔湾风采》,广东人民出版社 1996 年版。
3. 黄汉纲:《海山仙馆文物查访记》,广东人民出版社 1996 年版。
4. 罗雨林主编:《荔湾明珠》,中国文联出版公司 1998 年版。
5. [美]亨特著,沈正祁译:《中国日闻杂录》,广东人民出版社 1992 年版。
6. [清]黄佛颐:《广州城坊志》,广东人民出版社 1998 年版。
7. 陈以沛:《海山仙馆尺素遗芬石刻考实》,载《广州史志》,1987 年版。
8. 《海山仙馆丛帖》:广东省立中山图书馆藏。
9. [清]陈务滋:《绘唐荔园图》。
10. [清]李宝嘉:《南亭四话》。
11. [清]查仕良:《过海山仙馆遗址》诗。
12. [清]夏銮绘:《海山仙馆全景图》,广州美术馆藏。
13. [清]阮元:《揅经堂续集》卷四。
14. 钱学森:《论山水城市》,陇海兰新城市建设联合会、郑州城市科学研究会编 1999 年版。
15. 鲍世行、顾孟潮主编:《城市学与山水城市》,中国建筑工业出版社 1996

年版。

16. 鲍世行、顾孟潮主编:《山水城市与建筑科学》,中国建筑工业出版社1999年版。

17. 路平编著:《广州风物》,广东科技出版社1991年版。

18. 曾昭璇著:《广州历史地理》,广东人民出版社1991年版。

19. 荔枝湾园林学会:《关于规划建设广州城西江岸和荔枝湾古河道旅游资源的建议》,《广东园林》2000年第1期。

20. 《机遇与挑战——中外专家谈文化遗产保护和城市发展》《中国文物报》2000年8月6日。

21. 孙家正:《关于西部大开发中的文化建设问题》,《中国文化报》2000年9月5日。

22. 兰瑞书:《保护利用好文物资源,积极参与西部大开发》,《中国文化报》2000年10月19日。

23. 王义印:《文物保护中的远瞻和近视》——读《古城定海何处去》、《江阴纪事》有感,《中国文物报》2000年8月27日。

24. [清]仇巨川:《羊城古钞》,广东人民出版社1993年版。

25. [清]胡朴安:《中华全国风俗志》下卷,中华书局1993年版。

26. [清]范端昂:《粤中见闻》,广东高等教育出版社1988年版。

27. 杨东平:《城市季风》,东方出版社1994年版。

28. 《城市文化与广州城市发展》,香港天马图书有限公司2001年版。

29. 张鸿雁主编:《城市·空间·人际——中外城市社会发展比较研究》,东南大学出版社2003年版。

30. 张鸿雁:《城市形象与城市文化资本论》,东南大学出版社2003年版。

31. 广州市炎黄文化研究会编:《云山珠水绿羊城——广州山水城市文化研究》,广州出版社2001年版。

32. 朱光:《广州好》,广东人民出版社1990年版。

33. 广州市城市规划局广州市城市规划编制研究中心编制:《广州城市建设总体战略规划》。

34. 关其学、刘光璞主编:《论经济中心——广州》,广东高等教育出版社1987年版。
35. 广州市文史研究馆编:《广州百年大事记》(上下册),广东人民出版社1984年版。
36. [美]罗伯特·柏克:《城市社会学》,华夏出版社2001年版。
37. [美]凯文·林奇:《城市意象》,华夏出版社2001年版。
38. [德]奥斯瓦尔德·斯宾格勒:《西方的没落》,商务出版社2001年版。
39. [美]凯文·林奇:《城市形态》,华夏出版社2001年版。
40. [美]罗兹·墨非:《上海——现代中国的钥匙》,上海人民出版社1986年版。
41. [美]刘易斯·芒福德著《城市发展史》,中国建筑工业出版社2005年版。
42. [美]威廉·C.亨特:《广州"番鬼"录》,广东人民出版社1993年版。
43. [美]理查得·瑞吉斯特:《生态城市——建设与自然平衡的人居环境》,社会科学文献出版社2002年版。
44. IMI市场信息研究所:《IMI消费行为与生活形态年鉴2004/2005》,北京广播学院出版社2004年版。
45. 广州市统计局:《广州统计年鉴》(2002—2005)。
46. 广州市统计局:《2005年统计报告》,2005年3月16日发布。
47. 广州市旅游局:《广州市旅游业统计分析报告》(2000—2005)。
48. 宋木文、巢峰:《中国出版业的滞胀现象》,《中华读书报》2005年1月26日。
49. 崔保国主编:《传媒蓝皮书2005—2006年中国传媒产业发展报告》,社会科学文献出版社2006年版。
50. 胡惠林主编:《文化蓝皮书:2006年中国文化产业蓝皮书》,社会科学文献出版社2005年版。
51. 广州市新闻出版和广播电视局:《全国出版物市场监管工作会议交流材料》。

52. 国家统计局广东调查总队:《广州城市居民消费行为与生活质量研究》,载“中国统计信息网”2006年10月10日。
53. 刘纯:《旅游心理学》,上海科学技术文献出版社1987年版。

附录：

调查与分析

一、广州(珠三角)传统传承方式的调查

从2000年开始,我们进行了“广州以及珠三角民间文化遗产抢救工程”的调查工作,调查传统文化在岭南的现状,着力于对民间信仰、节俗、手工艺、表演艺术等传统文化进行调查与记录,了解传统的传承方式等问题。

综合调查结果显示,广府地区传统传承基本没有断裂,表现了广州作为一个历史文化名城深厚的根脉。本报告选取一部分结果,以论证广州的传统特质,借以说明广州“活力”的内因。因为珠三角与广州的紧密关系,调查结果也包括该地区。

(一)民间节俗整体复活,创新为我所用

在当今,中国没有任何一个城市像广州一样保留着完整的传统节俗,而且通过各种改良的现代的仪式,再现传统节俗中“敬天祭祖、天人合一、娱神娱己”的根本意义。

民间节俗寄托着民间的精神追求与皈依,为今所用的形式有两类:一是传统的民间节日如清明、端午、中秋等节俗,虽然在庆祝的形式上进行了改良,主要表现在作为节日载体的食品的变化上,但其中深层次的含义并没有随时代变迁而变化,并且各种节俗还保持了其独特的风貌。如清明的祭祖、端午的龙舟竞赛、重阳登高祈福——在以家族团聚的方式为依托的基础上,各自都还保存着传统的含义;二是在近年的怀旧复古的社会潮流中,不断发掘出很多新的节俗,在进行了新的包装后寄托了纳财祈福的现代意义。有些是流落民间已久的,如农历初八的“生菜会”,借“生菜”的谐音生财,寄托纳财的意义;有些是

区域性的节俗,如花都的盘龙诞,借神话传说的方式,结朋四方,推广地区形象,以谋求经济的发展。

不可否认,商业城市把一切缔造为商业行为的本质动机和行为意义。但是,如果我们对"欢度"岁时节俗的意义进行追寻的话,我们仍然不得不承认,感恩、祭祀、祈祷、与万物有灵进行灵魂对话、调整"我"与族类的关系、放逐身心的狂欢——一切依然。

(二)坚固的慎终追远的宗法观念

根据调查,不管是在广州还是珠三角,宗法观念与多神观念都有完整的仪式重现。它是中国人慎终追远的观念以及根脉意识的整体重现。

经历了近半个世纪以来的各种政治冲击、经济动荡和社会变革,目前珠江三角洲广大地方还保留一系列的宗祠,而且近年还得到各方资助不断地进行修缮,有称"顺德宗祠南海庙",传统上慎终追远的功能牢固,血亲崇拜的观念非常浓厚。

明清至民国,"聚族而居"的村庄,一般都有按照姓氏系别修撰的族谱(家乘、宗谱、家谱),其名中一字(俗称"字派")均按族内甚至全国世系统一安排,使人知其是哪一代的传人。这习俗已随着时代的变迁渐趋消亡,但在广府地区依然有实用的意义,以之安排学名,另有乳名,则由父母命之,表明宗族内的血脉承继关系。

在广州附近乡村,保留着宗祠系列。宗祠系列是指中国血嗣传统中的"别宗亲",通过宗祠、祖祠、家塾的完整的宗祠系列表现宗亲的关系和血嗣源流。始祖称宗祠,二世以下的称公祠,分支房系的称"私伙厅"或者"家塾"。每一村有宗祠,每一姓有祖祠、公祠甚至家庙。在岭南乡村,乡情的力量和血嗣从来具有强大的凝聚力,这恐怕就是宗族的现代意义。更重要的是,宗祠不仅按原样保存,而且如今还有实际的用途:传统上慎终追远的功能和血亲崇拜的观念依然没有改变,但增加了娱乐功能和凝聚力,举凡乡中人的婚嫁、春秋二祭、寿宴、议事、集会、娱乐、"龙船饭"、清明聚餐等都会选择在宗祠中进行。

宗祠是中国人家族观念和血缘根脉的具象。中国人家国一体,宗祠建筑表达的血脉承传和尊卑高下都有着严格的规范和讲究。所以说,一座宗祠就是一部实体的家族历史和村史。

宗祠得以保存的基本途径不过是几种:改建学校,改建为大队部或者办公地点,或者把宗祠中精美的建筑图案泥封保护。

对于城市人来说,家可能就是一所房子,但对于乡民而言,家的意义就要深远和复杂得多了。在这里,家是血嗣源流、是生命的本体和中心。传统文化的血脉传承体现在宗祠的建制和凝聚功能上。只有置身其中,我们才能深深地体认家族的观念和"家"的中国化的意义。

在珠江三角洲的一些富裕农村,近年来很多旧式的祠堂已经被推倒重建,改建为现代化的"酒厂",再度成为村民饮宴聚会的地方。而在另一些乡村,普遍有着四五百历史的祠堂却仍然风貌如旧,原来的功能并没有发生很大的改变,它与村民紧密依存的关系,已经穿越了时间和空间的各种距离。

虽然有作为村中"政治中心"的村委,但祠堂依然是广府人现实意义上的中心。不管是大门紧闭还是门面洞开,任何一个祠堂门外都围满了村民,是村中人气最旺的地方,"到祠堂去"。村民与外人约定见面的地点,都以村中的祠堂为第一选择。在他们心目中,"中心"是祠堂而不是村委。在各种拆迁工作中,村民最关心的是祠堂的去留问题而不是补偿和其他。

显然,农村的宗族从来都是一个不容忽略的最重要的群体力量,宗祠的兴替体现了这一力量的变化,它往往隐藏了宗姓之间的权力与利益的斗争。

(三)保持着多神崇拜观念

在城市民居如西关大屋中,这一观念也体现得非常显著。最有特色的三脚门、趟拢、大门分别起着观景、通风、防盗的作用,而由门厅、茶厅和正厅构成了严密的秩序。西关大屋面街的外墙,大门张贴着门神像,或是"神荼、郁垒";或是秦叔宝、尉迟恭两位唐将。在大门后的第一进设有门官厅,以安排门官、土地而得名,牌位上书:"门官土地福德正神"内,土地神则安排在墙脚,神牌为

"五方五土地主龙神"。大厅顶上,安排着窄长形的神楼,春秋祭祀。

与神同在,也是广府乡民的一种基本的生活程式。神无所不在,只是如今很多表达形式已经简化或者更随意了。在一般的家居中,从门口过天井入厅堂,都有一系列的神灵错落布置着。次序是:土地神——门官——天官赐福——井泉龙王(神)——定福灶君——九尊大神——祖先位、地主位。"敬如在",这三个字典型地表明了多神崇拜的意义。这也是我们在乡民家中厅堂最常见和最重要神位标志。①

供奉的有观音、如来、关帝,甚至有菠萝符,但只用大红纸写着"敬如在",这是多神崇拜的恰当说明。其实,据乡民介绍确切地说,"如在"是九个大神的省略:康公、金花、关帝、观音、文昌、车公、洪圣、华光、天后。因为"观音"的颂号"大慈大悲"之"大"字突出,所以观音就位居九大神之中央。按照民间说法,是因为观音千手,无所不能,位尊一等。

九大神的排列方式如下:

大

金都忠护慈灶九敕南

花天义国大方天赐海

普至仁庇悲真开五广

主富勇民观武化显利

惠财关天世玄文华洪

福帛圣后音天昌光圣

夫星帝元菩上帝大大

人君君君萨帝君帝王

供财神极为普遍,多在墙上正中设一财神位,置一香炉,横批多为"招财进宝"或"聚宝盆"。乡民告知,现在修建新屋时,已经在瓷片上烧制出各种神位,直接镶嵌在恰当的位置就行了,不必再做泥塑菩萨了。由此可见,仪式随时代

① 以下材料来自于2003年对广东番禺新造镇小谷围岛的田野调查。

而变化。

各种神诞也穿插在一年中的不同的日子,与生活程式融为一体。农历二月初二土地公诞、三月二十三娘妈诞、农历四月十七金花诞等。伴随着神诞,有异彩纷呈的热闹的仪式。烧炮、抬神巡行"游乡",大肆地设斋打蘸,并请来粤剧戏班"做大戏",据说,打蘸曾经是"九昼连宵不绝音",爱好粤剧的种子,就这样培植下来了。

解放后因为撤销了公尝(公尝是指建国前的氏族祠堂、庙宇、学校、慈善机构和县、区、乡政府拥有的土地、房屋、鱼虾埠、码头不动产等,管理公尝的人称"值事",一般无薪酬,部分富裕的乡村则发"鞋金"或"轿金"酬谢),再加上社会的气候的变化,乡中神诞等各种活动的形式都改变了,如清明拜山或扒龙舟,多为乡民自筹资金,生产队也有所支持。但乡民说起,那些锣鼓邦卜的热闹似乎还栩栩在眼前。

庙宇众多以及泛神供奉的庞杂是岛上神教最显著的特点。

其实,各种神庙众多以及泛神供奉、中国民间宗教信仰佛道合一的特质,完全突破了一庙一神的规矩。

据《北亭史监》的作者梁佐时先生的费心考证,认为庙宇众多主要有四方面原因:①建庙安神、祈神庇佑,而且"以神设教,补王法之不足"。②"立庙为界",建庙作地域之标志和发展的里程碑。③作为公用场所。④立庙为地界碑杜绝各姓纷争。①

这显然是非常有心得的识见。在乡村中,神教的作用世俗化是必然的,实用首先被置于首位。中国人历来家国一体,家庙中的伦常就是国家的大纲,文武兼修从来都是中国人的最高的向往,在乡村的道德教化中,这种潜移默化一直起着不可估量的作用,这一文武帝兼祀的模式并不是普泛的,这说明了这里的传统力量并没有发生深刻的断裂。

最大限度地参与日常,是民间神所以生存和享有祭祀的唯一的理由,民间

---

① 番禺新造镇北亭村村民梁佐时著有《北亭史监》,笔者调查时采录之。

神肩负的职责必须服务于民生,才可能赢得尊位。

在传统的乡村社会,神道就是天理也是人伦。北亭曾有的金花庙属于全村五姓所有,称为庙祖,门额有联“欲向案前求子嗣,且回家里奉翁姑”。据梁佐时先生说这联语是村中96岁的老妇人回忆诵出的,可见其深入人心。

庙中的对联无不以世俗的教化为号召。

“义结桃园高风传万代,名垂史册家谱读千秋”(南亭关帝古庙)

“华如朗月天增一目观人世,光同旭日地添万仞对尘环”(赤坎华光帝古庙)

“果是年高多福德,唯从心正集祯祥”(渭水大街入口更楼“福德祠”)

在传统乡村中,村民的道德教化主要来源于民间文化中的宗庙拜祀功能、文娱活动和口传历史。在其他渠道的教育功能消失以后,宗庙中的教化功能今天依然邈远流长。

“立庙为界”,也是岛上庙宇多的原因。如用于与南亭划分村界的北亭华光庙,由北亭的陈姓所建,后由于香火断绝而自塌。

由于实用的意义,各种民间神都分别承担了不同的职责,因此,“泛神”崇拜是普遍和模式化的。因此,所有的神,都不是“地方神”,而是“中国神”,祭祀方式也没有地域特点。虽然拜祭仪式保存三个元素:神像、庙宇和仪式的传授都存在,但所有的方式显然都简化了。

二、中山市沙溪镇圣狮、象角村浴佛节巡游仪式实录

采访时间:2003 年农历四月初八浴佛节

农历四月初八浴佛节当日,中山市沙溪镇圣狮、象角村两村联合举行了浴佛节巡游。万人空巷,举袂如雨。附近几个村的几千人像潮水般汹涌而至,醒狮、金银游龙、彩凤以及飘色队伍,彩旗、鼓乐一起营造了一种庙会式的狂欢气氛,巡行队伍经过的每一条小巷和街道,都密密匝匝地挤满了兴高采烈的人群。本村的村民在自家的门前端出了茶水、糖水,搬出了凳子,让出了院子作为大家的观景台,拥挤的人群在同一个庆典上表现出空前的友爱和团结。

本年巡游还是按照一直以来既定的仪式和既定的路线进行。四月初七下午 5 时,村里推举德高望重者为游龙点睛,然后龙凤狮集合,齐齐在村里“游太平”,目的是告知各方神佛,在众佛生日的时候,为众佛祝福,为世人祈祷。四月初八即举行巡游。本年舞动的是两头瑞狮、一条金龙、一条银龙,还有一体斑斓的凤。在烈日下,游龙如水,鼓声如潮,巡游队伍所到之处,锣鼓喧天,群情振奋。这是由于今年增加了五台彩车的飘色,把巡游的气氛热烈地推向高潮。“因为今年的年景好,所以增加了飘色。”队长告诉我们。飘色队伍里的孩子们被鬃红着绿,化装成古代的人物,突破时空地演绎着牛郎织女、八仙贺寿等传统的神话和民间故事,乡民们则以繁复的、冲突的色彩调剂出浓厚的艳俗的热闹——突破日常的无处不在的兴高采烈。

中国历史上民众所祈祷的立身之本,不过凝聚在简单的八个字上:“风调雨顺,国泰民安”,这几乎是所有民俗仪式的共同的主题,也几乎是所有历史仪式的祝祷辞。当一种愿望被固定为一种程式的时候,自然就被赋予了神圣的、

不可移易的神秘的力量。在村中,我们发现众多的新墨淋漓,都以不同的对仗方式朴素地表达着相同的希冀。尽管今天在村中从事农业的人口已经不是很多了,因为诸如“迎四方顾客,接万里财源”这样商业味道的对联比比皆是,全村的经济以制衣业为主,小手工业、小商业也走上了康庄大道。但是,发轫于农业文明时代的仪式却以民间的方式传承着。据说,这个仪式除了在“文化大革命”时期隐藏起来后,很快又恢复起来了。然而,值得注意的是这样规模的活动却不是由村委会组织而是由体育会主持的。因为是纯粹的民间活动,一方面可以说明群众基础深厚,民心所向不可挡,出游各种的旗帜都标明是“民间体育协会”或“民间艺术组织”;另一方面也隐晦地表明村委会对这种活动的方向性存有疑虑,未能确切地认同民俗事象所以能传承的可能性。

据村民介绍,五百年前圣狮、象角本来就是一个村,人心所同,习俗所同,共同祭祀一个共同的村神——洪圣公。宋代开村时,某一日,从西江上飘来一位菩萨,村民请而祀之。如今位于圣狮的洪圣公殿建于明代,距今三百八十多年。据说一千三百多年前这里还是汪洋大海,尚存的蚝壳墙和“古海遗迹”从科学上论证了这一地理现象。我们观察到,这是一位慈和的白发长须老人的形象,并没有袅绕仙风道骨和神秘的妖气,仅仅是一方佑护百姓的平安“村神”,旁边陪祀德高望重的是天后圣母、财帛星君、观音菩萨。南方属火,水崇拜是最重要的自然崇拜,供奉北帝成了粤民间普遍的风尚。圣狮、象角并不供奉北帝,而以洪圣王替代,而他显然也承担着“水神”的庇佑职能。洪圣殿门口一联是“盛德在水,遵海而南”,表现着以水为大、原德载物的哲学观念。殿里有一联是“德沛南溟利济四方遐迩一体,灵昭北阕恩敷六合中外攸同”,旁有一联是“衣钵真传皈正道,尘埃不惹妙中空”,体现着多神合一的宗教观念。在檐前的砖雕上,有富于古代天人合一哲学思想的“妙化既臻,精华自振,气厚则苍,神和乃润”等精确的表述。据村民介绍,举凡村中重大事项和礼仪的进行,必须在此进行祷告各种仪式的场合,而每年的浴佛节巡游也是从这里出发的,体现着洪圣公无可替代的地位。

民俗事象是俗世繁华的回忆,是人类咿呀学语的童年。重现历史仪式的前提是虚拟、夸张和对浮华重彩浓墨。现实生活的人们所以沉迷于仪式,就是因为仪式脱离现世,是对日常的逃逸,在天地人三者间提供交汇的通道,在人神之间创建连接的链条。因此,所有传承下来的仪式,都带有狂欢的气质和表演性,而参与更具有重要的意义,它令民众有归属感,这当是民间仪式长盛不衰的重要的原因。

三、历史文化资源与广州城市旅游

（一）文化与旅游

1. 旅游的文化属性

文化人类学把旅游看做是一种“过渡仪式”，人们需要从一种日常生活中解脱出来，到另外一个地方经历某种变化，体验一些别样的东西，然后回到原来的生活中，从而获得一种对日常生活的重新认识。旅游具有实现这种“过渡”的功能。可以说旅游是一种跨文化交流，文化差异是发生旅游行为的主要因素。因此，文化在旅游中扮演着重要的角色。文化的“同”和“异”都可能导致旅游的行为。由同而导致的旅游行为主要表现在追踪同源文化上，比如日本、韩国以及东南亚游客到中国旅游，美国人到欧洲尤其是希腊旅游，都蕴涵着深层的文化溯源心理。而由“异”导致的旅游是游客流动的主要动因。

旅游活动作为一种社会活动，包括旅游活动主体——旅游者、旅游活动客体——旅游吸引物（旅游资源或景观、旅游设施）、旅游活动媒体——旅游企业等三要素，形成旅游系统。其中：旅游者既是文化的需求者，也是文化的欣赏者与体验者，还是文化的沟通者与传播者；旅游吸引物是文化的载体——自然山水是审美文化的载体、民俗风情是民族或地域民俗文化的载体、文物古迹是传统历史文化的载体、工业旅游资源是工业文化的载体、农业旅游资源是农业文化的载体，旅游设施与旅游环境一般是本土文化的载体；旅游企业是文化的经营者，不仅需要进行文化的保护，而且需要进行文化的挖掘与展示，也更需要进行文化的建设与创造。显然，旅游三要素都与文化密不可分。文化因素渗透在现代旅游活动的各个方面特色的决定因素。一个国家的旅游业若缺少了自己本民族传统文化的底蕴，便失去了特色，不能反映出本民族独有的精神内涵，也便失去了强大的吸引力。实践表明，“举凡旅游业昌盛之国，莫不以旅游文化取胜。奥地利的旅游，几乎都与施特劳斯等奥国音乐大师紧密关联；巴黎街道的命名，每每蕴涵法兰西民族的历史掌故”①。城市也如此。

旅游文化实际上是以一般文化的内在价值为依据,以行、吃、住、游、购、娱六大要素为依托,以旅游主体、旅游客体、旅游介体和旅游研究之间的相互关系为基础的,在旅游活动过程中业已形成的观念形态及其外在表现的总和。它既是物质的,也是精神的。

2. 旅游文化资源的构成要素

关于旅游文化资源的要素,学界有不同的分类方式,主要有以下几种:

(1)四分法:认为一个国家、区域或者城市的文化,可以分为以下四个层面:①以文物、史记、遗址、古建筑等为代表的历史文化层;②以现代文化、艺术、技术成果为代表的现代文化层;③以居民日常生活习俗、节日庆典、祭祀、婚丧、体育活动和衣着服饰等为代表的民俗文化层;④以人际交流为表象的道德伦理文化层。这些文化表现层次,并非泾渭分明,而是你中有我,我中有你,互相联系,交融在一起。这些文化要素的综合呈现,就是一个国家、地区或者城市的文化形象。

(2)三分法:将旅游文化资源分为三个层次,最基础层次为文化景观,如文物、古迹、名胜、建筑等;第二层次为文化风情即动态文化景观,如节日庆典、民俗等;最高层次为文化艺术,主要是指表演艺术。

(3)二分法:从实体性要素来看,指一个城市的地域特征,现存建筑及其风格等要素及其相互关系的总和。它是一个城市区别于其他城市的具体标识,

① 许宗元:《论茶文化在旅游文化中的地位》,转引自喻学才《近七年旅游文化研究综述》,《旅游经济》1997 年第 2 期。

对城市发展的影响和作用是外在的、易学的、可变的，主要体现在一个城市的标志性建筑和建筑风格上，如巴黎的埃菲尔铁塔、凯旋门、罗浮宫，埃及开罗的金字塔，北京的故宫等。从人文性要素来看，指一个城市独特历史、价值观、民俗民风、组织制度、节庆文化活动等种种文化现象、文化因素及其相互关系的总和。它是一座城市的底蕴和内涵，是一个城市个性特征的内在表现，对城市的影响是内在的、独特的、可持续的。从文化的实体性要素和人文性要素的关系来看，实体性要素是第一性的，容易在短时间内奏效；人文性要素是第二性的，是一个特殊地域的人们经过长期实践积累起来的物化的共同的观念要素和精神要素的总和。

无论如何分类，都说明旅游文化的内涵十分丰富，外延也相当宽泛。“既涉及历史、地理、民族宗教、饮食服务、园林建筑、民俗娱乐与自然景观等旅游客体文化领域；又涉及旅游者自身文化素质、兴趣爱好、行为方式、思想信仰等文化主体领域；更涉及旅游业的服务文化、商品文化、管理文化、导游文化、政策法规等旅游介体文化。”①

3. 旅游文化是城市文化的重要组成部分

美国城市理论家芒福德在研究人类城市发展演化时，特别重视城市与人类文化的内在关系。他形象地将城市比喻为“容器、传播者和流传者”。把“文化贮存，文化传播和交流，文化创造与发展”称为“城市的三项最基本功能”。而这三项功能都通过旅游活动得以鲜活地体现。城市本身的发展就是文化内容层层积淀的结果，旅游文化是城市文化中最富内涵、最为生动、最具魅力的部分，旅游文化的合理挖掘可以使城市文化表现得更为形象。有助于树立城市核心品牌，促进传统文化的复兴传承和对外交流。

从宏观看，旅游促进了不同国家、民族与地域，甚至时代文化的交流交融，从而加强了不同国家、民族与地域以及不同层次人们的了解理解，有利于人类社会的和谐共处。1980 年 9 月世界旅游组织在《马尼拉宣言》中曾对此作出总

---

① 《中国旅游报》2000 年 1 月 17 日。

结:旅游在国际关系和寻求和平方面,在促进各国人民之间的相互认识和了解中,是一个积极的现实因素。

从微观讲,旅游对城市文化具有潜移默化的影响作用,促进了城市风格的形成和城市品牌的树立。文化是旅游的灵魂,城市文化是旅游城市品牌的核心。旅游城市品牌除了由旅游地名称、标识、符号及其组合外,还应该由质量、服务、管理、文化、广告、形象等六个基本要素组成。其中,文化是品牌的内涵,更是品牌的灵魂,只有富有相当意义的文化内涵的品牌,才能长久地保持在游客的记忆中,所以说,城市文化是城市旅游品牌的依托,城市文化深化了旅游城市品牌的内涵,有利于旅游城市品牌的建立,更利于其传播。

旅游也促进了城市传统文化的保护复兴。由于了解和体验不同文化是旅游者的主要动机之一,城市旅游地在旅游开发中就有可能重视历史文化遗产的保护、开发和利用,以便尽可能多地吸引旅游者。第二次世界大战以来,随着世界旅游业的蓬勃发展及旅游产业经济优势的凸显,许多国家或地区都逐渐对民族传统文化采取了系统的保护、挖掘和利用措施,以使本国、本地旅游业更具特色和魅力。因此,一些原先几乎被人们遗忘了的传统习俗和文化体育活动又得到开发与恢复,一些国家或地区、城市从经济建设总体的高度研究民族传统文化的保护和发展,把民族传统文化遗产的保护和开发纳入城乡总体建设规划之中。因此,世界旅游组织指出,具有文化价值和旅游价值的东西,旅游有能力保护、拯救和复兴它们。

最后,旅游还促进城市文化的对外交流。文化沟通、文化交流是文化发展的前提。旅游活动对文化沟通和文化交流的促进优势十分明显。首先,这是一种人群与人群之间的直接交往,而不是以文字、图片、有形物品等形式,或以个别人为代表的间接沟通或信息传递,是对文化的亲身体验。其次,旅游体现着各种社会文化现象的交叉和渗透,其中不同文化主体间的沟通内容涉及甚广,几乎无所不包。再次,旅游是人类的和平交往,是人类文化最理想的交流方式。

（二） 广州旅游文化开发现状

旅游文化开发具体到操作层面上，包括文化载体的修复、文化包装、文化融入、文化活动、文化行为体现、审美引导等。从旅游文化的分类来看，旅游开发既包括对静态景观如历史遗迹、古建筑的修复，也包括动态景观如民俗节庆、饮食文化的再现，以及文化旅游产品如文化旅游线路、文化旅游商品等的设计和推广。广州拥有丰富的旅游文化资源，但在开发实践中，由于主流文化定位不明确，历史文化古迹恢复不足，文化旅游产品开发不足，导致文化形象缺失，文化吸引力不足，未能成为真正的旅游目的地。

1. 广州拥有丰富的旅游文化资源

前文所述，旅游的文化属性决定了一个城市的历史文化资源同时也是它的旅游文化资源。

广州历史文化资源一览表

分　类	具体表现
山水生态文化资源	白云山、越秀山自然文化资源 珠江风光文化资源 羊城八景文化资源
历史文化遗产资源	文物文化资源：广州的文物反映了四千多年文化的历史和两千多年建城的文明史，众多的文物就是一部石头史书。 南越国史迹文化资源 海上丝绸之路史迹文化资源 近现代革命史迹文化资源
商都文化资源	历史商都文化资源 “广交会”文化资源 传统专业购物街文化资源
特色建筑文化资源	古建筑 清末民初传统民居和商业建筑 传统风格的中西合璧建筑 园林式宾馆和园林式酒家、茶楼 宗教庙宇建筑

续表

分 类	具体表现
民俗与工艺文化资源	广州方言文化资源 民俗风情文化资源:节庆文化宗教文化神灵信仰饮食文化 传统工艺文化资源:广雕、广彩、广绣,历史上闻名遐迩
现代都市文化资源	形成了从沿江西路酒吧广场到中山大学北广场和滨江东路高层的江景豪宅建筑群;从二沙岛的星海音乐厅到珠江公园的珠江岸边绿化带,从流花路、环市东路到天河北路的高层建筑群等
历史名人文化资源	赵佗、杨孚、惠能(禅宗六祖)、林则徐、洪秀全、孙中山

总体而言,自古以来丰富的历史文化资源形成了广州独特的城市文化,广州从公元前214年开始进入了城市文明,社会迅速发展,从而有了"六城"特色。总概起来是:羊城、古城、港城、商城、花城、名城。梁明珠把广州旅游文化资源总结为在岭南文化这一广州传统文化文脉下的,涵盖商都文化、港市文化、花城文化、饮食文化、文物、工艺文化等多个层面。

2. 广州旅游文化开发不足的表现

(1)"历史文化"形象缺失,对"岭南文化"内涵理解不足。

根据《广州市旅游形象调研报告》显示,游客认为广州旅游形象"历史文化"形象缺失,对"岭南文化"内涵理解不足。城市旅游形象是指某一城市内部居民和外来旅游者对该市旅游的总体感知印象。例如北京、西安以古都、古墓、古城墙著称,桂林以山水著称,一提起上海就会想到外滩、东方明珠等。然而由于广州旅游形象的定位不明确,广州的形象有点模糊,未能突出广州的旅游特色,曾经有人对广州作出这样的评价:"广州什么都有,什么都没有,是一个说不清的城市。"旅游者来到广州,觉得广州没有什么特别值得看的景点,去不去都无所谓,因此来去匆匆,只把广州作为一个"中转站"。

之所以得出这样的结论,主要原因在于近十几年来,广州景点开发不注重对岭南历史文化的发掘。广州原有的一些景点大部分分布在旧城区,如有"未有羊城,先有光孝"之称的光孝寺,以及五仙观、清真贤古墓、圣心教堂等,虽然历史悠久,是广州历史的见证,足可以包装成为广州特有的景点,但由于规模比较小,而且久不修葺,未注入新的内容,给游客的感觉就是破旧、毫无特色可言,吸引不了游客。90年代初,广州也开始注意到发展旅游业的重要性,但相当多的投资却放在大量缺乏特色的主题公园上,有些甚至停留在低层次的仿制技术上,放着数以百计的文物古迹以及珠江、西关等岭南风情不去开发,把广州本应有的历史因素有意无意地抽空了。《新快报》2007年2月20日报道:作为国家级历史文化名城,广州现有的二百多处文物保护单位还有三分之二没有很好地开发利用,闲置乃至荒废,淹没的珍贵文物资源甚多。一些知名度较高的文物保护设施至今仍被占用或处在风雨飘摇中,如越秀山明代城墙等。一些文物景点如南海神庙和黄埔军校旧址的交通条件至今仍不够理想。这些状况很大地影响了文化旅游的发展。

尽管在《广州市城市总体规划》中将广州作为历史文化名城的保护问题提到议事日程,《中共广州市委关于制定全市国民经济和社会发展第十一个五年规划的建议》指出,围绕"文化名城"和"生态城市"定位,"十一五"期间广州将遵循城市规划建设的"形态"与文化蕴藉的"神态"的有机融合,不断传承与弘扬岭南历史文化精华,城市文化生产力、竞争力和辐射力进一步增强,成为古今相承、中西融汇的文化名城。同时,以"山、水、城、田、海"的自然格局为基础,逐步实现由沿江城市向现代化滨海城市的转变,建成布局合理、功能完备、环境优美,岭南自然景观与人文景观兼备、适宜创业发展和生活居住的现代化生态城市。但在执行层面还需要有更多具体的行动。

(2)由于文化资源开发不足,广州还未实现从重要的旅游客源地向旅游目的地城市的根本性转变。

广州近二十年来,是一个以经济因素为主要吸引力的旅游城市。从客源结构分析,广州旅游业客源主要类型为:商务+观光,购物+观光,会务+观光,过境+观光等。根据海外游客在广州的旅游目的调查显示,观光/游览客仅为24.24%,休闲/度假为10.53%,探亲访友为14.75%,商务却占了40.29%。从广州入境游客统计数据显示,以探亲访友为主要目的的港澳游客近六年来均超过55%,占绝对主体。而入境游客人数2006年与2000年相比,增幅低于北京、上海，总人数则被上海赶超。由于入境游客停留时间短、消费低，即使接待游客人数不算少，但旅游创汇均低于北京、上海，说明到广州过境游和商务旅游占主导的地位未能真正改变。而这种经济过境地优势，不具有独占性与垄断性，是经济发达后的副产品。因而一旦其他地区与城市经济发展、交通便利后，这种优势必然下降或消失。

2001—2006 年广州入境游客客源结构对比 （单位：万人次）

年度	入境游客总数	外国游客	所占比例(%)	港澳游客	所占比例(%)
2006 年	564.23	207.53	36.78		
2005 年	510.31	176.65	34.62	292.3	57.2
2004 年	437.15	138.96	31.78	260.3	59.54
2002 年	473.97	128.86	27.19	301.27	63.56
2000 年	420.73	108.44	25.77	271.36	64.50
1998 年	303.59	61.52	20.26	192.53	63.42

2000 年、2006 年广州、北京、上海接待入境游客人数比较（单位：万人次）

	2000 年接待入境游客人数	2006 年接待入境游客人数	增幅(%)
广州	420	564.23	25.6
北京	280	390.3	28.3
上海	181	605.7	70

2000 年、2006 年广州、北京、上海旅游创汇比较 （单位：亿美元）

	2000 年旅游创汇收入	2006 年旅游创汇收入	增幅(%)
广州	15.0	27.9	46
北京	27.6	40.2	31
上海	16.1	39.6	59

(3)文化旅游产品单一。

如前所述,旅游活动作为一种社会活动系统,包括旅游活动主体、旅游活动客体、旅游活动媒体三要素。由于历史文化资源在旅游业三要素中没有确立其主体地位,旅游吸引物,包括旅游景观、旅游线路、旅游商品等旅游六要素中的"游、购、娱"方面,必然缺乏文化含量,文化旅游产品单一,导致对旅游者和旅游企业的吸引力不够。

尽管在旅游局的宣传资料中广州旅游线路有许多条(如下表),但真正运作起来并有成效的,就只有"广州一日游"和"珠江夜游"。省外游客、海外游客比重逐年加大,据统计,来广州旅游的客人中,六成半选择"一日游"。逐渐形成广州旅游的拳头产品。这主要得益于市委市政府的高度重视、媒体的推波助澜、旅游企业的切实行动。

"广州一日游"成为广州市一张亮丽的名片,也逐渐增加历史文化内涵的分量,有多种选择。如将西关风情和珠江夜游有机结合起来"西关风情游"、"文化一日游"、"科普一日游"、"迎九运一日游"、"新城区一日游"、"购物一日游"、"历史渊源一日游"、"西关一日游"等线路经重新包装推向市场,吸引了广大游客,同时也促使了游客留穗过夜天数有所增长。珠江游也不仅限于观赏,也成为一种生活方式,成为谈生意、谈公务或者邀朋聚友、休闲放松的场所,让游客体验到与岸上活动截然不同的享受。

但经过几年的市场检验,广州的文化旅游产品呈现形式单一,文化缺位的情形。广州一日游线路停留于走马观花,更多体现广州文化的文物景观、民俗节庆活动、饮食文化等体验式的旅游方式未能开发出来。珠江游也出现游客下滑,游客反映常年航线不便,停留于看灯饰、看桥,出现"文化缺位",渐渐失去吸引力。

广州旅游线路一览表

线路名称	所包含的主要景点
广州经典一日游	五羊石像、广州博物馆、陈家祠、二沙岛、黄埔军校、中信广场、黄花岗公园、中山纪念堂、珠江新城、光孝寺等

续表

线路名称	所包含的主要景点
珠江沿岸文化史迹游	西堤码头、沙基惨案纪念碑、大元帅旧址、沙面欧陆风情区、永安堂、琶洲塔等
岭南园林文化游	粤晖园、兰圃、馀荫山房、宝墨园等
先烈路近代革命历史遗迹游	十九军淞沪抗日阵亡将士陵园、黄花岗公园、中国国民党一大旧址、大元帅府、农民运动讲习所、三元里人民抗英纪念馆
广州文化艺术游	红线女艺术中心、广东美术馆、星海音乐厅、广州杂技团、广州芭蕾舞团、广州艺博苑等
宗教文化风景线	从解放北路——六榕路——光孝路——光塔路——一德路有三元宫、六榕寺、光孝寺、光孝堂、怀圣寺、五仙观、石室圣心堂等五个宗教的七个寺庙和清真先贤古墓等八个宗教文化旅游点,是一条独特的风景线
古城传统中轴线	从越秀山镇海楼、中山纪念碑、中山纪念堂、市人大常委会大楼、市政府大楼、人民公园、海珠广场至海珠桥,全长约5公里的古城区城市传统中轴线,是从南越国赵佗建越王台、越王宫、越王井开始,南汉时期有呼鸾道、游台,明代有观音阁、镇海楼,从越秀山至人民公园、起义路一带,元、明、清、民国直至解放后都是官府衙门重地,历经二千多年逐步形成的,在民国时期建筑了中山纪念碑、中山纪念堂、市府合署大楼、海珠桥四个标志建筑后基本定型
新城市中轴线	天河新城区和珠江新城建设后规划建设的新发展区的中轴线,北起瘦狗岭,经火车东站(广场)、中信大厦(80层)、天河体育中心、二沙岛,跨过珠江至琶洲塔、洛溪新客运港口的新城区中轴线。

(三)整合历史文化资源与促进旅游文化发展

在休闲经济、体验经济来临的时代,旅游文化的发展已经成为旅游业新的增长点,旅游文化的开发层次及主题定位的准确与否是旅游资源转化为高效益旅游产品的关键。所以从某种意义上讲,旅游文化是旅游城市最为重要的资源,是城市旅游业可持续发展的源泉。另一方面,发展文化旅游也是一座城市的历史文化资源得到有效整合的方式之一。

1. 构建浓郁的岭南旅游文化氛围,挖掘旅游景观、旅游活动、旅游产品的文化表现力,增强旅游业发展的核心竞争力

历史文化资源是一个城市历史积淀深浅的表现,城市历史越长,旅游资源的文化意义就越强。历史文化资源也是一个城市文化品味的重要表现,是一个城市文化个性的生动体现,也是一个城市成为文化名城的一种最独特的文化优势。梁明珠在《广州旅游文化资源总体构想框架》中指出:"岭南文化是潜在的主线,可将各层面的旅游文化连接相串,集中反映城市个性,并表现旅游开发的无限创意。"作者认为围绕岭南文化,从商都文化、史迹文化、节庆文化三层面展开。抓好这三个文化层面,既可显现旅游文化的静态情韵和动态活力,又可突出旅游主体,形成有效整合,使近期旅游开发达到最大效益。广义的史迹文化,涵盖了宗教文化、古建筑、古园林、港市文化等,因而可作为一个整体统筹考虑;节庆文化可有效扩大市场规模,还可将民俗文化、花城文化、饮食文化、音乐艺术、体育文化融入其中,使之更为生动与丰富。

岭南文化产生于一定的历史时期及其一定的地理环境之下,它既是历史的又是现代,因而具有独占性与不可再造性。同时岭南文化以其革新、多变的节奏和生猛的意向性,演绎和派生出丰富多彩的表现形式,从固体的建筑到流动的音乐,从诗歌到绘画,从人文古迹到饮食文化,从古到今,既有阳春白雪也有下里巴人,充分展现其具有一定的垄断性、层次性和丰富感。广州作为岭南文化汇集地,集聚了上百年的历史和改革开放精华,因而,具有独特地方色彩的岭南文化,毫无疑问是广州可开发的最佳旅游资源和核心文化资源。

就静态景观而言,历史遗迹是旅游文化的"硬件",这一"硬件"的建设,既是对旅游文化的深层次开发,又是城市文化借助旅游文化的载体。任何一座有历史价值的建筑物,都象征了某种文化的符号与历史意义,其内涵是城市文化历史的积淀,能反映出旅游地固有的个性风貌,是向外界标志旅游地独特存在价值的商标和载体,能塑造和强化城市特色。目前在学术界的讨论中,基本已形成共识:一是修复南海神庙、黄埔村千年古港,凸显广州是我国古代海上丝绸之路的发祥地;二是打造陈家祠、西关大宅等观光项目的旅游线,凸显广

州是岭南文化的中心地;三是把黄埔军校旧址、孙中山大元帅府作为中国近代革命运动的策源地来表现;四是修复十三行等商都文化。

动态旅游景观文化如风土人情、民俗习惯是从人们物质环境生活中升华为文化的一些具体内容。从历史学和文化学的角度来说,风土人情和民俗习惯是在长久的历史过程中,一定地域的人类群体因与种种特殊的生活方式、生产方式相联系逐渐形成并确定下来的一些活动项目与心理模式。它们的历史成因、文化内涵和地区环境影响等构成要素使其成为城市历史文化资源传承的有效载体。在岭南文化为主体的文化圈内,恢复节庆活动、饮食文化习惯等。在线路设计方面,巩固提升"广州一日游"、"珠江夜游"等传统优势品牌,挖掘利用特色历史文化资源,开发特色风情旅游线路,丰富旅游文化内涵,都能有效促进城市旅游文化的凸显。

2. 在弘扬旅游文化的过程中,进一步传播和发扬了城市历史文化资源。

历史文化的形成、积淀和传承需要依靠人类活动作为载体,人类的旅游活动是城市历史文化的传承形式之一。正如世界旅游组织指出的,具有文化价值和旅游价值的东西,旅游有能力保护、拯救和复兴它们。城市文化借助旅游文化的表现形式可更为形象和生动。充分发掘城市的旅游文化资源,可通过人的功力将城市特色形象生动地烘托出来,从全方位、多角度构筑城市整体旅游优势。

广州还是一个民俗风情相当丰富的城市可以通过大力传播动态旅游景观文化,弘扬岭南传统文化,提升旅游文化内涵。如"食在广州"、"饮茶社交活动",广州的方言、建筑、戏剧、画派融合了外来文化的因素。广州的守岁习俗,隐约保留了农业社会祭祖仪式的痕迹。特殊的物候现象、季节转换、植物的生长、水文变化规律化生出花街、花市、登观音山、重阳登高、斗龙船(扒龙船)等传统习俗以及南海波罗诞等地方宗教仪式。另外,"三月三"、泼水节、风筝节、叼羊赛马会、珍珠节、火把节、冰雕节、下对歌会等,广州的行花街、"清明拜山"、端午扒龙舟、重阳登高等也是具有典型地方特色、极具魅力的旅游景观。将这些群众自发的活动加以组织和包装,成组成团、成批成套的表演参与完全可以向外推广,形成中国南方传统节日游、竞赛观赏游是很有社会基础的动态旅游景观创建项目。另外,广州地区的婚嫁习俗、岁时习俗、信仰习俗等均可借助传统民居(群)、会馆、祠寺等有特色的内外传统习俗空间进行模拟演示、展览,可获得非常好的效果。

以上说明,旅游活动在对传统文化的挖掘、修复、再现过程中,不仅提升了旅游活动的吸引力和生命力,也渐渐完成了对传统文化的沉淀、转换和发扬。实现了历史文化资源整合与旅游文化发展的双向互动。同时要注意的是,二者的互动并不是完全一致的,如果不能处理好开发与保护、局部与系统、文化意义与经济效益的关系,也会出现旅游活动对历史文化资源的负面作用。

四、广州演出行业调查报告

(一)调查说明

广州演出市场调查是立足于广州地区总体的演出行业而进行的一项调查,它是2004—2005年度广州市社会科学院所进行的文化产业市场调查的一个有机组成部分。本项调查范围比较广泛,既涉及国有演出院团(省、市属),也涉及一些社会办团,具体调查对象包括演出团体、演出商(演出公司、演出经纪公司)、演出场馆,尤其是过去不大为人看好的演出,如酒吧、夜总会演出,广场演出等等。

本次调查,事先已根据初步获取的信息,制定了演出市场调查工作大纲,该大纲依据调查对象、任务的不同,分为政府管理部门、演出团体、演出商和演出场馆几个组成部分。此外,就演出市场票价承受力问题,调查组另外设计了一套抽样调查问卷。

具体采用的调查方法包括:

(1)小组焦点座谈,主要访谈对象为演出团体、剧场、演出商的重要管理人员,访谈前已将调查大纲电传给这些单位,然后约定时间会谈,围绕大纲所列示的问题,听被访单位介绍情况,或提出问题由其解释。

(2)现场观察,主要是对演出场馆经营状况的现场观察,了解其演出内容、观众人数、特征、营业情况,如对星海音乐厅,彩虹剧场、咆哮吧、哈乐吧、好又多广场演出,就采用了这种调查方法。

(3)个案跟踪,主要针对一些有典型意义的个案,进行多次的阶段性访问,了解其经营过程,情况变化,以便对这一个案有一个全面的了解,如对省、市歌舞团的调查就采用了这种方法。

所有的重要调查访谈都作有笔录,调查后再由专人进行整理,如有不清晰处,由专人与被调查单位进行核实,以便调查报告的撰写者对其进行分析判断。

调查路径如下图所示,分现场访谈与文案调查两条线路,由上而下,逐步深入地展开。

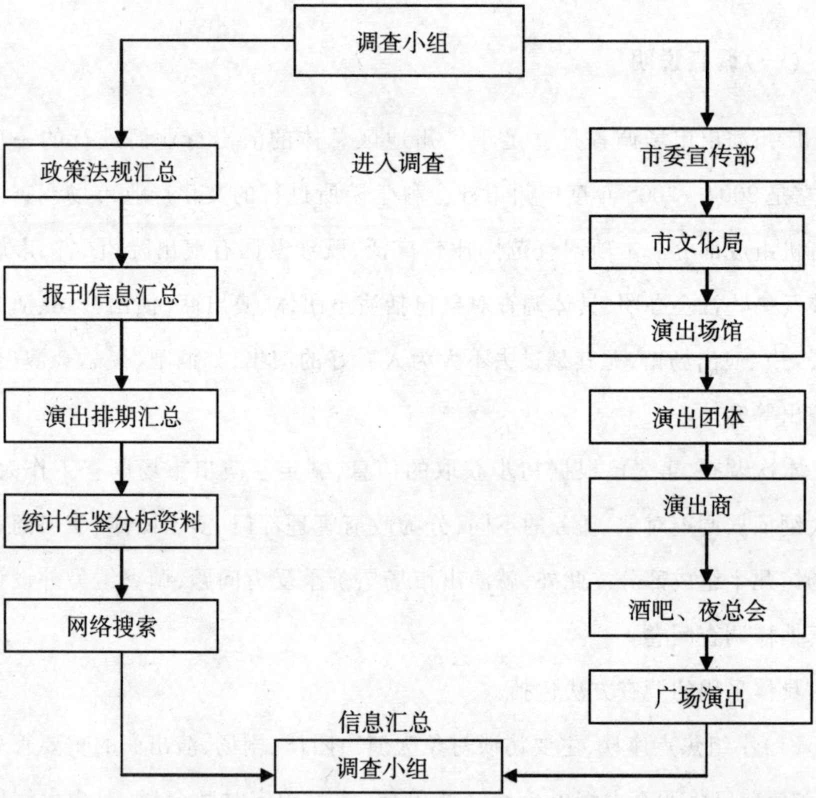

调查程序

(二)演出市场概况

演出市场由三个要素构成:演出团体、演出商和演出场馆。

1. 演出团体

广州目前共有各类登记的演出团体约八十多个(如果加上一些场馆未登

记的演出组合、小乐队和演出“游击队”,广州总的演出团体数量不下150个),其中隶属省市政府主管部门的国有演出团体有18个(市属8个,省属10个),其他社会公办团(包括民营、挂靠、合资、股份制团体)六十多个。上述演出团体中,拥有百人以上的都是国有团体,更多的演出团体人员在20—30人,特别是大量民间演出团体以及季节性、临时性的演出团队,大都规模小,队伍不稳定,甚至是空壳团队,只有在接到演出订单时,才临时组建。

此外,需要强调的是,港台和国外的一些知名演出团体也早已进入广州市场,成为一支重要的力量。它们运作的演出完全商业化,运作的商业技巧和营销策略也十分成熟,往往在相对平静的广州市场掀起巨大波澜。如前几年在粤体中心举办的F4广州演唱会,在天河体育中心举办的林子祥、叶倩文经典金曲广州演出会等等。

在专业演出团体的艺术门类方面。国有演出团体涉及广泛的艺术门类,包括歌舞、交响乐、民乐、曲艺、芭蕾、粤剧、话剧、杂技等项。其中能上演大型综艺歌舞的团队就有4家,即省歌舞剧院、广州歌舞团、南方歌舞团、军区歌舞团。以粤剧、曲艺、广东民乐为主打项目的团队占了相当大的比例,其余不同的舞台表演团队若干支。

2. 演出商(演出中介)

广州地区的演出中介公司,是地区演出市场最为活跃、最有创新精神的一种市场力量,几乎90%以上大规模商业演出,特别是涉外演出,由演出中介机构进行策划、运作。

广州注册登记的演出中介共有22家,基本上可分两类。比较典型的中介公司是国有演出公司,在演出新条例颁布前,国家一类的演出公司一家,即省演出公司,国家二类演出公司一家,即广州市演出公司。其他民营演出中介机构受当时演出政策的框架限制,并不能堂堂正正地成立演出公司,而只能成立一些文化类公司如文化发展公司、广告公司、艺术传媒公司等等。这类公司不能独立经营演出业务,通过挂靠和借牌来策划、承办具体演出业务。他们可以独立策划演出业务并与境内外演出团体、演出商协商演出的意向性合同,然后找一家正规的演出公司合作，以该公司名义主办演出，并由该公司申请本项演出许可证，民营公司在支付10%—15%的业务代理费后，再独立承办整台演出。

民营演出机构一般都是一些小公司，三五个人，七八条枪，一间小办公室，三五台电脑加一部电话，没有业务的时候，办公室可能几星期不开门，但经营演出业务的民营机构，其公司运作人员往往与演出管理部门、演出团体、演出场馆有着千丝万缕的关系，与境内外大型演出商、演出剧团也能轻易建立沟通渠道，因此其市场信息非常丰富，市场嗅觉十分灵敏，规避市场风险的能力也比较强，往往一两个人的秘密策划，便能做成一台有较大市场效益的商业演出。从近几年广州举办的大型商演看，不少是民营演出机构承办的，或者独立引进境内外演出团体到穗演出，或者与京沪各地的演出中介机构合作，在广州、北京、天津、上海、西安各地演出。

承办演出业务以外，演出公司和民营中介机构的业务还涉及许多相关领域，如传媒广告、影视策划、公关庆典礼仪、图书音像经销等等。

3. 演出场馆

广州有营业性演出的演出场所45个，其中设施相对完善的演出场馆有16个，最早的是建于1951年的平安大戏院，最新的是民营企业于2001年创办的番禺丽江歌剧院。从其权属看，分属于省、市文化、市政园林、体育、军队等部门。上述场馆中，体育类场馆和中山纪念堂建筑规模比较大，可以举办大型商业综艺歌舞演出，星海音乐厅是国内最先进的音乐专业演出厅，至于市属的几大戏院，设施比较老化，一般适用于传统的粤剧和地方曲艺演出。

统计显示，上述场馆中，共有各种观众席位150114个。其中体育场馆类共138000个，剧院类座位数6485个（未包括番禺丽江明珠），音乐厅座位1960个，四大戏院加彩虹剧场共3669个。从分布比重看，体育场馆观众席位数最多，占总席位的91.9%，剧院类席位占4.3%，音乐厅席位数占1.3%，戏院类占2.4%。

由于体育场馆类的观众席位一般都在8000位以上，而正规演出场馆席位基本上在1500位上下,因此对于高投入、高风险的大型商业演出,正规的剧场、音乐厅因观众席位限制,很难引起知名演出商的兴趣,他们通常情愿花费巨大的舞台灯光、音响等安装配置费用,而选择在体育场馆举行演出,近一年来几场大型涉外商业演出,最终都在体育场馆举行,即是明证。

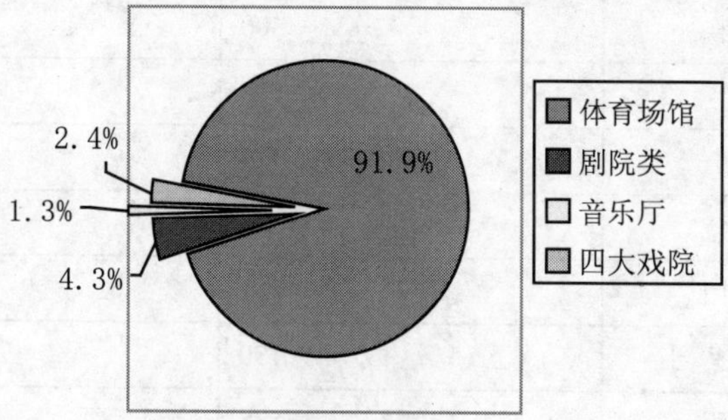

广州地区演出场馆座位分布表

(三)演出团体经营状况

1. 国有艺术团体演出经营情况

本次演出经营情况调查,以市属院团为重点,兼顾省属部分院团。根据广州市文化局艺术处提供的资料,2002年度广州国有艺术院团演出与经营各项指标比与2001年度稍有提高。全年新创作和首演的作品,8个院团共计19个,共完成演出场数1579场,比计划(1350)场增225场,增幅16%;其中境外演出达468场。各院团观众人数达162.9万人,比计划目标人数增33.9万人,增幅达26.3%。全年各院团经营性演出收入共计1229.8万元,比计划目标(908万)净增321.8万,增幅达35.4%。

(1)演出收入。

从各团演出收入占市属国有院团演出总收入的比重看,市歌舞团排在首位,共完成经营收入300万,占总收入1229.8万的24.4%,杂技团完成228万,占18.5%,粤剧团完成174万,占14%,红豆团完成141.5万,占11.5%,芭团完成137万,占11%,曲艺团130万,占10.6%,木偶团75.8万,占6.16%,话剧团 43.5 万，占 3.53%。

2002 年市属院团演出经营收入（单位：万；%）

演出团体	年经营收入	占全市演出收入百分比
市属演出团体	1229.8	100
广州歌舞团	300	24.4
广州杂技团	228	18.5
广州粤剧团	174	14
红豆粤剧团	141.5	11.5
广州芭蕾舞团	137	11
广东省音乐曲艺团	130	10.6
广东省木偶团	75.8	6.16
广州话剧团	43.5	3.53

(2)单场演出平均人数与平均收入。

统计显示，单场演出平均观众人数最多的是市歌舞团演出，每场观众 4000 人，其次是红豆团、粤剧团和芭团，每场观众人数分别是 1575 人、1246 人和 1240 人。曲艺团、话剧团、木偶团观众人数较少，每场分别为 978 人、872 人、643 人，杂技团表演受场所制约，平均每场观众人数最少，仅 291 人/场。

院团演出平均每场观众人数（单位：人/场）

市歌舞团	4000 人/场
红豆团	1575 人/场
粤剧团	1246 人/场
芭团	1240 人/场
曲艺团	978 人/场
木偶团	872 人/场
话剧团	643 人/场
杂技团	291 人/场

从单场演出收入分析,歌舞团平均演出收入 25000 元/场,芭团 16506 元/场,粤剧团 12985 元/场,红豆团 11142 元/场,其他各团演出平均每场都在 6000 元以下,其中木偶团、话剧团演出收入比较低,每场分别是 2354 元和 2919 元。

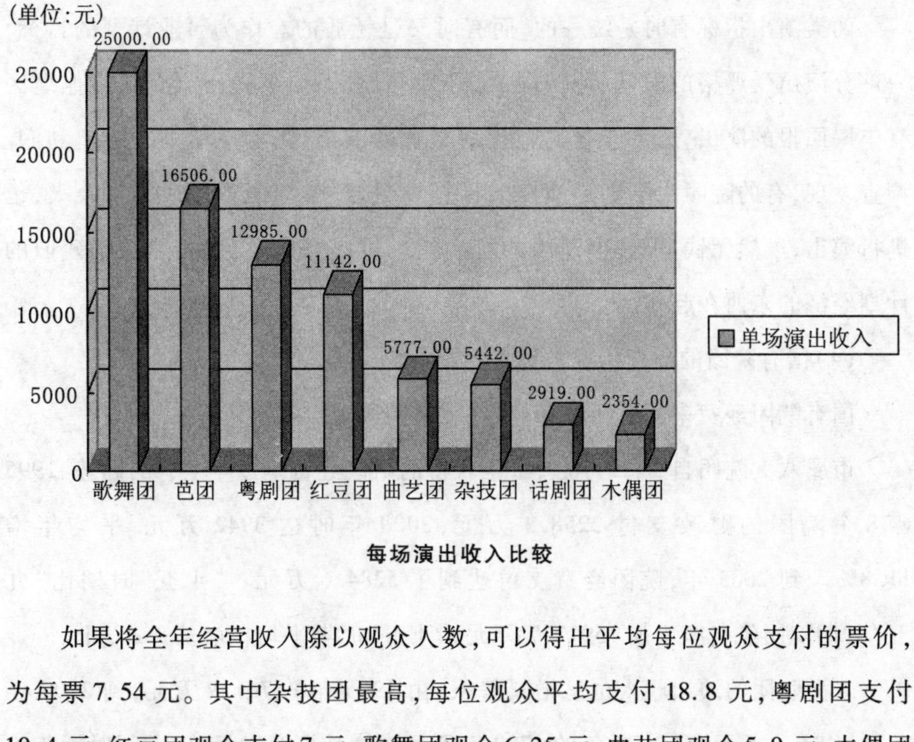

每场演出收入比较

如果将全年经营收入除以观众人数,可以得出平均每位观众支付的票价,为每票 7.54 元。其中杂技团最高,每位观众平均支付 18.8 元,粤剧团支付 10.4 元,红豆团观众支付 7 元,歌舞团观众 6.25 元,曲艺团观众 5.9 元,木偶团和话剧团观众最少,仅需支付 3.66 元和 3.35 元。

(3)国有院团的演出目标。

市属国有院团属于差额拨款的事业单位,一方面承担着占领文艺宣传领域的政治职能,另一方面它又面临市场竞争和挑战,要生存下去,需要向市场提供特有的服务,获得资金与发展的机会,因此如同国内大部分的国有演出团队一样,它同时面临的工作目标即政府事业职能的宣传目标和谋取市场份额求取生存空间的经营目标。由此市文化主管机关对这些院团的管理也预先制定了两套目标:

作为文化事业发展的目标	立足于市场的生存目标
1. 新创首演剧种 2. 演出场次 3. 观众人数 4. 获奖指标	经营收入:票房收入 非票房收入 剧团经费的自给率

两类演出指标有时是统一的,而有时又是矛盾的。作为事业计划的目标,一部分演出受严格的时间、地域限制,必须参加,即便不得已放弃在其他地区有丰厚回报的演出,这意味着实施计划指标的演出,将牺牲不小的营业利润。调查发现,有的院团为了满足演出的计划场数要求,即便观众才二十余人,也进行演出,虽然无钱可赚,但演出的场次指标可以完成了,这显然还是残旧的计划经济的东西在起作用。

(4)国有院团的经费构成与经费自给。

国有院团经费来源有两项:财政拨款和院团演出收入。

市属八大院团自1995年起,每年获得的财政经费呈逐年上升的趋势,1995年8个院团的财政支付2258.3万元,2000年时达3942万元,平均年增11.8%。到2005年,院团经费支付达到了5284.6万元。“十五”时期比“九五”时期院团经费净增加15917.7万元,“十五”时期平均年增长8%以上。

八大院团的演出收入也呈增长势头,由1995年的741.9万元,到2000年达到1483.4万元,到2005年的1788.1万元。增长幅度方面,“九五”时期年均增长14.8%,“十五”期间年均增长3.8%。“十五”时期比“九五”时期增加演出收入1372.3万元。

随着财政经费与演出收入增加,八大院团的经费自给率却呈现出缓慢下降的趋势。1995年剧团经费自给率为36%,2000年为30%,至2005年则降为24%,下降的幅度还是比较大的。

省属院团的资料不完备,总体情况不好判断,但从间接渠道获得的信息发现,不少剧团的经费自给率自“九五”时期以来即已达到50%以上,有些甚至在60%—70%以上。如拥有省歌舞团、民乐团的省歌舞剧院,2002年财政拨款

(人头费)497.5万,演出收入达520万,演出收入还略高于财政拨款的收入。

"十五"时期广州市剧团经费投入情况统计表

指标名称	单位	2000年	2001年	2002年	2003年	2004年	2005年	"十五"时期累计	"十五"时期平均增长(%)	"九五"时期累计	"十五"时期比"九五"时期增加
剧团经费	万元	3946	6229.5	8026.9	7222.3	6235.4	5824.6	33538.7	8	17621	15917.7

市属院团2003年上半年演出统计

剧　团	演出场次	观众人次	演出收入(元)	备注
广州粤剧团	44	83000	1071000	
红豆粤剧团	48,广州9	79180,5000	802000,53000	
广州话剧团	8	1200	1108	
广州芭蕾舞团	12	14000	39000	
广州歌舞团	35	258762	1320000	
广州杂技团	80	826458	134809	
广东音乐曲艺团	439	136466	500000	(含茶座361场,观众73180人次,收入90200元)
广东省木偶剧团	193	69999	350000	
合计	859	1469065	4568917	

市属院团离退休人员经费缺口表

单位	退离人数	拨款数	支出数	缺口数
粤艺中心	238	4702570	5746352	1043783
歌舞团	56	1198198	1410121	211923
曲艺团	55	1084992	1368971	283979
杂技团	49	953593	1226462	272869
话剧团	37	950670	1137799	187129
木偶剧团	41	825758	990426	164668
合计	476	9715781	11880131	2164351

2. 其他营业性演出团队情况

(1)艺术门类。

除省、市属国有专业剧团,广州地区另有60家登记的营业性演出团队。这60家演出团体所有制属性比较复杂,有个体经营,有集体经营,有隶属于宾馆、酒店和大型游乐场,也有隶属于区街文化部门。从演出门类看,基本分属于歌舞、曲艺(粤剧、戏曲)、音乐、时装模特和其他类(杂技飞车、话剧等)。其中曲艺、粤剧、戏曲的团队最多,有23家,占38%,歌舞团队22家,占36%,时装模特表演队7家,占11.6%,音乐6家,占10%,其他2家,占3.3%。考虑到有些时装模特团队兼职歌舞,而歌舞团队也有兼职时装表演,因此实际占最大份额的演出团队应该是歌舞团队。

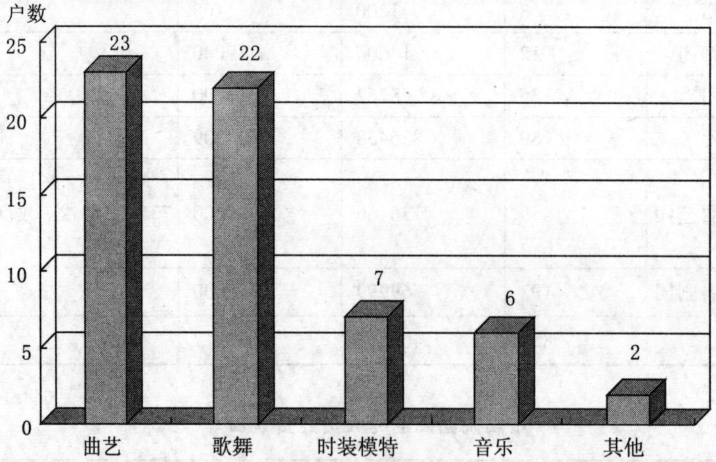

营业性演出团队的演出艺术门类

(2)营业情况。

虽然登记营业性团队有60家,但初步摸查发现,能保持经常性演出的团队不足半数。金雀歌舞音乐队、广粤综合艺术团过去一直驻店(宾馆)演出,但因市场低迷,现在已不开办演出。近年来,这两个团队基本没有演出,处于歇业状态。有的团队原来是企业投资创办、作为企业营销的一个手段而开展演出,随着企业经营状态的变化,这些团队或解散或无定期推迟演出,像小天鹅集团的艺术团、东方乐园的歌舞团、新疆大厦的新疆歌舞表演团,都一度停止了演出。有的表演团队虽然仍注册在案,但办公场馆变化,或人去楼空,仅留下一个手机号码,甚至手机也早已换号了,像数年前曾名震一时的民族之花艺术团就是这种情况。

营业中的演出团队通常是受到邀请才开始计划演出。演出除了在酒店、夜总会、酒吧和其他娱乐场所,就是应企业和基层政府的邀请出演,这些演出就集中于年节假日,以企业庆典所占比重最大。也有一些团队的演出是企业产品促销活动的一个组成部分,如好又多棠下店的演出、广客隆家居城前的演出、中华广场的演出、东峻广场的演出,多以歌舞演出为主,每次演出仅有演员5—6名,所演节目不过8—10个,演出时间约1小时左右。

演出收益并不丰厚。据某团队经理介绍,如果有一支稳定的演出团队,如果仅仅依靠演出的收入,那根本无法维持团队的生存。演出团队除演出外,往往还走多种经营的道路,如经营音像、图书、广告、时装等等。从了解到的情况看,经营一场时装表演需5—6个演员,通常收费800—1000元,演出时间40分钟。另据红荔音乐团介绍,一场小演出,歌舞、杂技拼合而成,其中两个歌手唱半小时,其他舞蹈杂技约1小时,整个团队7人,演出收入平均每人约200元,整场演出不超过2000元。因此为节省费用,这些演出团队的负责人往往手下并没有一支稳定的团体,而是接到演出订单后,凭着熟悉的圈子临时拼团演出。通常有一个星期的时间准备,就可保障演出。演出总收入中,团队收取30%的费用,其余归演员所有。

当然也有一些挂靠机关下属机构的演出团队比较有实力,如几年前颇负盛名的流行前线艺术团,有签约演员16名,一场演出可有10名演员出场,节目质量比较高,内容也很丰富,但收费稍高一些,一台组合演出约1.5小时,收费在4000—5000元之间。除表演外,还从事音乐歌手的专辑制作,收入来源的渠道相对多些。

(四)演出场馆经营与演出排期分析

1. 演出场馆的经营模式

广州有16个演出场馆,因各自条件不同,其经营各有特色,但总体上看,其经营无非是自主演出和出租场地两种模式。大部分剧院都在积极策划演出，或者独立组织演出，或者与文艺院团合作推行演出，如星海音乐厅、友谊剧院、中山纪念堂。由于没有场租压力，又往往是与演出团体共享票房收入，从四六、五五、六四不同分成，因此场馆自主的演出是最少风险的。

除了组织演出经营，出租演出场地和其他物业也是演出场馆经营收入的重要组成部分。由于演出市场的竞争和公开化，各场馆的场租也已基本透明，并随淡旺季不同而有所浮动。同天河体育场平均场租费在20万元—30万元之间，“非典”过后，演出市场迅速繁荣起来，体育场场租也随即升到40万/场上下。除了体育场馆外，适宜歌舞、综艺演出的还有中山纪念堂、友谊剧院、黄花岗剧院和星海音乐厅，场租最高6万元，最少0.8万元，具体视演出季节、演出团体及可能的票房收益而定。至于市属的五大戏院，因场馆相对陈旧，设施老化，观众席位偏少，场地便宜很多，从3000元/场至5000元/场不等。场地出租收益，大的体育场馆一年可达500万元左右，小的只有10万元—20万元。

场馆出租对象并不复杂，适宜演唱会的大型专业场馆主要出租给专业演出商和大型企业如联通、健力宝等公司，这些公司在此举办专场酬宾演唱会或召开公司订货集会，或举办大型公关促销活动，等等。中小型演出场馆则主要以当地的企业和机关、事业单位为承租对象，主要用于举办会议、联欢会、戏曲演唱会为主。

此外，大部分演出场馆还有物业出租，通过收取稳定的租金，补贴场馆经营的不足。如有的戏院出租场地供人经营夜总会、酒吧、卡拉OK，或经营饮食店、图书音像店、时装鞋店，甚至涉及健身、棋牌、桌球等项目。由于这些场馆分属省、市体育、市政、军队、文化等部门，个别还是民营企业，因涉及经营内部商业机密和缴纳税费等情况，所以在这方面所获取的有用信息并不是很充分，我们很难对场馆经营的总体情况下

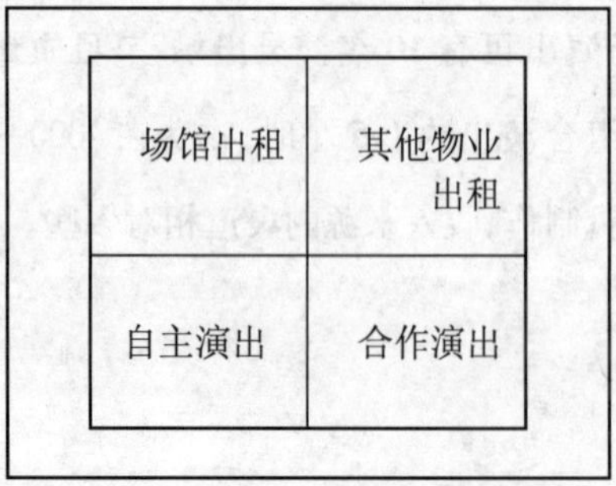

场馆经营模式

一个准确的判断。

2. 演出排期的演出剧种统计

本次调查利用了网上排期资料,虽然不能保证全面,但广州地区大型商业演出全部名列其中,是研究商业演出在不同场馆分布及场馆经营的有效资料。

在2002年8月—2003年7月的13个演出场馆的网上排期中,共有各类营业性、公开售票的演出310场。上述演出中,传统粤剧、曲艺及其他戏剧(如潮剧)84场,各类音乐会(如交响乐、民乐、打击乐、室内乐)98场,歌剧、舞剧(包括芭蕾)43场,综艺歌舞57场,其中大型综艺歌舞34场,港台和境外的歌舞34场。

3. 不同演出的场馆分布

由于各演出场馆席位数、舞台灯光设计及其他相关的技术指数不同,因此各种演出剧种要求不同而在场馆选择方面呈现比较明显的集中倾向。粤剧、曲艺演出主要集中于四大老戏院(光明、南方、江南、平安),音乐则基本集中于星海音乐厅,98场演出,85场在音乐厅,占排期所有音乐会的86.7%,歌剧、舞剧和话剧则以友谊剧院为最,全市55场演出占40场,占全部同类演出的72.7%。涉外的港台的大型综艺歌舞演出则以天河体育场和体育馆为主,占到了此类演出的90%。以上观察发现,大规模的商业演出基本上就是综艺歌舞演出,因演出成本居高不下,演出商通常首选的场馆就是天河体育馆。

2002年8月—2003年7月重大涉外、省外商业演出一览表

场馆	演出剧目	演出时间	票价(元)
天河体育场	刘德华广州演唱会	2002.10.20	300 200 100
	林子祥、叶倩文广州演唱会	2002.12.7	280 200 150 100
天河体育馆	非凡音乐中国之旅	2002.10.18	380 280 180 100
	英国皇家复乐乐团2003年新年音乐会	2002.12.29	500 380 280 180
	Twins广州演唱会	2003.1.18,1.19	380 250 100
	中国歌舞团"秘境之旅"	2003.2.15~16	580 380 200
	罗大佑广州演唱会	2003.2.18	380 280 180 120
	美国TONY披头士演唱会	2003.3.22	300 200 100
	腾格尔广州演唱会	2003.4.25	480 380 280 180
奥体中心	F4 Fantasy广州演唱会	2002.11.23	1000 800 500 300 200 100

4. 演出场馆与演出市场的结构分层

总体上看，广州演出在市场结构上呈现三个层面：最高层次演出，是国家级院团演出和有实力中介商组织策划的港台歌舞综艺演出及境外院团演出，演出通常以体育馆、体育场、中山纪念堂为主；中间层演出，通常以省、市院团和外省市院团演出为主，演出门类最多，通常省、市文化部门审批，院团自行组织售票或接受邀请演出，以国有院团为主，演出常以友谊、黄花岗、星海音乐厅为据点，也包括珠江三角洲周边城市、乡镇的影剧院和文化馆；最基层的演出，有些获得区、市文化部门批准，有些可能未报批，演出场地通常以俱乐部、夜总会、演艺中心、酒吧甚至商场、广场为主，一般由民间演出团体、演出中介商、部分饮食企业甚至自由艺人（包括流浪艺人）组织，演出规模小，如小酒吧演出3—6个演员即可，歌舞为主，伴有小品杂技等项，演出1小时到3小时不等。规模虽小，但演出多，观众多，演出的频度比较密集。

不同演出的经营及其场馆分布

	国家级院团和大规模涉外院团演出：	省市院团、地方剧团演出	民营乐团、兼职艺员、自由艺员演出
审批单位	文化部	省、市文化部门	市、区审批，或未报批
策划组织	演出公司或大中介商	主要由院团组织演出或县、镇政府与企业邀请	歌舞团、小剧团、自由艺人、兼职演员独立策划演出或受酒吧、企业经营者邀请和签约
收入形式	票房收入为主	包场收入为主、门票销售为辅	出场费（150元左右/1小时）
演出内容	综艺歌舞为主	音乐、歌舞、戏剧为主	歌舞为主
首选场地	体育场馆、中山纪念观堂、友谊剧院	音乐厅、影剧院、文化馆、文化广场	酒吧、夜总会、俱乐部
观众人数	数千至数万人不等	1000左右	80—100

5. 国有大戏院的演出经营情况

广州的五大戏院曾经是广州最重要的演出场所,目前除海珠大戏院已停业外,其余戏院还在经营,但状况都不太好,演出业务情况比较相似,都以粤剧、曲艺和电影放映为主,并且走物业出租和多种经营的道路。本次调查,仅以南方剧院的演出业务和江南大戏院的物业出租为研究个案。

(1)南方剧院的经营情况。

南方剧院位于繁华的北京路商业区、西湖路与教育路的交界处,该院建于1937年,用地面积3131平方米,建筑面积2843平方米。改革开放以来,一直是粤剧演出的重要基地。1996年进行了全面改造及装修,观众大厅的座位790个,除以演出为主的经营项目外,还兼营电影,配置可容纳60人的小电影厅及舞厅,总共有观众席位890个。现有在职员工28人,另有离退休职工28人。近两年来平均每年的戏剧演出约180—200场。2002年的售票演出约150场。观众以50岁以上的中老年居多。

南方剧院2002年全年经营收入有150多万元,包括演出收入、物业出租收入两部分。演出经营通常采用与剧团票房分成的方式进行,基本上是五五分成,其他戏院也有四六或六四分成的,具体视演出剧团的知名度、剧目及实力而定。演出票价一般在100元以下,如果是省级团,票价为60—80元,如果是地市级团对,则为30—40元,如果是市文化局统一安排的粤剧普及黄金周的演出,票价则为10、20、30元。如有名家加盟演出,可卖到120元/每张。除了售票演出,还有包场演出,主要是企事业单位和机关团体包场,一场演出在5000—10000元之间。此外,在没有演出的情况下,出租剧院场地,供企事业单位开会、举行公关活动,出租一场3小时,白天2000—3000元/场,晚上6000元/场。如果晚上出租场地是为了演出,剧院还将出动工作人员协助工作。

南方剧院的演出营销手段与其他几大戏院基本相同,演出前送些戏票给电台,电台作为新闻信息播报,接到电台信息的戏剧爱好者便会前来买票。另外,剧院通过观众调查,发现常来本剧院看戏的戏迷有300—400人,有时在演出前也给这些戏迷打电话,宣传演出的情况。演戏完了,时间可能比较晚,剧院会包两部大巴,送那些看戏的老年人回家,也算是方便戏迷看戏了。剧院通常有1—2名工作人员专营演出的组织和推广,没有专门的中介机构参与演出市场的开拓。

2002年全年的票房有100多万元,平均每场演出5000多元。

(2)江南大戏院的物业出租情况。

如前所述,五大戏院的演出以粤剧、曲艺为主,主要消费人群以50岁以上的退休人员为主,消费能力不强,因而各戏院票房并不理想,在此情况下,几大戏院通过经营或出租部分物业增加经营收入。戏院物业经营的领域包括图书、音像、服装、皮具、卡拉OK、夜总会等等,其中以夜总会经营比较有特色,如承租江南大戏院经营的劲舞台,光明大戏院的光明夜总会、平安大戏院附属的夜总会,等等。劲舞台是上述夜总会中经营比较有活力的一个企业,由民营资本承包经营,承包方租用江南大戏院900平方米的场地,每月承包租金25000元,另外还需承担全部的水电费。劲舞台共有150座的大厅和10个包房,以歌舞演出和卡拉OK为主。最低消费一般150元,包房580元。每次演出从晚上9:00—凌晨2:00,通常有4—6个演员跳舞或表演一些杂技项目,节目以青春、活泼、性感、激情为特色,能吸引年轻人光顾其间。据熟知内情人士介绍,旺季每晚平均上座不低于100人,每月营业额应在10万元—15万元之间,旺季每月可达20万元—30万元。劲舞台的歌舞表演经常更新,常有新人、新节目推出,每个歌手、舞蹈演员表演3个节目(半小时左右),支付酬金约100元/人—150元/人。劲舞台的职工有20—30人,应淡季、旺季不同而有增减。职工工资平均每人每月约1000元左右,啤酒推销还另有提成。

广州地区主要演出场馆情况

场馆类型	名称	隶属	建成年份	座位数	场租(节/万元)	适宜演出剧种
体育场馆	天河体育场	市体育局	1987	60000	20—30万	综艺、歌舞
	天河体育馆	市体育局	1987	8000	8—11万	综艺、歌舞
	广东奥体中心	市体育局		6000		综艺、歌舞
	广州新体育馆	省体委		10000		综艺、歌舞

续表

场馆类型	名称	隶属	建成年份	座位数	场租（节/万元）	适宜演出剧种
剧院	中山纪念堂	市园林局	1931	3238	2.6—6万	综艺、歌舞
	友谊剧院	省文化厅		1524	0.8—1.3万	综艺、歌舞
	黄花岗剧院	广州军区	1983	1723		综艺、歌舞
	丽江音乐厅多功能厅		2001		0.9—1.5万	综艺、歌舞
音乐厅	星海音乐厅交响乐厅	省文化厅		1500	3万	音乐、歌剧、舞剧
	星海音乐厅多功能厅	省文化厅		460		
戏院	光明大戏院	市文化局		784	4000	粤剧、曲艺
	南方大戏院	市文化局		790	6000	粤剧、曲艺
	平安大戏院	市文化局	1951	888	400—5000	粤剧、曲艺
	海珠大戏院	市文化局				粤剧、曲艺
	江南大戏院	市文化局	1990	907	3000	粤剧、曲艺
	彩虹剧院	市文化局		300		粤剧、曲艺

2002 年演出排期上主要场馆演出的分布

剧种 / 剧场	大型综艺歌舞	音乐	歌剧、舞剧	粤剧、曲艺	京剧、等戏剧	话剧	魔术、木偶、杂技	相声、小品	合计
天河体育场	2								
天河体育馆	9	2							
奥体中心	1								
广州新体育馆									
中山纪念堂	22	6	2	3	1				
友谊剧院	11	4	29	3		11	2		
黄花岗剧院	4	1	3	3	2				
丽江明珠剧院	2								
星海音乐厅	4	85	1			1	1		
平安大戏院	1			7					
光明大戏院				32					
南方剧院				10			2		
海珠大戏院									
江南大戏院	1		8	23			10		
合计	57	98	43	81	3	12	15	1	310

2002 年度广州市市属艺术(院)团创作演(展)出任务完成情况表

单位	新创作首演(展)作品指标数(个)	完成数(个)	演(展)出场次指标数	完成数	其中		观众人次指标数(万人)	每场人数	完成数(万人)	单场人数	经营性演(展)出毛收入指标(万元)	完成数(万元)	增幅	每场收入
					国内场次	境外场次								
杂技团	1	1	400	419	52	315	12	286	12.2	291	261	228	18.5%	5442
曲艺团	2(大)5(小)	7	220	225	917	8	20	889	22	978	100	130	10.6%	5777
木偶团	1(大)2(小)	3	320	322	296	26	26	807	207	643	27	75.8	6.16%	2354
歌舞团	1(大)3(小)	1	100	120	93	27	30	2500	48	4000	200	300	24.4%	25000
芭团	4	3	60	83	62	19	5	602	10.3	1240	150	137	11%	16500
粤剧团	1(大)	1	100	134	84	52	18	1343	16.7	1246	90	174	14%	12985
红豆团	4	1	100	127	114	20	15	1181	20	1575	60	141.5	11.5%	11142
话剧团	1(大)1(小)	2	50	149	139	1	3	201	13	872	20	43.5	3.53%	2919

（五）演出公司的经营与中介业务流程

1. 演出公司经营的演唱会

演出公司经营的大型商业演唱会通常与境内外演出商合作策划而成。从演唱会内容上看，主要包括三种：综合文艺晚会、综合演唱会和个人演唱会。虽然各自组成有所不同，但主要特征都是综艺演唱。

一场大型涉外演唱会，主办单位可能有4—5家，协办单位7—8家，其中不乏文化部下属公司及其他来头很大的涉外公司，但他们往往不是演唱会的投资主体，而其中并不起眼的承办方即演出中介公司才是演唱会的真正投资主体。

另一方面由于国内省以下各级演出公司大都规模小，投资力量薄弱，很难独立承担一场耗资上百万元的大型演唱会，因此除非有大型企业资金介入，否则大型演唱会通常都以各种合作形式举办。这种合作可分为合资举办、合作主办、合作承办及其他合作方式。依据各种条件，承担出资及风险义务。通常具体合作内容可以包括：

（1）合资举办：海内外的双方共同出资合作主办，国内单位将负责演职人员的交通、运输、食宿、保险、保安、演出场地的租赁。外方机构主要负责演唱会的演员组织、灯光音响设施和舞台设计制作，共同办理政府部门的报批和管理事宜。各方依据投资比例和实际工作内容，议定票房收益的分配。

（2）合作主办：国内单位投资主办，海外机构配合提供演职人员、灯光音响设施与舞台设计制作，并配合国内的单位办理交通、运输、食宿、保险、保安和演出场地的租赁、政府部门的报批事宜。投资单位取得主要票房收益。

（3）合作承办：国内单位投资主办，海外机构自行协同国内的系统机构，独立的负责操作演出活动的整体工作，国内投资单位可给予相关配合，并由投资单位取得主要的票房收益，双方共同分配全部的广告及赞助等商业收益。

2. 演出公司主办演唱会的运作程序

如附图所示，演出公司（包括民营演出中介机构）从演出项目策划、演出合同协商,到获取演出许可证,演出开场,期间经历的常规审批环节不下20处之多,所需的申报、审批时间,更是难以控制。据行业人士透露,项目策划、启动到演出初步协议签订,所需时间1—1.5个月,演出公司逐级申报,或者中介机构委托演出公司申请,通常要1.5—3个月,如遭遇一些偶发性事件,申请不仅延迟,还可能落空。演出前的审批,如公安、税务、消防、防疫、工商,正常情况下也需要一月有余。可见经营演出业务环节之多、时间之长了。

环节多,时间长,从另一方面看,也就意味着演出商演出成本的上升、风险的递增了。

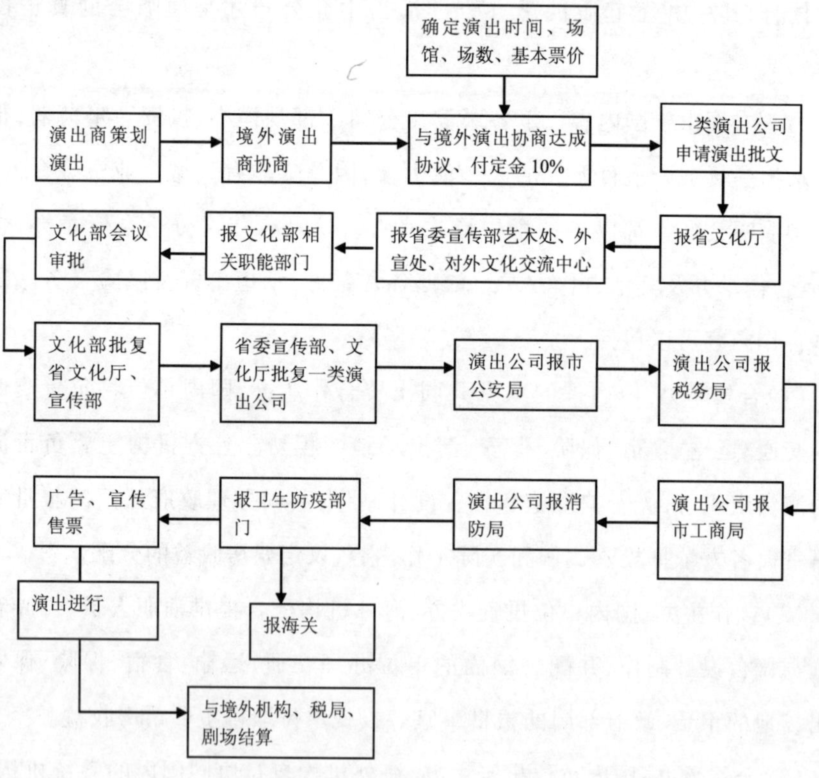

民营中介演出公司项目运作程序

3. 演唱会的成本与收益预算

各类演唱会的成本构成是基本相同的,但因演唱会的规模、规格和投资目标不同,演唱会的投资规模和收益相距甚远。在南方剧院投资一场小型歌舞晚会不过2万元—3万元,在友谊剧院、黄花岗剧院邀请市歌舞团作一场专场歌舞演出、场租加演出团队的费用只需十余万,但是,如果是大型的有港台歌手参加的及其他重大涉外演出,演出场地选在天河体育场,则投资很可能超过200万元,而其收益也可能是十分巨大的。本次调查,收集到某公司举办某大型演唱会的投资收益核算,从中可以发现一场大型演唱会的成本与收益的关系。

附某大型演唱会投入成本与收益预算

演唱会的制作投入成本:

①海内外的演职人员的相关费用:人民币200万元(其中港台歌星×位)

②舞台建设和灯光音响设备费用:人民币180万元(包含国内运费)

③舞蹈演员和服装道具等项费用:人民币20万元(舞蹈演员20位)

④交通和食宿接待等项费用:人民币80万元(包括往返国际机票)

⑤演出场馆的租金和管理部门的费用:人民币40万元(使用3天)

⑥国家和地方管理部门的报批等杂费:人民币20万元(未包含加场演出)

⑦票务销售和相关宣传等项费用:人民币100万元(大中型规模城市)

⑧不可预见的浮动预备金:人民币5万元

⑨总计制作成本投资:人民币545万元整

注:各项费用均可依据演职人员的增减、演出场地的规模、当地接待的条件、城市宣传的规模等诸多因素,具体调整各项成本费用的计划。

演唱会制作收益预算:

①演出场馆的观众容量:40000人:其中70%售票率为28000人

②按照同等规模的演出票价为:人民币220元(平均价格)

③28000位×人民币220元=人民币6160000元

④总计税前收益为:人民币616万元(未包括商业广告赞助收益)

注:总计收益中未包含商业广告赞助。

上述收支预算中,演唱会的票房总是会有盈余的,但利润空间并不太大,如果扣除税收、赠票以及治安费管理费等各项杂费开支,大型演唱会往往潜伏着巨大的亏损风险。正因为此,精明的演出商往往并不把目光仅仅停留在票房收益上,而是八仙过海、广开财路,通过冠名赞助、广告经营、品牌代理等拓宽演唱会的"钱途",通过与大企业协办、合办等合作方式去分散演出经营的风险。这同时也说明,大型演唱会是风险与机会并存的,有的演出商可能一场演唱会就亏得血本无归,也有的演出商很可能在演出未售票之前,已经赚得大袋银两了。

4. 演出公司的市场风险

演出市场充满各种风险,其中经营性风险和政策性风险最为明显。与院团、剧院相比,演出公司在整个项目操作过程中,承担了最大的经营风险。剧院通常出租场地获取利润,演出之前已经得到了全额场租回报,院团演出以合同场次付酬,如国家级歌舞团沿出一场15万元—20万元,省歌舞剧院8万元,市歌舞团6万元。由于大部分院团90%的演出都以包场方式进行,其收益结算并不与票房发生直接联系,因此剧团与剧院一样,演出的分配是稳定的、有保障的。

相比之下,演出商承担了演出市场最大的风险。这种风险包括经营性风险和政策性风险。大规模商业演出的前期投入十分巨大,除了剧场场租、剧团费用、演出交通差旅费之外,舞台灯光音响器材的租赁、安装、广告宣传以及支付各项管理费用,耗资都十分巨大。正常的大规模涉外演出,院团(歌星)出场费占到全部收入的三分之一,广告宣传也占到三分之一,如果票房销售不理想,前期投入根本无法收回,演出商很可能亏了血本。2003年2月15—16日,中国歌舞团在天河体育中心体育馆连演两场秘境之旅,演出商原打算再创北京票房奇迹,票价最低200元,最高580元,哪想到售票总共不过数百张,票房收入连支付场租都不够。3月2日,美国TONY披头士全球演唱会又在体育馆遭遇滑铁卢,虽然票价不高,8000人的场馆实际售票1000余张,恐怕连披头士们的差旅费都不一定赚得回来。遭遇这样的市场,大的演出商可能放放血,忍痛维持,小的演出商完全可能崩溃破产了。所以有专业人士认为,市场上的演出公司,通常维持时间3—5年,期间一场大的亏损,即可宣告公司破产。

演出市场上的另一大风险就是政策与审批风险,由于牵涉意识形态领域,国内演出从来就不是一种纯粹的娱乐现象,因而演出与传媒、图书一样,是最容易遭遇政策风险的。一种可能是演出商前期准备都已做好,就等售票演出,这时接到了禁演通知,或者根本拿不到演出许可的批文,已经投入的资金立刻化水蒸发了;另一种可能批文迟迟未下,或者到预定演出的一星期前才下达,广告宣传滞后,售票滞后,这种审批滞后随即转嫁为演出风险。因为再优秀的演出商也不可能在短短的四五天内将一场大规模商演的数万张票售出。据《财经》杂志报道,2001 年 10 月,某演出经纪公司筹备台湾歌星张信哲在北京工体的演唱会,但直到演出前 10 天,主办方才拿到批文。工体的有效票 6 万张,要想把票全部卖出去,每天就要售卖 6000 张票。在广告营销严重滞后的前提下,即便开足全部的售票网点,全天候 24 小时不停顿售票,也是不大可能的事。同年 4 月 21 日,保利文化公司计划在上海推出英国音乐剧超级歌星莎拉·布莱曼演唱会,一切准备到位,市场反响热烈,各售票网点、网站不断接到订票电话,演唱会看来完全可能成为该年度上海最有市场影响力、商业号召力的盛会,但批文直到开演时间尚未下达,保利公司只好宣布演出无限期推迟。

政策与审批风险是人为风险,对民营演出公司而言,是无可抗拒的风险。这种风险的存在,造成了演出操作过程的大量不确定因素,使演出市场成为既不规范又充满风险的市场。它造成了演出经营不稳定,使演出市场难以出现透明的利润区,使演出市场很难吸引大量的境内外社会资本的进入,因而市场难以发育、稳定和成长起来。

(六)酒吧的演出与经营

1. 广州酒吧的分布与特色

与音乐厅、剧院、体育场的演出相比,有些人会觉得酒吧、歌厅的演出层次低了一些,艺术水准差了些,似乎在整个演出市场中很难有一个适当的明确的地位,因为这些演出不是独立的艺术演绎,而不过是附属于餐饮、娱乐的一个附带产品。其实不然,酒吧、歌厅演出,数量多、演出频度高,观众参与度最高。

酒吧的演出以其丰富多彩而无穷的变化、创新，吸引了越来越多的眼球，不仅在广州，就是在北京、上海、沈阳、武汉、长沙等大城市，酒吧、歌厅的演唱已成为城市世界中最为亮丽多彩的音符，是演出市场中正在蓬勃生长的活跃的组成部分。

广州大大小小的歌厅酒吧，据业内人士估计有300余家，其中白天鹅酒吧一条街、沿江路、淘金路口、体育西路是酒吧比较集中的街区。在这些街区中，许多有特色的歌舞厅、酒吧都是以各种演出而著名的。如果将一些不定期有演出的酒吧也算在内，广州有演出的酒吧至少有50余家，而其中有经常性演出并已形成观众效应的酒吧至少有30余家。

2. 酒吧的投资与经营成本

广州的酒吧是完全市场化运作的，并向境内外开放市场。在广州经营酒吧的，除本地公民外，港台人士比较多，如白鹅潭酒吧一条街，30家酒吧，8家港人投资经营，1家台湾人经营，此外，还有外国人士经营的酒吧，如凡特斯吧的老板是澳洲人，BS Boss是意大利犹太人经营的酒吧。从酒吧经营者身份看，其中又有相当一部分是演艺影视界人士，如鼎鼎大名的沿江路咆哮吧，就是由著名的摇滚歌手迪克牛仔、影视艺人姚益和滚石公司共同投资的。也许正由于此，广州酒吧的各种歌舞表演包括时装秀，往往代表了一种时尚、潮流，一种新的水准，这也是酒吧演出比剧院演出更能吸引大批回头客的根本所在。

大多数酒吧都是租房装修经营的，其中白鹅潭酒吧一条街就是由白云地产公司和物业管理公司统一运作、管理并出租的。酒吧经营的成本主要有几块：物业装修和租金、人员工资、啤酒或红酒等、水电、管理费、演员费用、税费等。物业装修和租金是酒吧投资者开列的最大开支。一间酒吧，最小的酒吧有80平方米，有演出的酒吧小的400平方米，大的1000—2000平方米。一次性装修，平均每平方米在5000元/平方米—7000元/平方米，以800平方米这样中型酒吧计算，装修投资需要400万元(含设备配置)，因此经营酒吧第一笔投资，也是最大投资就是装修费。酒吧的第二笔投资就是物业租金。由于地段不同，广州租金水准相距比较大，淘金路口、天河中心地带都比较高，相对而言,白鹅潭地区还是最为便宜的。据物业管理公司的人士介绍,酒吧街上的租金分几类,1 楼地铺 120 元/平方米,2 楼 65 元/平方米,3 楼 40~50 元/平方米,天台最低廉,25 元/平方米。“非典”时期,为减轻经营者负担,租金按 6 折收取。以这样的标准看,800 平方米的一层酒吧,每月租金 9.6 万元,全年租金为 115.2 万元。

第三笔费用是人员工资。小酒吧只要 3~5 个员工即可应付下来,有演出的酒吧面积通常有 400 以上平方米,员工少则 20 人,多则 40—50 人。以人均 1000 元计(未计提成),30 人的全年工资约 30—40 万元。400 平方米的酒吧每年电费都要 6 万元—10 万元。此外,税与费约是全部营业收入的 30%,各吧情况不同,但都是比较大的一块。

最后是演出费用。酒吧演出通常在晚上 9:30—12:00,但也有酒吧演出时间更长些,节目内容更多些,演出从晚上 9:00 开始,到午夜 1:30 才结束。如果不是周末、节日,有演出的酒吧通常有 3—5 套节目,安排 5—6 个演员上场。2003 年 8 月 7 日调查人员在白鹅潭某酒吧看演出,从晚上 9:30 到午夜 1:00,共有 6 个演员上场,其中男演员 1 名,是歌手,女演员 5 名,是舞蹈表演者,其中有俄罗斯演员一名。表演的舞蹈以狂放热烈的拉丁舞和性感激情的钢管舞为主。平均每人跳三支舞。据业内人士介绍,这些演员通常由一些熟人的中介公司介绍到酒吧来表演的,每人表演半小时,跳三支舞,每次报酬在 150 元—200 元不等。以 200 元为标准,则上述酒吧一晚的演出费用可能在 1000 元—1200 元之间,周末多加一节(半小时)演出,则每月的演出开支估计在 3.5 万元—4 万元之间,全年的演出开支可能在 40 万元左右。

此外,一些更专业的酒吧往往有自己的乐队、歌手组合或签约团体。如咆哮吧有自己的摇滚歌手(5 名),长堤爱琴爵士吧有爵士乐队,六运五街的沙漠吧,拥有广州最酷的地下乐队——沙漠乐队,凡特斯拥有出发乐队,有沿江路酒吧新贵之称的非酷吧,有 12 个舞蹈艺员,每晚现代舞、爵士舞、街舞、民族舞依次登场,同处沿江路的 Club Murtiu 有签约乐队 Easycase,等等,这类酒吧的演出开支不好估算,但比起临时邀请的嘉宾歌手,费用只多不少。因为这些演员及其乐队、歌手组合,已经成了这些酒吧的重要文化标志,是一种品牌营销的象征。

3. 酒吧的收益

通常酒吧无需购票,即使偶尔有购票的(如 F4 娉吧的 25 元门票及俱乐部式的酒吧),票面额仍可充当等值货币消费。调查发现,大多数酒吧收入约 80% 来自于啤酒销售收入,少部分来自红酒洋酒和食品销售收入。大多数酒吧都设有最低消费,以台为单位,一台 100 元—480 元不等,可座 2—5 人。也有以人为准的,每人最低消费 50—100 元不等。因此衡量酒吧经营的绩效,只要考核啤酒销售指标就可以了。以威斯特酒吧为例子,该酒吧约有 40 张台,平时每台最低消费为 100 元,还有一些包房(3 间)和散座。8 月的一个星期四,不属于酒吧经营的黄金时间,但当晚酒吧满座,并且至少有 10 个台出现翻台,即使不考察散座与包房,当天的最低消费至少有 5000 元,如果加上洋酒、红酒、食品消费,则当天的营业收入可能上达 8000 元。以此为平均数,则每月的营业收入可能为 24 万元,全年可望有 250 余万元。我们所去的某酒吧,地处白鹅潭,属于广州酒吧群落中消费最为便宜的酒吧,天河、淘金的同类酒吧,则消费水准很可能是翻一番。即便如此,以此酒吧为参照,如果全市有 50 家这样的酒吧,全年最低的营业收入也可达到 1.2 亿元以上,这比起广州八大院团的营业收入差不多要高出 10 倍。演出总开支也差不多是广州八大院团演出总收入的两倍。

4. 酒吧演出评价

在许多人的印象中,酒吧是一个鱼龙混杂、藏污纳垢的是非地,与黄赌毒有牵连干系,其演出,充其量是一些末流歌手的翻唱,因而酒吧给人一种灰色地带的印象。此次调查,却发现情况并不尽然。

(1)酒吧演出是演出市场的组成部分。

酒吧演出,是整个广州演出市场中重要的一个组成部分,虽然酒吧离不开喝酒,酒吧也归属于餐饮行业管理。从演出的频率看,广州许多酒吧每天都有演出,演出内容经常更新,形成大量的、稳定的观众群(业内人士估计有 15000

人)。相比较而言,广州任何演出剧场的演出频度,都没有像哈乐、非酷、沙漠、咆哮这样的频繁,包括星海音乐厅、友谊剧院。到酒吧欣赏演出,无需看排期,也无需害怕看到老面孔,因为酒吧每天演出几乎是雷打不动,而再好看精彩的演出,也必定是每个月都要更新的。

(2)酒吧演出的艺术水准。

大部分酒吧演出可能都有环境嘈杂之缺憾,酒吧的音响设施甚至灯光效果也远不如一些音乐厅、大剧院,但所有这些并不意味着酒吧演出都是低水准的演出。就调查的十余家酒吧情况来看,我们更倾向于根据酒吧的艺员来源、演出的节目、组合与特色给酒吧演出的艺术水准以一个直观的、客观的评价。

酒吧艺员的三个主要来源:

A. 酒吧演员、乐队大半属于民间地下歌手和乐队。调查中发现,这些歌手艺员很多都受过良好的高等教育,有些就是音乐学院、广播学院、电影学院的毕业生,较低一些的也是各省舞蹈学校、艺术学校的毕业生,也有一些是在校生。B. 一些正规大的院团的演职人员,利用业余时间到酒吧走场演唱,或作为酒吧演出的嘉宾,在周末、假日狂欢派对时登台献艺,从而成为酒吧演出的亮点,如威乐士酒吧的拉丁舞演员、哈乐吧的杂技演员、摇滚2人组合等等;C. 个别酒吧演员,本身是著名演艺界人士,又兼酒吧投资人。如咆哮吧的主要投资人迪克牛仔本身就是台湾老资格的摇滚歌手,其合伙人姚益原是上海东方电视台的知名主持人,在影视界也有多年的工作经历。相当多的一些酒吧,包括俱乐部、夜总会,也有许多类似现象。

酒吧的节目特色与组合:

现场发现,许多酒吧的演出已经形成了各自鲜明的演出特色,虽然演员有经常的变化,节目也有更新,但演出的特色却保留了下来,成为了一种营销品牌。如长堤爱琴爵士吧的爵士乐、威乐士吧的拉丁舞,还有一些酒吧以时装表演、名人派对、摇滚组合而闻名广州。2003年8月19日,调查人员到哈乐吧观看演出。我们发现,这里上演的更像是一台综艺歌舞表演,演出从晚上9:30哈乐吧摇滚组合开始,到次日凌晨2:00俄罗斯舞蹈表演结束,历时4小时30分钟，不间断地上演歌、舞、杂技、时装、小品、模仿秀，共出动各类演员40余人。模仿秀以模仿著名歌手宋祖英为主，艺员从长相、歌声、行走身姿、表演风度与宋祖英如同孪生，几可乱真；时装表演阵容不小，共有10人，虽然不知是野模还是职业模特，但观众大都是外行，也无法分清模特表演的水准；小品演员来自东北，不乏名家风度，引逗观众发笑的能力比其老乡赵本山不会差到哪里去；"高音王子"王嘉亮来自北京，"小魔女组合"来自深圳；摇滚、街舞、太空舞的猛男组合一上场就展示专业艺人的水准，显露其职业体操运动员、杂技演员的技巧与体能。有些歌手演唱的歌从词到曲都是自己创作的。从演出的效果看，约晚上10点钟开始进入高潮，一直到演出结束，全场席满，观众有300多人。每有摇滚，必是拍掌声与歌声、器乐声相呼应，歌手趁势劝酒，台上台下但见啤酒瓶如林，众人似乎都很兴奋、"干"声一片，演出结束，众人也就达到了放松、休闲和自娱自乐的目的。

所以，酒吧演出固然不可能像星海音乐厅、友谊剧院演出那样有场面、摆阵势，但酒吧演出同样可以有高水准。酒吧演出比较灵活，内容多变，观众沟通更直接，酒吧演出的气氛和热烈场面要好过任何大剧场。也许酒吧演出的部分节目有些"俗"，但酒吧也绝不缺少高雅的艺术，雅俗融于一炉，观众可以雅俗共赏，达到众人皆欢乐而非一小撮雅人独乐的境界。

(3)酒吧演出的经济总量。

从酒吧演出的市场容量看，酒吧数量不断增多，消费群体也在成长，20～40岁的青年群体是酒吧演出的消费主体，因此从消费总量看，远高于传统戏曲的消费水准，不仅演艺酒吧多于传统戏院，而且消费人群、消费水准也不是传统戏院可以相比的。如果与演出商经营的大型演唱会比较，酒吧的消费显得低廉，酒吧的演出制作成本微乎其微，但酒吧演出的风格变化则是演唱会所无法比拟的，更重要的是，大型演唱会上，虽然消费者掏出大把钱买门票，但他欣赏演出是被动的，而酒吧演出更随心所欲些，是互动的，演出者与观众往往在热烈张扬的气氛中融为一体，因而那些酒吧歌手、民间歌手常常这样认为，在酒吧的小范围演出，歌手更投入，更激情，演唱的场面更火暴，观众在激烈的音乐,慷慨的歌声中更容易释放自己,最终达到娱乐、放松自己的目的。所以业内人士认为,只有在酒吧演出,才能形成一批批稳定的回头客,而剧院、体育馆演出,除了受明星崇拜的心理作用,形成回头观众是十分困难的。广州五大戏院的演出收入,没有一家超过前述演艺酒吧的营业收入的,从中也可看出,酒吧演出作为演出市场的一个部分,不仅总量比较大,而且还在成长之中。此外,从解决社会就业,活跃人才市场,酒吧的贡献率也不容低估。一间中型演艺酒吧,需员工少则30人,多则50人,比得上一间小型民营工厂了。

(4)酒吧演出的文化效益。

酒吧演出不仅有其经济效益,还有明显的社会文化效益。

酒吧培养了大批优秀演艺人才。据北京青年报报道,2002年8月初,由湖南卫视、北京广播电视报、北京音乐广播联合主办的首届全国酒吧歌手电视大奖赛在北京8家知名酒吧拉开11天的赛事,除了主办方,该次大赛的参办方中还有正大国际、京文、大地、喜洋洋、麒麟童、摩登天空、星工场、摇滚圣殿等国内8家唱片公司。星工场总经理姜泓解释这样做的初衷是,一方面可以发现一些新人、好的作品;更重要的是,促成这样的活动普及原创音乐的模式,对行业形成刺激。这次大赛的参赛歌手全部被要求演唱原创作品,可见酒吧歌手还是有不少原创能量的。通过比赛,唱片公司发现有潜质的歌手,通过推出新歌手,开拓新的市场利润区,这是公司热衷于比赛的意义所在。

在酒吧唱歌的经历往往陪伴着诸多歌坛大腕的成长,国内外许多著名艺人经历过这样一个过程。国外如甲壳虫、滚石乐队,港台的罗大佑、张惠妹,内地歌手如孙楠、那英、陈明、羽泉、斯琴格日乐等一线歌手都是其中的佼佼者。虽然在酒吧驻唱时的明星还"养在深闺无人识",其名未扬,并且生活拮据,处境尴尬,但是对于歌手成长无疑具有重要意义。近年走红的羽泉组合中的胡海泉就认为:"回想起来我倒挺怀念那段时光的,尽管确实很辛苦。我在那里得到很大的锻炼,以前没想过自己能当歌手,一晚上唱几十首歌就越唱越好了;当时也都是翻唱,但白天我自己对那些歌进行改编,节奏变快变慢,女版改成男版等等,这对我是乐趣,对听众也有新鲜感……更重要的是,它对我们的新专辑也有直接好处。”因为“很多打算在专辑中用的单曲我们都拿出来演唱，试验观众(“五月花”酒吧)的反应,《最美》、《爱浪漫》那时大家都很喜欢。”胡海泉认为,酒吧经历是很多歌手都经历过的,不是个别现象。酒吧以其娱乐、时尚和宽松自由的氛围为歌手的创作和演唱提供了很好的环境。这也是酒吧比院校更能培养出走红歌星的原因。

附件:咆哮吧个案

1. 投资:

台资酒吧,成立于2001年。由台湾著名歌手迪克牛仔、滚石唱片、台资金融机构和大陆影视圈人士姚益合股建成。酒吧面积约800多平方米,前期装修安装投资550余万元(平均每平方投资近7000元)。聘用员工60余人。其中服务员30多名,歌手、DJ10多人,推广营销4人,卫生勤杂和保安约10多人。每月房租6万元(75元/平方米),人员工资近6万元,此外水电、排污及其他项税费5万元—8万元。平均每月硬开支不下于18万元。

2. 演出:

2003年8月11日晚观看咆哮吧演出。本吧主打演出是组合摇滚。节目五套(周五、周六通常6套),穿插嘉宾歌舞节目。自晚上9:00~12:30不间断演出。组合摇滚是酒吧专业歌手组成,歌手来自国内各省,甚至有境外专业人士加盟,不对外流动演出,临时聘用嘉宾穿插歌舞,活跃酒吧气氛。聘用嘉宾通常由中介机构推荐,这类演员演出每晚酬金100多元。

无论是摇滚,还是其他歌舞,都为专业人士,演艺水平比较高。

3. 观众人数、职业:

当晚10:00酒吧客人约有100余人,为酒吧客流的6—7成。到11:00进入演出高潮(摇滚),酒吧基本满员,同时也出现一些“翻台率”。虽然是星期一,为一周营业的最淡点,演出场面似乎不算火暴,但客人还是算多的,整晚客人应有130人—150人之间。

客人年龄绝大部分(9成)在40周岁以下,其中约7—8成为30岁左右的青年人。

客人大都三、五成群结伴而来。男女共饮、男多女少,但女客不像有些酒吧特别稀少。这可能与酒吧表演内容与酒吧特有的演艺氛围有关。

据工作人员介绍,大部分客人为年轻白领。有些是常客,属于摇滚爱好者,据投资方姚益和楼面经理介绍,爱好本酒吧摇滚又经常来消费的常客估计有数百人之众。这些常客通常在周末结伴而来。

4. 消费:

本酒吧消费属中高档。啤酒360元一打送果盘,洋酒从200元到数千元不等。设有最低消费。非周末假日每玻璃台最低消费180元,沙发围坐368元,周末节假日提高20%—30%。

酒吧没有聘请促销的啤酒小姐,也没有陪客聊天、饮酒、玩掷骨石的吧女。

(七)消费者演出信息接触情况(音乐会与戏剧)

1. 不同城市消费者演出消费情况比较

演出消费、消费信息接触及对消费态度的分析是演出市场研究中的一个重要方面,2001年中国社会调查事务所(SSIC)的调查人员在北京、上海、广州、重庆等地区采用拦截式调查方式,就上述问题访问了600名消费者。调查的领域其实并不仅限于演出,而是包括了电影、演出、有线电视、展览等,是广义的文化市场消费,但其中部分调查指标仅限于演出行业,因而对于本项调查有借鉴作用。

与演出消费相关的调查情况和数据如下表所示。

SSIC文化消费调查(演出)情况表(%)

内容	北京	上海	广州	重庆
经常到剧场看大型演出比例	28	23	19	11
经常看电影的比例	31	33	36	39
经常看展览、画展、博览的比例	29	24	18	10
免费(使用赠票)文化消费的比例	36	32	19	16
文化娱乐消费支出的比重	1.8	1.7	1.4	1.9
认为文化娱乐消费物有所值的比例	97	97	94	93
认为听一场国家级音乐会票价应是多少	80	150	200	50

上述SSIC调查显示，受访的广州消费者中，经常到剧场看大型演出者的比例仅为19%，仅与看展览、画展、博览会的人数相近（18%），远低于北京（28%）和上海（23%）。北京是中国首都，演出团体众多，各类演出中介机构极为活跃，而上海是中国经济龙头，对外文化交流十分频繁，近几年大兴土木，演出场馆更新极快，因此两地演出的规格、频率远高于广州，这是广州观众看演出少于上述两地的主要原因。

从自主消费情况下，四个城市都有免费看演出的情况，其中北京最高。北京消费者中不少来自国家大机关，享受免费的演出消费机会远多于广州。此外，通过赠票免费观看演出，这也是演出行业市场化程度不够的反映，广州赠票相对较少，这与广州的演出更多地注重市场化运作有直接关系。在对票价的判定方面，欣赏国家级音乐会，广州消费者认可的票价最高为200元，高于上海的150元，更高于北京的80元，这一方面折射出广州消费者的消费能力比较强，另一方面也反映了广州消费者对高品位的音乐演出的价值认定。

2. 广州消费者对音乐、戏剧信息接触的比较

根据2000年消费行为与生活形态年鉴搜集的资料，可以了解广州不同年龄段、性别的消费者对演出消费信息的接触情况。该项调查共有样本数1032人，其中男性499人，女性533人。被调查人员被分作五个年龄段。调查内容除了信息接触情况外，还涉及消费者的消费倾向和意愿。由于演出信息接触调查仅限定于音乐会和戏剧两类，因此对信息接触的描述分析也仅限于这两个艺术门类的信息。

（1）音乐会的信息接触情况。

调查统计显示，总体（上不分性别年龄）通过阅读有关杂志和专门报道获取音乐会信息的人数占14%，通过相互口头传播信息占10.9%，经常看这种服务广告占7.8%，不关注这方面信息的占59.7%。这说明杂志和相关报道是消费者获取信息的最重要渠道。在不关注这方面信息的人群中，如果以性别和年龄作参照指标的话，则发现男性比例略高于女性，男性62.1%，女性为57.4%，并且年龄越高，则不关注音乐会信息的人数比例越高。以女性为例，

16—24岁的受访者对音乐会信息不关注的人数占34.8%,而55—60岁的女性达到了82.9%,男性则分别由47.2%升高为69.8%。这可以说明年轻人比起中老年人更关注音乐会信息,也从一个侧面反映了年轻人对音乐会演出消费的动机强于中老年人。

(2)对戏剧或戏曲的信息接触情况。

总体上看,阅读杂志和专门报道获取戏剧演出信息的占7.3%,其中男性6.4%,女性为8.1%,通过相互口头传播信息的为5.8%,其中男性为5.2%,女性为6.4%,经常看戏剧演出广告的占3.4%,其中男性为3.2%,女性占为3.6%。信息传播的渠道和男女差别与音乐会信息传播情况基本相近。所不同的是在"不关注戏曲演出信息"一栏,所显示的内容则与音乐会的信息正好呈相反状态。总体上不关注戏剧演出信息的高达79.2%,其中男性为80.8%,女性为77.7%。年龄越大,不关注的程度越低,年龄越小,不关注的程度越高。从男性看,16—24岁被调查者不关注的人为83%,25—34岁为84.7%,35—44岁为84.3%,45—54岁为75.3%,55—60岁为60.5%,女性也呈相同曲线,16—24岁为80.4%,55—60岁则降为51.2%。男女性别差异不同,基本呈相同的变化走向,而与音乐会正好呈相反曲线。这也印证了戏剧观众多老年而音乐会多年轻白领的说法。

3. 音乐会和戏剧的消费和消费意向

被访的1033人中,在音乐会的消费方面,过去在这方面花了不少钱的人占5%,其中男性为5.4%,女性为4.7%,男性花费最集中的年龄段是16—24岁,占9.4%,最少的是55—60岁,仅占2.3%,女性最多的是35—44岁的人群,占8.1%,最少花钱的年龄段在45—54岁,仅占1.1%。戏剧方面,花钱最多的年龄段在55—60岁,其中男性占该年龄段被访人数的14%,女性占12.2%,16—24岁的男性人士仅有0.9%花钱,而女性35—44岁年龄段中仅有0.7%的人士花钱,分别是男女最少花钱看戏剧的年龄段。

在今后愿意在这方面花钱和尝试这种服务的新类型方面,各年龄段的人数变化也是与过去在这服务上花了不少钱的年龄段人数变化是相对一致的,反映了不同年龄段人士对音乐会、戏剧的消费取向已成定势，不会有太大的出奇的变化。

男女各年龄层对音乐会的信息接触情况

单位：人；%

	人数	阅读有关的杂志和专门报道	相互口头传播信息	经常看这种服务的广告	尝试这种服务的新类型	过去在这种服务上花不少钱	今后愿意在这方面花钱	不关注这方面的信息
样本	1032	14.0	10.9	7.8	8.1	5.0	15.3	89.7
男性	499	12.4	8.8	7.4	6.8	5.4	15.6	62.1
16~24岁	106	19.8	16.0	8.5	12.3	9.4	18.9	47.2
25~34岁	150	13.3	8.0	8.7	6.0	6.0	22.0	53.3
35~44岁	127	8.7	7.9	7.9	3.1	2.4	11.8	73.2
45~54岁	73	8.2	6.8	6.8	6.8	5.5	6.8	78.1
55~60岁	43	9.3	0.0	0.0	7.0	2.3	11.6	69.8
女性	533	15.4	12.8	8.3	9.4	4.7	15.0	57.4
16~24岁	112	25.9	19.6	8.0	17.9	4.5	22.3	34.8
25~34岁	157	17.8	12.7	10.8	8.9	4.5	16.6	56.1
35~44岁	136	11.0	13.2	11.0	8.1	8.1	17.6	56.6
45~54岁	87	5.7	8.0	3.4	3.4	1.1	5.7	78.2
55~60岁	41	12.2	2.4	0.0	4.9	2.4	0.0	82.9

男女各年龄层对戏剧或戏曲的信息接触情况

单位：人；%

	人数	阅读有关的杂志和专门报道	相互口头传播信息	经常看这种服务的广告	尝试这种服务的新类型	过去在这种服务上花不少钱	今后愿意在这方面花钱	不关注这方面的信息
样本	1033	7.3	5.8	3.4	3.3	3.2	4.5	79.2
男性	499	6.4	5.2	3.2	2.0	2.8	4.2	80.8
16~24岁	106	8.5	4.7	0.0	0.9	0.9	2.8	83.0
25~34岁	150	4.7	3.3	2.7	2.0	2.0	2.0	84.7
35~44岁	127	5.5	3.9	3.1	0.8	2.4	3.1	84.3
45~54岁	73	6.8	5.5	6.8	1.4	1.4	5.5	75.3
55~60岁	43	9.3	16.3	7.0	9.3	14.0	16.3	60.5
女性	534	8.1	6.4	3.6	4.5	3.6	4.9	77.7
16~24岁	112	5.4	3.6	4.5	6.3	2.7	2.7	80.4
25~34岁	157	4.5	3.2	3.8	2.5	3.8	4.5	86.0
35~44岁	137	8.8	6.6	0.7	2.9	0.7	2.9	81.0
45~54岁	87	16.1	10.3	5.7	5.7	4.6	6.9	66.7
55~60岁	41	9.8	17.1	4.9	9.8	12.2	14.6	51.2

(八)演出成本与票价问题

作为城市繁荣的一道绚丽风景,演出市场的红红火火的确给市民们带来了一派歌舞升平的景象。但是透过红火的表象,我们同时也发现演出市场暴露的或潜在的问题,如演出成本的剧增、演出票价居高不下,演出营销的滞后,以及由此带来的演出市场日趋增加的风险和投机现象,所有这些问题都是不利于演出市场的培育和发展的。

1. 演出成本剧增

业内人士介绍,与 80 年代中期至 90 年代初期相比,目前的演出成本已呈剧增势态。一场成功的演出,成本通常占到 80% 以上。由于票房销售无保障,国内许多著名的大型商业演出,最终都以亏损告终,而演出商首当其冲,承受亏损和破产之痛。

演出成本构成:从演出商角度看,演出成本基本上可分为 4 块:(A)演出团队出场费用;(B)剧场费用;(C)营销广告费用。(D)其他费用。其中每一块成本又可细分成若干细支。

演出成本构成

演出团队费用	剧场费用	营销广告费用	其他费用
演员出场费用 演出合作与排练成本 差旅费、食宿费 道具运输费用	场租 舞美、装台费用 道具运输费用 剧场摄影、录像、录音费用 剧场工作人员费用	电视、电台、报纸广告费用; 剧场广告费用; 各联网售票点演出海报费用 其他促销费用	批文费用; 其他审批费用; 公安、消防、防疫、环保等费用

上述费用构成中,演出团队的费用增长最为明显,尤其是由明星主打的演出,或涉外的、大型综艺歌舞演出,个别团队出场费用几乎占了成本开支的 90% 以上。

国内著名歌星的演出,由于明星出场费动辄就要 10 万元—20 万元,甚至还有蹿升的迹象,使得广州地区绝大多数的演出场馆不具备大型商演的条件,如果演出,则演一场必然亏损一场。据业内人士介绍,目前国内一线歌手每场出场费已经达到18万元—30万元之间,个别还有高达40万元的。就以一名演员18万元的出场费计算,票价平均300元计,加上场租、演出团队费用、广告营销费用,报批费用、舞台灯光费用,如果演出商选择在友谊剧院、黄花岗剧院、星海音乐厅,这样一些2000座位以下的重要场馆演出,根本就无法做到收支平衡,只能做一场亏一场,这也是这些场馆很少有大牌明星登台商演的根本原因所在。中山纪念堂有3238个座位,如果300元一票,100%上座,收入达97万元,一场演出可有10余万盈余,如果上座率仅70%,则演出商会处以亏损边缘。

因此,有明星出场的演出,整场演出成本一旦突破70万元~60万元/场,则广州所有四大正规演出场馆都将无法保证演出的赢利,这也是演出商甘冒上座率不足的风险在庞大的体育场馆进行商演的原因所在了。如果是港台大牌歌星的演唱会,歌星出场费、演出制作费、场租各项,往往迫使演出成本突破百万,其时演出,则只有体育场可供选择,借助数万个观众席位以及上座率来收回各项投资了。在此可以王菲和张学友的演唱会为例。2001年9月7日,火暴的王菲演唱会在广州新体育馆举行。据当时演出组委会消息,来自香港的舞台制作班底携上千万元的设备开进体育馆。虽然门票热卖,但想赚钱却不容乐观。演出前主办方预计全部门票售完可得600万元,处于勉强保本状态,其中支付王菲出场费400万元,广告支出100多万元,演出能够保本已算幸事。

2002年4月23日,张学友天津演唱会在民园体育场盛大开场。虽然演出轰轰烈烈,但演出商对高达500万的演出成本难以回收却束手无策。该场演出张学友不要出场费,何以成本仍然居高不下?业内人士介绍,张学友世界巡演的乐队乐手都是顶尖好手,围绕演出的场内工作人员超过百人,这些人员的酬金、旅费、住宿、餐饮等费用超过100万元;租用体育场及草皮保护要花费80万元;媒体宣传、广告及演出税金也将近100万元;最后一项,租用国外设备及设备的运输开支,舞台搭建开支共支出200余万元。因此张学友演唱会在没有个人出场费的前提下,各项开支已逼近 500 万元。售票方面,天津的贵宾票仅为 600 元,平均票价 210 元。主办方演出公司将 200 元以下的门票扩大到总票数的 50%。民园体育场全部售票不到 2 万张,因此即使在爆棚满座的情况下,演出公司的商业运作也仅仅是打个平手而已。

同类的情况还发生在 2002 年 11 月,广东奥体中心举办的 F4 演唱会。很显然,演出成本剧增,已使演出市场成为一个高度风险的市场。

2. 演出高票价问题

与演出成本居高不下可以相提并论的是演出票价问题,也许这些问题更能刺激传媒和观众。高价票之旋风在上世纪末开始,由北京、上海一路南下,直接冲击了广州地区的演出市场。高票价不等于高收益,也不等于对高成本演出风险的化解,事实上在动辄成百上千元的票价面前,时有抱怨的并不仅仅是观众,就连不少演出团体,甚至演出商也是欲言又止、有苦而难诉。

关注一下媒体报道,可以清楚地看到票价暴涨的曲线,而其中最震撼人心的当属世界级三大男高音于 2001 年 6 月 24 日晚在北京紫禁城演唱会,主办方轻松地估计可以赚 7000 万元人民币,而其销售的 2.5 万张票中,最高票为 2000 美元,其次为 1600 美元、1280 美元、1080 美元、880 美元、680 美元、480 美元,直至最低的 60 美元。估计门票一次收入就可达 1800 万美元。对于月收入不过 1 ~2 千元的芸芸众生,这种票价显然没有诱导意味,而不过增加一些谈资罢了。

高票价也同时困扰广州的演出市场。2002 年广州演出市场似乎一直是高票价在倡导演出市场的主流,先是《大红灯笼高高挂》报出了 999 元高票价,其后东方歌舞团以 680 元的高价报出了《蔚蓝色的浪漫》,再其后是《帕尔曼在广州》音乐会的 1000 元。同年 9 月 29 日 ~10 月 1 日本宝塚歌舞剧团在广州的首次演出,票价栏上赫然出现 1200 元、包厢票最高 3 万元的价格,其后 10 月 9 日,星海音乐厅的理查德·克莱德曼浪漫钢琴音乐会的 880 元,11 月 23 日奥体的 F4 的 1000 元,11 月 24 日友谊剧院的世界经典歌剧选曲音乐会的 680 元,12 月 29 日天河体育馆新年音乐会的 500 元,12 月 31 日中山纪念堂“天誉之迎新年音乐会”的600元票价,都是在持之以恒地、坚持不懈地延续着高票价的轨迹。

显然,在高票价的阴影下,伴随着明星出场费、场地、宣传、舞台制作、运费等一系列因素对成本推高的刺激,演出商要想在广州做大型商演,就难免会有高空走钢丝的感觉了。

(九)结论

大体上看,广州地区的演出市场是生机勃勃充满活力的。演出市场已经基本放开,演出业务的推广遵循市场竞争的原则,演出的营销手段日趋先进,并深受港台的影响。演出商,尤其是一批民营的文化中介公司,已成为演出市场最有活力也最具有市场意识的力量,广州演出业与国际接轨,演出业务的拓展和创新今后主要有赖于演出商的积极运作。酒吧、夜总会、俱乐部、广场的演出作为广州演出市场的一个组成部分,近几年来积极快速地发展,并以其纯粹娱乐和时尚互动的模式,吸引了越来越多的观众。国有院团专业演员多、演出实力雄厚,但演出营销手段滞后,受体制制约较多,节目的创新慢、变化少,其观众群体扩张受到影响。民间演出团休规模小,但变化快、创新多,适应市场的调节能力强。至于演出场馆,专业场馆并不多,大部分场馆开场率普遍很低,除了星海音乐厅,其余剧院、影剧院使用率全年不足三成。剧院空置,与剧院缺乏演出中介、营销人员有极大关系。

如果将演艺酒吧、夜总会、歌厅计算在内,广州的演出市场呈现出成长发展的势态。广州的演出市场充满商机,同时也充满风险。以大型演唱会的盈亏指标与北京、上海比较,对于演出中介商而言,广州的演出风险又是最大的。

五、广州市民文化消费行为分析

(一)研究背景

1. 问题与主旨

如果说生活是缓缓流动的河流,那河床就是人类生活得以依托的文化传统。河水流动,泥沙俱下,有些东西被大浪卷走了,有些沉淀下来,沉淀下来的成了河床的一部分,加厚了文化积淀。河水有疾有缓、有清有浊、有宽有窄,呈现不同的形态,这个形态就是我们的生活形态。后人通过泛起“河床的沉淀物”继承了前人的生活形式,并在实践中推陈出新,新的东西有为后人继承,人类的生活形态就这样慢慢地改变着、延续着,直至今天。

生活形态及其变化与生产力的发展有着密切的关系,不同的历史时期,同一区域的种族呈现不同的生活形态。原始时期,生产力低下,人的主要精力都花在生存问题上了,精神的追求完全是一种奢望;随着生产力的发展,一部分人从生产劳动中解放出来,开始过上了休闲的生活,精神活动也逐渐成为许多人生活中的一部分,游戏、音乐、舞蹈、诗歌、绘画等慢慢地走进了人们的日常生活。

随着知识经济时代的到来,人类社会正以史无前例的速度发展着。它带来两个重要的变化,一是社会必要劳动时间越来越少,而人的闲暇时间越来越多;二是全球网络化,使得各种形态的文化相互融合、相互渗透。在这种情况下,人们的生化方式、生活行为都在潜移默化地发生着变化。马克思在一百年前曾指出:“衡量财富的价值尺度将由劳动时间转变为自由时间。因为增加自由时间,即增加使个人得以充分发展的时间。”①当前,“自由时间”主要包括:八小时工作之外的时间、星期六、星期日、节假日、学生假期以及退休后的时间。在这段时间内,人们有很多选择,可以睡觉、打牌、闲逛,从事一些促进精神自由、身体健康的事情,读读书、锻炼锻炼身体。自由时间为人的发展提供的空间,但空间能不能被填上实质的内容关键在个人。有的人可能把空间填得很满很有意义,有的人可能把空间闲置得很庸俗很没价值。具体到广州这个城市,经济发展很快,人们的生活质量也有了大幅度的提高,换言之,人们在这个空间上填写了很多高质量的物质部分,那精神部分如何呢？是否意味着闲钱闲暇时间多了,人们的生活品味也随之提高了呢？我们需要好好地考察一番,但不下价值判断,这是我们的主旨。

2. 研究方法

研究文化，常见于报端的是哲学概括，概括出很多“精神”出来，这种做法在方法论上是不科学的，前面已经说了文化是没有基础的基础。从语言学看，总有一些语词是不可下定义的，文化、文化形态就属这一类。比较科学的方法就是描述，特别是作脉络主义的描述，描述注重的是单例事件，属于定性的方法；本文准备采用一种定量的方法即社会学方法，以此呈现整体的共性表象。选择的分析维度是文化消费，主要包括支出、时间和内容。因为消费作为人的一种购买活动，却不仅仅是经济行为，正如马克思所说的：消费这个不仅被看成终点而且被看成最后的目的的结束，除了它会反过来作用于起点并重新引起整个过程之外，本来不属于经济学的范畴。消费并非只是经济学问题，就实质而言，人的消费活动正是人的存在状态的缩影。居民文化消费是在一定的社会条件下，居民文化消费需求、消费能力、消费偏好的综合体现，反映的是市民呈现出怎样的文化存在。

另外一个考虑与文化产业有关。只问生产不管消费常常被理论界说成是计划经济的产物,然而我们却边批评别人边犯错误,只考察文化产品的生产状

---

① 《马克思恩格斯选集》第2卷,人民出版社1972年版,第92页。

况却不考察文化消费状况。一切是为了消费特别是当地的消费,文化消费需求是否得到满足,消费行为是否健康、合理,关系到居民生活品味、审美能力的提高,关系到社会道德的发展,也关系到社会的和谐与发展,所以消费才是发展文化产业的根本目的,同时只有在了解了市民的文化消费需求之后才能真正有力地推动文化产业的发展。总之,基于文化学和文化产业两个方面的考虑,我们拟对广州市民的文化形态作社会学考察。拟通过这种方式得到一些事实判断,尽量避免价值判断。

(二)文化消费性支出

文化消费是一种旨在促进精神满足的审美行为或娱乐行为,是在一定的社会条件下,居民的文化需求、消费能力、文化偏好的综合体现。目前人们的文化消费主要包括广播影视、文化娱乐、体育休闲、旅游观光、艺术鉴赏和网络动漫等几个方面。广义上,还可以包括非审美性的精神活动,如教育、知识培训。本书不作全面考察,拟以娱乐性消费为主,增加旅游和互联网等与大多数市民日常生活比较密切的文化类型。

1. 近五年的支出变化

目前,我国城乡居民用于文化消费的比重与世界发达国家相比仍然偏低,但随着经济的发展,消费水平的不断提高,社会需求结构和消费结构已经发生了深刻的变化,广州的情况特别明显。广州居民消费结构中用于文化教育消费的部分越来越大,增长速度越来越快。近年来,广州居民的恩格尔系数逐年下降(由 1980 年的 70.4% 下降到 2005 年的 37.3%),居民消费结构中,教育文化娱乐服务方面的实际支出和所占比例都在不断增加。在这样的背景下,广州文化消费市场也呈现出一些新的特点。与 20 年前相比,人民群众的文化需求逐渐由被动接受型转变为文化生产的引导力量。相当一部分居民群体的消费重心开始向教育、科技、文化、娱乐休闲及精神产品消费等领域转移,不仅在衣、食、住、行、通信、卫生和生活环境等物质生活的各个方面提出了更多、更高的要求,而且在文化娱乐、广播影视、图书出版、体育康复、旅游休闲等精神生活方面也提出了更多更高的要求。

城乡居民收入水平不断提高。全年全市单位职工平均工资为33839元。据市统计局2006年3月发布的信息,2005年全年城市居民家庭人均可支配收入18287元,增长8.3%,扣除价格因素,实际增长6.7%。农村富余劳动力转移步伐加快,工资性收入大幅度增长,促进农村居民收入持续增长。全年农村居民家庭人均纯收入7080元,增长6.9%,扣除价格因素,实际增长3.1%。

城镇居民文化消费支出稳步增长。据市统计局2006年3月发表的信息,2005年全年城市居民家庭人均消费性支出14468元,增长10.3%。其中,服务性消费支出5068元,增长8.9%,占消费性支出的35.0%。城市居民恩格尔系数为37.3%,比上年下降1个百分点。2005年,城市居民交通和通信消费支出比上年增长44.3%,是增长最大的一块,和国际能源价格上涨有直接关系。在能源价格大幅上涨、能源消费日益昂贵的情况下,广州城镇居民2005年教育文化娱乐服务支出比上年增长5.0%,为2328元。① 下表是居民各项消费占年人均消费性支出的比重:

各项消费比重

项目	2001年	2002年	2003年	2004年	2005年
食品	0.400	0.410	0.389	0.383	0.373
衣着	0.050	0.053	0.060	0.067	0.062
家庭设备用品及服务	0.073	0.070	0.070	0.045	0.052
医疗保健	0.049	0.056	0.063	0.061	0.058
交通和通信	0.096	0.111	0.121	0.132	0.172
居住	0.134	0.092	0.101	0.097	0.088
教育文化娱乐服务	0.132	0.164	0.163	0.169	0.161

资料来源:原始数据来源于2002—2005年《广州统计年鉴》和广州市统计局《2005年统计报告》,上表根据原始数据换算得出。

① 由于无法得到具体的“教育”和“娱乐”的数据而把它们分开,只好放在一起考虑。

上表可转换成下图:

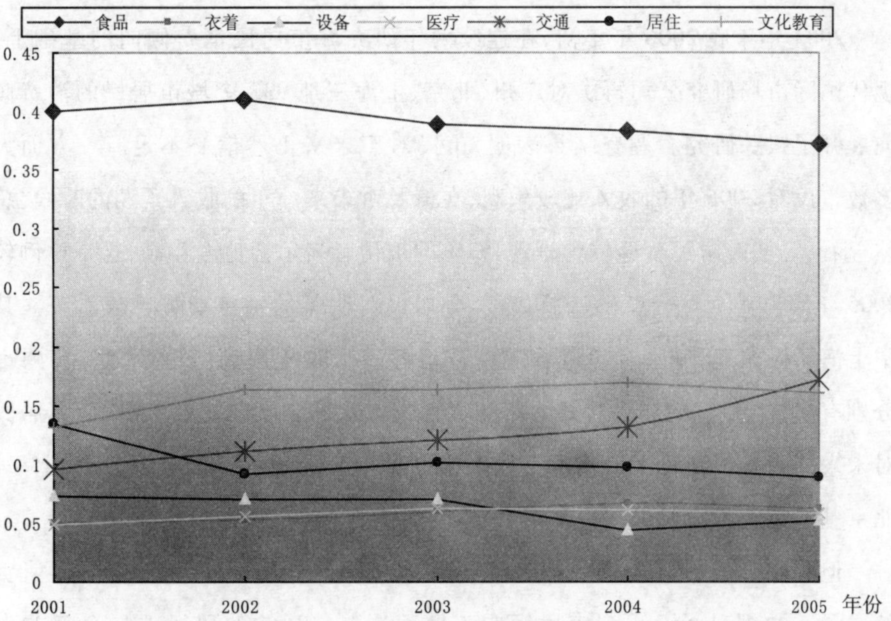

从上表可以看出,一是居民的恩格系数逐年下降,由2001年的0.400先降到2005年的0.373,但食品仍然是居民的主要消费;二是在消费结构中,教育文化娱乐消费服务所占的比重仅次于食品消费,排在第二位;三是交通和通信消费的增长速度比较快,特别是2005年;四是教育文化娱乐消费服务所占的比重由2001年的0.132上升到2004年的0.169,2005年维持在0.161水平,虽然总体呈上升的趋势,但所占的比重依然不高。

近年来,书籍越来越贵,模糊的判断是市民的日常文化娱乐消费增加的不是很多。比较中肯的说法应该是:随着恩格系数的下降,有理由相信,居民必定会把更多的闲钱和闲暇的时间用于文化消费。文化消费随恩格尔系数的下降而增加,只是一般性的概括,但不是绝对的科学定律(不是定律还成问题),所以我们只能保持谨慎的乐观态度。

2. 制约文化消费的深层因素

不能太乐观,因为有很多阻碍文化消费的深层障碍没有解决。总体来说,消费不足是广州乃至全国文化经济发展中的突出问题。在消费看紧背景下，城市居民2006年的消费心态怎么样呢？

2005年年底2006年年初，在连续两年研究城市居民消费倾向的基础上，现代国际市场研究公司再次对广州、北京、上海三地933个城市居民的消费倾向展开了跟踪研究。调查结果表明，市民对于未来仍然信心不足。一方面大多数市民对2006年的收入比较乐观，在谈及对未来一年的收入预期的时候，总体上看，三城市居民普遍较为乐观，53%的被访者表示会比今年高，这个比例较2005年高出4个百分点，这说明大部分居民对明年的经济形势比较看好。其中上海居民尤其看好，有超过六成的被访者表示收入会高一些，北京、广州也分别有51%、47%的居民看好明年的家庭收入状况。纵向比较来看，广州居民对未来的收入预期较上一年度有较大幅度的提升，提高了11个百分点，上海、北京基本与上年度持平。①

但另一方面，市民忧心忡忡，不敢多花钱，储蓄型消费仍为广州消费的主导。数据显示，更多市民倾向于储蓄选择。36%的居民选择全部或大部分用于储蓄，与上年度持平，49%的选择全部或大部分投资，较上年度高出2个百分点，选择全部或大部分消费的市民为15%，较去年同期下降2个百分点。三地间比较，广州城市居民储蓄型消费观念明显较高。有将近一半的广州受访居民将储蓄置于首位，北京、上海选择投资的人数均超过50%。城镇居民投资意识和理财观念仍然比较保守，消费缺乏开拓性，这是有原因的。

住房、医疗、养老、社会保险、教育等问题越来越让市民头疼，居民预期在这些方面支付的费用增加，因此市民的消费行为比以前更加谨慎，居民的风险意识和自我保护意识明显增强，增加储蓄成为大多数居民的必然选择，影响了即期消费需求的增长。

社会保障、医疗卫生服务和就业问题。2005年4月国家统计局广东调查

---

① 现代国际：《城市居民对消费放缓透析》，载中华广告网 http://www.a.com.cn2006年8月1日。

总队的民意调查显示,市民认为广州在社会保障、医疗卫生服务和就业环境3个方面存在优势的比例均较低,都在20%以下,特别是就业环境,认为有优势的市民只占9.4%;认为广州市在这三方面存在不足的市民均超过了四成。该项调查还显示,89%的市民认为广州市的医疗保健服务的价格高。① 可见,市民对社会保障、医疗卫生服务和就业等仍存在较大的忧虑。

市民对广州市各方面的优势与不足的看法 (单位:%)

项目	认为有优势的人所占比例	认为有不足的人所占比例
社会保障体系	15.4	47.0
医疗卫生服务	16.5	42.9
就业环境	9.4	47.9

广州文化产业正在快速扩张,已形成一定的势力,它对社会就业、国民经济增长的影响力在日益扩大。文化产业特别是文化娱乐业蕴藏着一个巨大的消费市场,若加以科学的规划和引导,它必将成为推动经济可持续发展的强大动力。同时,文化产业的健康发展也正在加速改善居民的生活质量和生活方式,并改变着人民的精神面貌。根据经济发展和社会变化,对于广州文化经济,我们应该保持如此的乐观态度,但要想使广州的文化产业、文化经济发生质的变化必须先解决人们的后顾之忧即住房问题、子女教育问题和看病养老等问题。文化消费是闲人的闲钱消费,为生活而奔波的大忙人对文化消费特别是高品质文化消费的投入必定是要受很大的限制。

3. 京津沪渝穗五市横向比较

京津沪渝穗是全国最有影响力的五个城市,下面是五个城市2005年的城市居民分类消费支出情况:

① 国家统计局广东调查总队:《广州城市居民消费行为与生活质量研究》,中国统计信息网2006年10月10日。

2005年京津沪渝穗城市居民分类消费支出 （单位：元）

	广州	广州所居名次	北京	天津	上海	重庆
消费性支出	14468	1	13244	9653	13773	8623
食品	5398	1	4216	3543	4940	3136
衣着	902	3	1184	699	940	850
家庭设备用品及服务	746	3	852	524	800	584
医疗保健	836	3	1296	996	797	629
交通和通信	2492	1	1944	998	1984	930
居住	1280	3	1040	1292	2273	882
其他杂项服务	484	3	526	318	627	222
教育文化娱乐服务	2329	1	2187	1284	2272	1391

（数据来源：国家统计局，小数按照四舍五入法进行了处理）

通过上表我们可以对比京津沪渝穗五市居民的消费状况。从五城市的八大类消费支出额看，广州市食品、交通、教育文化娱乐服务消费三项支出处于领先地位。特别是教育文化娱乐服务消费，消费额几乎是天津与重庆两个城市的总和。广州的文教消费不但在总量上领先，而且增长势头相对强劲，2005年京津沪渝穗五市的“教育文化娱乐服务消费”增长幅度分别为3.3%、4.2%、3.5%、15.9%和5.0%，广州处于第二位。

上面概述的是广州市市民文化消费的支出情况，下面具体分析市民的娱乐型文化消费的活动与行为。主要包括电影、电视、报纸、互联网、旅游和日常休闲等活动，而不涉及教育等其他类型的文化消费。

（三）从时间与内容看媒体接触

近年来，媒体产业发展迅速，从种类到内容，城市居民对媒体的选择余地越来越大。据2006年市统计局3月发布的信息，2005年广州全年共出版报纸八十余种，年发行量28.55亿份，杂志1.63亿册，图书2.54亿册。档案馆26个，博物馆、纪念馆30个，举办陈列、展览205个，参观人数达359.6万人次。

全年摄制完成电影片2部。广播电视节目丰富多彩,全市有广播电台2座,节目15套,平均每天播音291小时;电视台3座,节目19套。全国有14个省、市、自治区卫星电视节目进入广州电视网播放。多样媒介丰富了广州市民的生活,为广州市民提供了多元的选择。报纸、电视、广播和电影是传统媒介,在市民的生活中长期扮演极其重要的角色。

传统媒体接触习惯。在四大传统媒介中,接触频率依次是电视、报纸、广播、杂志和电影,见下表。

接触频率(一)

单位:%

	每天至少1次	每周2~4次	每周至少1次	每2周至少1次	更少	半年没接触
电视	97.7	0.0	1.5	0.3	0.2	0.3
广播	23.9	1.5	13.9	2.9	2.5	55.3
报纸	60.7	0.6	23.3	1.4	1.5	12.5
杂志	5.0	7.0	18.2	5.6	6.9	57.3

接触频率(二)

单位:%

	没去过	每周1次以上	每月2~3次	每月1次	每2~3月1次	半年1次	一年1次及不到1次
电影	87.1	0.5	0.8	1.6	2.7	4.5	2.8

(数据来源:《IMI消费行为与生活形态年鉴》2004/2005)

绝大多数人有看电视、读报的习惯,每天看电视的人的比重高达97.7%,每天读报的人的比重也高达60.7%,半年没接触电视和报纸的人的比重分别是0.3%、12.5%。当前,电视和报纸仍然是媒介的主流,是人们注意力最集中的文化产品。广播排在第三位,市民每天听广播的比例为23.9%,半年没接触广播的比重为55.3%。最低的是电影,一年没有看过电影的高达87.1%。看杂志比电影好一些,但比广播要差。从人的生活本性来看,习惯是在无形中形成的,也是在无形之中改变的。人们一般不会刻意去接触某项东西,而是这些东西接触了人。电视有形、有音、节目丰富;广州报纸种类繁多、价格便宜,平均在1元左右,常被人们触及也是在情理之中的。虽然携带方便,但广播的节目有限,只可听而不可视,这些特点决定了广播会在未来几年甚至十几年内保持一个恒定的比重,而不会大起大落。杂志、电影与前三种有所不同,看杂志与去电影院看电影,价格一般比较高。看电视、听广播和看报纸在很大程度上属于"打发时间",与不看电视、听广播和看报纸不同,看杂志或去电影院看电影有一定的主观性,相当强的属于"非打发时间"的目的性。在一定程度上,比重比较低也说明了,广州市民文化消费的主动性不是很高,有些被动。

1. 电视

(1)看电视的时间长度。

周六和周日,市民看电视的日平均长度(单位:小时):

看电视的习惯 (单位:%)

	0	约0.5小时	约1小时	约2小时	约3小时	约4小时	约5小时	约6小时	约7小时	约8小时	约9小时	约10小时及以上	不清楚
2004年	2.9	1.4	5.5	10.5	14.4	20.4	14.0	10.8	4.9	5.9	1.7	7.7	0.0
1999年	1.4	4.9	13.5	19.6	20.0	14.5	9.7	5.0	2.8	2.5	1.4	2.3	2.4

(数据来源:《IMI消费行为与生活形态年鉴》2000、2004/2005)

2004年,广州市民在星期六、日看电视比例最高的是每日4个小时,比重为20.4%。在【2,6】这个区间内,看电视的人数比例合计为70.1%,说明绝大对数人看电视的时间介于2小时与6小时之间。总体平均看,2005年广州市民的日平均看电视的时间为4.6个小时。

1999年,广州市民在星期六、日看电视比例最高的是每日3个小时,为20.0%。在【1,5】这个区间内,看电视的人数比例合计为77.3%,说明绝大多数人看电视的时间介于1小时与5小时之间。总体平均看,1999年广州市民的日平均看电视的时间为3.3个小时。

相比而言,2004年市民看电视的时间总体上增加了1.3个小时。

(2)电视节目类型排名。

经常看的节目类型排名(多选) (新闻类) (单位:%)

	国内新闻	国际新闻	本地新闻	经济新闻	体育新闻	天气预报	赛事报道
2004 年	74.5	60.0	43.3	4.6	23.4	20.2	10.9
1999 年	64.3	54.6	25.3	4.1	25.4	10.4	8.4

经常看的节目类型排名(多选) (影片类) (单位:%)

节目 时间	港台电视剧	港台影片	国内电视剧	国内影片	国外电视剧	国外影片
2004 年	67.8	17.0	34.1	9.7	5.6	8.4
1999 年	58.5	39.0	10.8	7.8	4.7	15.2

经常看的节目类型排名(多选) (综艺欣赏类) (单位:%)

节目 年份	综艺节目	体育专栏	音乐节目	舞蹈	戏曲戏剧	曲艺
2004 年	11.9	10.6	6.5	1.6	3.0	1.2
1999 年	13.0	10.3	15.5	1.3	2.5	1.8

经常看的节目类型排名(多选) (知识类) (单位:%)

	教科类	新闻评论	金融股市	军事节目	谈话节目	专题节目
2004 年	2.3	15.3	2.3	3.3	4.8	2.3
1999 年	1.8	12.9	7.0	5.4	2.5	1.5

经常看的节目类型排名(多选) (其他) (单位:%)

	消费指南	少儿节目	女性节目	电视直销	广告	其他
2004 年	1.2	5.4	3.4	0.5	1.5	0.0
1999 年	2.4	2.6	5.3	0.2	1.3	0.6

(数据来源:《IMI 消费行为与生活形态年鉴》2000、2004/2005)

结合1999年的情况,可以得出以下几点判断:

一是电视是市民获取信息的一个很重要渠道。新闻类节目一直具有很高的关注率,说明市民一直很关注世界、国家及身边发生的事情;2004年,国内新闻为74.5%,国际新闻为60.0%,本地新闻为43.3%,经济新闻为4.6%,天气预报20.2%,体育新闻为23.4%。1999年国内新闻为64.3%,国际新闻为54.6%,本地新闻为25.3%,经济新闻为4.1%,天气预报10.4%,体育新闻为25.4%。

而且相对1999年而言,2005年市民对新闻关注程度更高了,对国际新闻和国内新闻有不小的提高;对本地新闻和天气预报的关注有显著的提高,说明市民更加关注身边的事情。

二是港台电视剧很受市民的喜爱。2005年高达67.8%, 1999年也高达58.5%。受众对香港文化的认同是先决条件,广州电视观众对香港电视节目已经形成了十分强的收视习惯和偏好。究其原因,广州与香港地域相邻,语言相通,具有共同的文化传统,这些为香港电视媒体的传播奠定了根本性的基础。

值得高兴的是,与1999年相比,市民对国内电视剧的关注程度有大幅度的提升,由1999年的10.8%上升到2005年的34.1%。虽然2005年港台电视剧与1999年相比也有了不小的提升,但港台的电影却淡出一部分人的视野,由1999年的39.0%下降到2005年的17.0%。

三是科教、戏曲戏剧和曲艺等节目几乎无人问津。2004年教科类为2.3%,戏曲戏剧为3.0%,曲艺为1.2%;1999年分别为1.8%、2.5%、1.8%。戏曲、戏剧和曲艺传统文化的代表,低比重也在很大程度上反映了传统文化的衰落,科教类节目低比重说明了市民对科学缺乏兴趣。

2. 广播

(1)听广播时间长度。

周六和周日,日平均听广播时间长度(为注明的单位:小时):

听广播习惯 （单位：%）

	不听	约30分钟及以下	约1小时	约2小时	约3小时	约4小时	约5小时	约6小时及以上	不清楚
2004年	27.4	24.9	18.7	11.5	4.6	2.4	0.6	3.6	0.8
1999年	14.8	26.7	28.5	14.4	3.8	2.3	0.6	2.5	3.4

（数据来源：《IMI消费行为与生活形态年鉴》2000、2004/2005）

2004年，广州市民在星期六、日不听广播的比例最高，在听广播的人群中比例最高的是每日“约30分钟及以下”，为24.9%。在【0,2】这个区间内，占听广播的人数比例合计为55.1%，说明过半数的人听广播的时间小于2个小时。总体平均看，2005年广州市民日平均听广播的时间约48分钟。

1999年，广州市民在星期六、日听广播最高的比例是日平均1个小时，为28.5%。在【0,2】这个区间内，听广播的比例合计为69.6%，说明多数人听广播的时间小于1小时。总体平均看，1999年广州市民的日平均听广播的时间为1个小时。

与1999年相比，2004年市民在周六、周日听广播的时间总体上大约平均减少了12分钟。不听广播的人多了许多，由1999年的14.8%增加到2004年的27.4%，即到2004年将近三成的人不听广播，与电视的兴起形成了鲜明的对照。

（2）广播节目类型排名。

经常收听的节目类型排名（多项） （新闻信息等） （单位：%）

	国际新闻	国内新闻	体育节目	经济信息	股市信息	天气预报	交通信息	热点话题评说
2004年	35.9	51.5	4.6	8.9	2.9	29.2	18.6	8.8
1999年	36.1	48.4	14.4	8.5	9.1	22.0	10.0	14.1

经常收听的节目类型排名（多项） （音乐等） （单位：%）

	港台流行音乐	国内流行音乐	欧美流行音乐	古典音乐欣赏	广播剧	戏曲节目	曲艺相声	评书
2004年	50.5	35.9	7.2	10.7	19.4	9.1	6.3	0.5
1999年	52.5	23.5	18.8	9.4	8.5	7.9	8.8	4.4

经常收听的节目类型排名(多项)　　(其他)　　(单位:%)

	点播节目	教育节目	外语教学	少儿节目	有奖问答	医疗保健	其他
2004 年	8.8	8.9	1.6	1.1	5.1	9.3	1.4
1999 年	6.5	3.5	4.1	2.1	5.3	12.0	3.8

(数据来源:《IMI 消费行为与生活形态年鉴》2000、2004/2005)

广播曾经在人们的日常生活中扮演很重要的角色,特别是在电视机紧缺的年代,广播是一件非常重要的生活宠物。20 世纪 90 年代前,评书是人们相当喜爱的栏目,当年连续剧《上海滩》上映时,香港、大陆万人空巷,袁阔成播讲《三国演义》时虽然没达到这种程度,但也相差不远。现在,随着科技的进步和电视的普及,评书逐渐淡出了人们的生活,更由 1999 年的 4.4% 迅速下降到 2004 年的 0.4%。

但有 4 类节目依然为人们关注:音乐、新闻、天气预报和交通信息。排在首位的是听音乐,但总体上有所下降:2004 年,港台流行音乐 50.5%,国内流行音乐 35.9%,欧美流行音乐 7.2%,古典音乐欣赏 10.7%;1999 年,分别为 52.5%、23.5%、18.8% 和 9.4%。

听音乐有很多替代产品,最有冲击力的是 MP3 和 MP4,可以网上下载音乐,储存量大并且携带更方便,有理由相信,随着时间的推移,拿着收音机听音乐的人会越来越少。

除了听音乐外,市民主要通过广播听新闻、天气预报和交通信息。与 1999 年相比,市民更关注天气预报和交通信息。

3. 报纸

(1)阅读报纸的时间长度。

平均每次阅读报纸的时间长度(未注明的时间单位是小时/每次):

阅读报纸的时间长度

	约 15 分钟	约 30 分钟	约 45 分钟	约 1 小时	约 1.5 小时	约 2 小时	约 3 小时	约 4 小时及以上	不清楚
比重	9.2	41.5	11.3	25.5	7.5	4.3	0.7	0.0	0.0

(数据来源:《IMI 消费行为与生活形态年鉴》2004/2005)

报纸也是人们日常生活中一个不可缺少的部分。广州的报纸种类多、价格便宜,内容也比较丰富,获取的渠道也多。就阅读报纸的时间长度而言,比例最高的是“约 30 分钟”,高达 41.5%。如果把每天读报“约 15 分钟”说成是“随手翻一翻”报纸,把“约 30 分钟”看成是“翻一翻”报纸,把“约 45 分钟”看成是“刻意地翻一翻”,则总体上“翻报纸”的比例总和为 62%。如果一个人每天看报超过 1 个小时,一般说来他已经形成了读报的习惯,时间越长他的读报的嗜好越强烈。通过换算,总体而言,2005 年广州市民人均读报的时间约为 45 分钟。

(2)阅读报纸内容。

经常阅读的报纸内容(多项,百分比)

节目	头条要闻	国际新闻	国内新闻	娱乐报道	本地新闻	体育报道	港澳台新闻	热点追踪	法制报道	股市报道
2004 年	79.4	54.6	53.2	41.0	39.2	29.5	22.6	14.1	13.0	5.2
1999 年	61.4	53.5	58.6	29.3	27.1	20.0	22.7	9.2	11.2	5.0

健康医疗	生活常识	休闲旅游	军事知识	海外见闻	财政金融	经济信息	广告	电视节目预告	书评
27.1	15.2	10.3	8.7	7.7	5.0	5.0	/	1.9	0.5
17.9	13.7	9.3	7.3	5.5	5.3	8.4	2.7	2.1	0.6

文艺评论	科技知识	散文	漫画	消费指南	小说	人物专访	读者来信	文化信息	服饰美容	其他
1.5	4.5	2.1	/	3.0	2.4	3.8	3.4	3.3	4.6	0.2
0.7	5.9	3.7	6.4	4.6	4.6	4.6	1.1	4.7	11.2	1.7

(数据来源:《IMI 消费行为与生活形态年鉴》2000、2004/2005)

读者看报纸的一个主要动机是了解最近在我们这个世界、国家和身边发生的事情,即是了解信息。“信息”常被定义为可以消除认知不确定性的消息。报纸的主要内容是最新新闻,目前它依然是我们获取信息的四大来源之一(其

他3个是前面已经说过的电视、广播以及新兴媒介互联网)。结合1999年,可以作如下判断:

一是看新闻是人们读报的主要目的:2004年人们关注的内容第一层次是:头条新闻、国际新闻、国内新闻,都超过了五成;第二层次的是本地新闻、娱乐报道、体育报道和港台新闻,它们基本位于40%和20%之间;第三层次的是:热点追踪、法制报道、股市报道和经济信息,在15%和5%。

二是与1999年相比,"娱乐报道"、"本地新闻"和"健康医疗",三类内容变化比较大:"娱乐报道"由1999年的29.3%上升到2005年的41.0%;"本地新闻"由1999年的27.1%上升到2005年的39.2%;"健康医疗",由1999年的17.9%上升到2005年27.1%。

如果说关注本地新闻说明市民更加关心自己身边的事情,关注健康医疗说明市民更加注重健康,那关注娱乐报道能说明什么呢?国内、港台的娱乐圈很不健康,成天是"八卦"新闻,如果一个群体对炒作新闻越来越感兴趣,是不是说明这个群体越来越低俗化呢?值得进一步讨论。娱乐以炒作起家,看重的是人们的某种不健康的心理倾向,通过不断的重复强化,这种倾向会越来越严重。

三是文学、科技知识方面的内容依然没有吸引力。从比例上看,市民很少读这方面的内容,2004年书评0.5%,文艺评论1.5%,散文2.1%,小说2.4%,科技知识为3.4%,与1999年一样维持在低水平。

附:国民阅读情况

网络阅读渐成时尚。第四届"全国国民阅读与购买倾向抽样调查"结果也显示,近年来网上阅读增长速度非常迅猛。2005年上网阅读率为27.8%,而1999年首次调查仅为3.7%,到2003年,使用电子出版物的人上升到18.3%。毫无疑问电子出版物的盛行对传统图书的销售会产生越来越不利的影响。网上阅读廉价、方便,可供读者选择的余地更大,具有传统书店所无法比拟的优势。

中国出版科学研究所2006年公布的第四届“全国国民阅读与购买倾向抽样调查”结果显示,2005年国民对各种媒体的接触率依然是电视第一、报纸第二、图书第三。2005年国民图书阅读率为42.2%,而以识字者为样本,阅读率为48.7%。与前三次调查结果相比,城镇居民和农村居民的读书率均呈下降趋势。1999年首次调查发现国民阅读率(以识字者为样本,下同)为60.4%,2001年为54.2%,2003年为51.7%,而2005年为48.7%,首次低于50%。另外2003年人均购买图书为5.3册,比1981年的5.6册还低了0.3个百分点。调查还发现,在十八九岁的青年人中,有近一半的人“不习惯”读书。全国图书库存严重,市场销售并不畅旺也可以反映一些这一现象。统计显示,2003年全国图书出版66.7亿册,销售67.9亿册,库存为38.54亿册。与2002年相比,总印数减少了2.9%,销售册数减少了3.29%,库存增加了4.45%。

4. 电影

(1)电影接触频率。

接触频率

	没去过	每周1次以上	每月2—3次	每月1次	每2—3月1次	半年1次	一年1次或不到1次
2004年	87.1	0.5	0.8	1.6	2.7	4.5	2.8
1999年	66.2	0.7	2.7	3.9	7.8	10.5	9.3

(数据来源:《IMI消费行为与生活形态年鉴》2000、2004/2005)

作为一种生活及娱乐习惯,去电影院看电影还没有普遍进入大众的日常的生活。根据上表分析,广州市民去电影院看电影的比例很低,87.1%的人一年内没有到电影院看过电影,经常看电影(每月1次以上)的比重不足3%。与1999年相比,人们去电影院看电影的频率下降了。

不去电影院看电影的原因可能有很多,其一是电影票价比较高,广州的电影票价大多处于30—40元之间,超出了很多人的承受能力;二是在广州,现代化的电影院较少,只有中华广场、天河电影城的音像效果较家庭影院有显著的优势。现在看电影的渠道十分多元,在代价与效果之间权衡,去电影院看电影这种既花钱又不方便的娱乐方式较之将要普及的家庭影院要差很多,除非是对现代化电影院的音像效果情有独钟,或特意去感受它的效果。

(2)电影类型。

男女喜欢看的电影类型及比重(多项,百分比)

	美国影片	其他国外影片	港台	国产	其他
2004年	46.1	21.8	66.5	14.5	0.0
1999年	46.3	19.7	60.7	16.9	3.7

(数据来源:《IMI消费行为与生活形态年鉴》2000、2005/2006)

1999年与2004年的情况都表明,市民喜欢看境外电影,港台和美国电影维持很高的水平,国产电影处于很弱势的地位。

2006年"传媒蓝皮书"把2005年定为报纸发展的"拐点"年,即是说,2005年报纸停下了持续多年的上升脚步,转入抛物线般的下滑轨道。广告增长率从持续二十多年的高位跌落下来,就是这一趋势的显著标志,同时伴随着的是年轻读者的流失和发行市场的萎缩。据全球报纸协会提供的数字,1995年—2003年,报纸发行量在美国下降了5%,在欧洲和日本分别下降了3%和2%。20世纪60年代,5个美国人中有4个人每天阅读一份报纸,而现在只有一半的人这么做。①《正在消失的报纸:拯救信息时代的报业》一书的作者菲利普·梅耶说,如果这种趋势继续发展下去,2040年4月最后一位读者将在读完最后一份报纸后将其丢入垃圾桶。根源是互联网的崛起。

5. 互联网

从购物和生活服务方面看,电脑走进了百姓的日常生活。网上购物、网上银行、各种银行卡、自助存取款机、社区小超市等如雨后春笋般涌现。据《2005中国网络广告高峰论坛讨论实录》,截至2005年7月,我国互联网用户达到1亿多,名列世界第二位,网络用户主要是30岁以下年轻人,约7000万。截至

① 崔保国主编:《传媒蓝皮书2005—2006年中国传媒产业发展报告》,社会科学文献出版社出版2006年版,第102页。

2006年5月，广州每百户居民家庭拥有电脑91.3台，几乎达到了平均每户一台的水平，居全国十大城市之首。国际互联网注册用户达426.4万户。下面我们考察两个内容：一是网民（指那些会上网并且3个月内上过网的人）最近一个月的上网频率、平均上网时间；二是考察网民在网上干什么。

网民最近一个月的上网频率

	天天上网	每周3次以上	每周1—2次	每月2—3次	每月1次	没有上网
频率	49.1	18.9	20.1	5.4	3.5	3.5

网民最近一周平均上网时间

	0	30分钟以下	31—60分钟	61—120分钟	120分钟以上
比例	2.3	9.6	23.5	30.5	34.0

（数据来源：《IMI消费行为与生活形态年鉴》2004/2005）

上网可以上瘾，一旦染上想戒掉就很难。广州网民的上网还是比较频繁的，“天天上网”的达到49.1%，如果加上“每周3次以上”和“每周1—2次”的，总计达到88.1%。而且上网时间也不短，“31—60分钟”的比例为23.5%；“61—120分钟”的比例为30.51%；“20分钟以上”的比例为34.0%。一天只有24小时，去掉必要的休息时间，我们可以支配的自由时间实际上很少。高频率、长时间上网的情况，说明了网络离市民很近，走进了市民的日常生活，逐渐成为日常生活中不可缺少的一部分，改变了市民的生活内容。

网络是把双刃剑，利用得好有益于提高我们的生活内涵，利用得不好可能会成为一味伤害身体和智力的毒剂。关键在于我们用它来干什么，下面是网民经常使用的网络服务：

经常使用的网络服务（多项，百分比）

	电子邮件	搜索引擎	软件下载或下载服务	各类信息查询	网上聊天	新闻	BBS	网络游戏
比例	58.6	39.4	27.3	37.2	28.5	22.2	1.6	30.2

续表

	网上炒股	网上寻呼机	免费主页空间	远程教育	网上购物	网络电话	网络支付	其他
比例	1.6	0.8	1.0	4.2	1.5	0.0	0.0	0.0

（数据来源：《IMI消费行为与生活形态年鉴》2004/2005）

网民经常使用的网络服务，按高低主要有以下几项：电子邮件58.6%；搜索引擎39.4%；各类信息查询37.2%；网络游戏30.2%；网上聊天28.5%；软件下载或下载服务27.3%；新闻22.2%。而其他的项目，如远程教育、网上购物、网上寻呼机、网络支付等很低。

（四）日常娱乐

我国从1995年5月起实行5天工作制，居民的闲暇时间增多，闲暇时间所从事的休闲活动成为居民个人生活的重要组成部分，休闲活动的质量成为衡量人们生活质量的一个重要方面。近年来，广州市居民的休闲活动呈现日益多元化的发展趋势，人们的休闲生活围绕消除体力疲劳、缓解工作压力、获取精神慰藉、追求健美等主题，发展出多种形式。在调查中，列举了打羽毛球、打保龄球、踢足球、打篮球、打乒乓球、玩滑板、跳迪斯科、打麻将、游泳、滚轴溜冰、滑冰、登山、打游戏机、种花盆栽、看休闲/消遣类书籍、绘画书法、乐器演奏、郊游露营、看展览会、听演唱会/音乐会、扭秧歌/木兰拳/交谊舞、去动物园/公园，共22个选项。被调查者从这22项活动中选择最常做的活动，可以选择多项，比重见下表。

最常做的活动及其比重（多项，百分比）

	打羽毛球	登山	打乒乓球	游泳	打篮球	踢足球
2004年	34.1	26.2	19.5	14.2	11.8	8.4
1999年	34.0	16.8	24.7	24.5	16.8	11.8

续签表

	打保龄球	扭秧歌/交谊舞	跳迪斯科	滑冰	滚轴溜冰	玩滑板
2004 年	4.1	2.2	2.1	1.1	0.7	0.4
1999 年	14.9	4.0	10.6	3.5	8.2	1.1

(体育锻炼类)

续签表

	去动物园/公园	听演唱会/音乐会	看展览会	种花盆栽
2004 年	49.7	6.7	5.6	20.8
1999 年	40.6	10.9	13.3	19.6

(观赏类)

续签表

	打麻将	看休闲书籍	打游戏机	绘画书法	乐器演奏
2004 年	36.9	29.9	16.6	1.9	1.2
1999 年	37.6	68.3	25.1	6.7	3.0

(益智类)

(数据来源:《IMI 消费行为与生活形态年鉴》2000、2004/2005)

2004 年,选择最多的 10 项活动分别是:去动物园/公园(49.7%)、打麻将(36.9%)、打羽毛球(34.1%)、看消遣类书籍(29.9%)、登山(26.2%)、种花盆栽(20.8%)、打乒乓球(19.5%)、打游戏机(16.6%)、游泳(14.2%)和打篮球(11.8%),这 10 项活动的比例都超过了 10%。说明城市居民的休闲娱乐活动还是主要集中在这些简便易行、花费低廉的活动上,篮球一般是青年男性的专利,而打游戏机是青少年的至爱,打麻将的人群应该集中于成年人特别是老年人,其他的项目对男女老幼而言应该没有什么差别。表中所列的其他 12 种活动项目要么需要一定的经济基础,要么是有很强的专业性。例如,绘画书法、乐器演奏和听演唱会/音乐会,不是一天两天都能够学会的,需要长时间的培养,这种爱好也不容易培养。较羽毛球、篮球、乒乓球而言,打保龄球(4.1%)、滑冰(1.1%)不但要花费更多的钱,而且需要专门的场馆,作为一项非传统项目,比例较低也是情理之中的事情。生存和发展问题仍然是很多市民需要解决的基本问题,广州市尚未富裕到普遍玩高雅的程度。

参照1999年的情况,有以下几点判断:

一是体育锻炼情况总体上下降了,主要表现是:游泳、打保龄球、滚轴溜冰大幅度下降;打乒乓球、打篮球、踢足球等有小幅度的下降;其他的非主要锻炼项目如扭秧歌/交谊舞、滑冰玩滑板等也更不如前;登山上升了近10个百分点,打羽毛球基本持平。

二是读书不如打麻将。打麻将的比例居高不下,1999年和2004年都维持在37%左右,读书的情况却下降得厉害,由1999年的68.3%下降到2004年的29.9%,与国民阅读调查的情况是一致的,中国人是越来越不读书了。高雅一点的活动如听演唱会/音乐会、看展览会、绘画书法、乐器演奏等也没有以前活跃了。

(五)出游行为

旅游者的旅游消费行为是在消费心理的支配下发生并随着消费心理的发展变化而变化的过程。同其他消费行为一样,旅游消费行为有其自身的特点和规律。从消费心理学的角度对消费行为的实际观察表明,消费者的行为具有习惯性、不可逆性、模仿性和复杂性等一些特性。国内有的学者认为,旅游消费行为的实质是旅游消费者对旅游产品和服务的购买决策和购买行动过程,并根据消费心理学的理论设计了一个旅游消费者购买行为的综合模式。这一模式涉及了旅游者消费行为的各个方面,如信息加工、环境影响、比较、选择、购买过程及其产品评价等,它不仅包括了消费者心理学的所有方面,还为调查研究的一些特定变量提供了一个总的结构关系。旅游消费行为要受到心理和环境因素的限制。① 根据前人的相关研究,我们认为这些因素包括动机、态度、个性特征、旅游者所处的团体、闲暇时间和信息等等。

往日,在节假日期间或双休日,人们的传统节目一般是上街购物、整理家务、走亲访友等。如今,随着个人经济实力的不断提高和各种便利措施的不断

① 参见刘纯:《旅游心理学》,上海科学技术文献出版社1987年版,第119页。

完善，人们逐渐地从传统的忙碌中解脱出来，转向新的忙碌，从“肚子假期”转向“脑袋假期”、由“节庆型”向“假期型”过渡。如今，在长假期间（如春节、国庆）甚至双休日，市民全家外出度假或旅游，放松身心，如今已不再是什么新鲜的现象了。2006年4月，《新快报》委托零点研究咨询集团广州分公司对2006年“五一”期间广州市民的出游意向进行了一次抽样调查。《“五一”黄金周广州市民外出旅游调查报告》显示，33.6%的广州市民准备在“五一”期间外出旅游，占到最大比重，三个传统方式朋友聚会、在家休息和亲人团聚分别下降到为28.4%、26.5%和19.1%。

市民的旅游频率或意愿主要受两个方面的影响：文化程度与经济实力。2004年广州市消委会委托广州市城调队对广州市内（八区）展开的一项消费调查，《广州市消费资源调查报告》显示，文化程度越高的市民越倾向于外出度假，其中50%研究生及以上学历的消费者首选外出度假，比大专或本科生多25个百分点，比小学及以下文化程度的消费者多35个百分点。市民选择外出度假的频率或意向与家庭月收入总体上成正比关系。

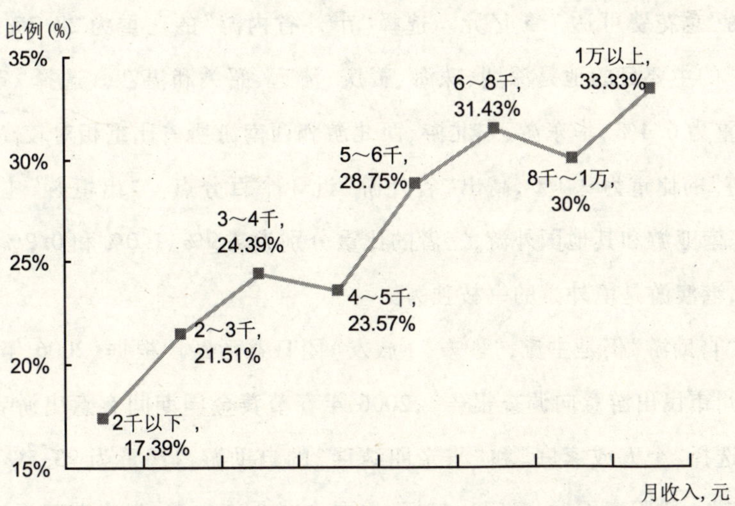

图2：不同家庭月收入的市民意欲在休息日或假期出游、观光比例

近年来，广州市民出游呈现以下几个特点：一是市民出外旅游日趋理性，旅游花费减少。2006年1月6日至8日期间，广州市假日办公室进行了春节黄金周市民外出旅游意向的电话访问调查,《2006年春节黄金周广州市民出游意向调查报告》表明,春节黄金周广州市民出游总人数为431.31万人,其中城镇居民出外旅游人数410万人。全市出游总花费27.6亿元,其中城镇居民出游总花费27.2亿元,同比分别减少5.2%和5.3%。春节黄金周广州市出游市民的户均花费、人均花费和旅游总花费均有不同幅度的下降,城镇居民出外旅游户均花费为1972元,人均花费664元,旅游总花费27.2亿元,分别比2005年同期下降6.1%、3.8%和5.3%。《"五一"黄金周广州市民外出旅游调查报告》也显示了旅游花费比较理性,2006年广州市民的96.3%的居民"五一"期间的花费预计在5000元以内,其中逾半数居民的"五一"消费预算在100元到1000元之间。在经历了17个黄金周之后,广州人已经由最初的兴奋、狂热逐步转入理性和冷静阶段,广州人更多的从现实角度出发,选择既适合自己又实用的消费方式。

二是"本地游"是首选,"出境游"高过"省外游","港澳游"热情不减。根据广州市假日办公室2006年1月份的调查,"广州游"仍是市民出游的首选目的地,高达到55.8%,预计留穗旅游人数接近230万人。结合有关资料测算,"本市游"总花费可达7.3亿元。选择"市外省内游"的比重为28.7%,"市外省内游"的主要目的地是深圳、珠海、肇庆、清远、韶关和湛江。选择"省外游"所占比重为6.4%,华东游、东北游、西北游和西南游所占比重相对较高。选择"出境游"的比重为9.1%,高出"省外游"近3个百分点。"出境游"主要是港澳游、东南亚游和其他国外游,三者的比重分别为7.9%、1.0%和0.2%。也由此可见,港澳游是境外游的一枝独秀。

三"自助游"仍是主流,"驴友"(旅友)团日益活跃。根据《2006年春节黄金周广州市民出游意向调查报告》,2006年春节黄金周期间有意出游者中,出游方式选择"个人或家庭"和"与亲朋结伴"的自助游占比重为93.5%。这些"自助游"一般距离不远、时间比较短,主要方式是市内游、省内游甚至港澳游。随着私家车的大量涌现,这种类型的"自行游"的比重必将越来越高。随着自助游热浪越翻越高,一些趣味相投的自助游发烧友组成了自己的小圈子,成立了不同特点的虚拟的旅游俱乐部,通过网络公告等方式征集团友(俗称"驴友”)集体出游。这种形式的自助游一般具有一定冒险性,日益多样的自助游俱乐部和日益增多的出游公告显示了在广州越来越多的人加入了“驴友”行列。消费者属于什么样的团体,他的消费行为也会体现出这个团体的特征,遵从所属团体的诸多行为规范。一个特定的团体所具有的价值准则或行为惯例以各种方式影响着成员的行为。新方式渐成时尚,是一个值得关注的现象。

居民的旅游消费预算总体上越来越理性、方式也日益多样。然而,在一个日趋庞大的基数的基础上,它对于消费领域的刺激和对于经济的推动作用仍然是不容小觑的。广州市民的旅游消费具有广阔的前景,在这种情景下,各大旅游区如何挖掘并保持自己的特色,旅行社、航空公司如何开发质优价廉、诚信安全的服务以及它们之间如何更好地实现资源的优化整合,都成为亟待思考和解决的重大问题。

(六)展望

广州文化消费有很大的扩张空间,已形成一定的规模,它对社会就业、国民经济增长的作用无疑将会越来越大。文化产业特别是文化娱乐业蕴藏着一个强大的消费市场,若加以科学的规划、对市民的文化消费加以科学的引导,它必将成为推动经济可持续发展的强大动力。现代国际市场研究公司2005年7月25日发布的调查报告《广州市民消费结构进一步优化,文化娱乐消费悄然登上榜首》显示,对于2006年的消费支出,58%的广州城镇居民表示将增加教育文化娱乐服务消费,具体数据见下图。

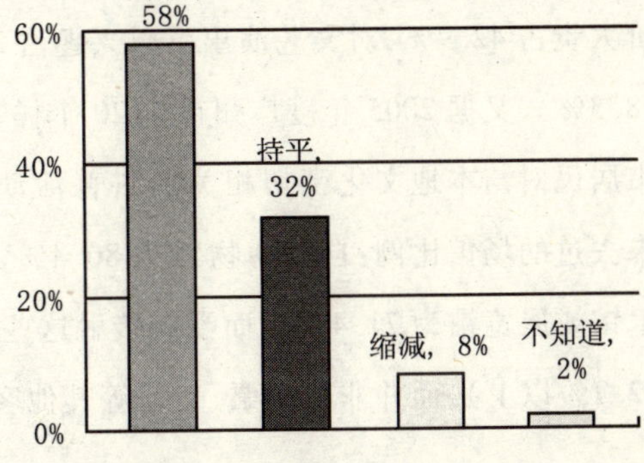

2006年居民文化娱乐教育性支出倾向(%)
(数据来源:现代国际市场研究公司)

上图表明,市民的愿望是强烈,需求是旺盛的,没有人不想过一种更有品味、更丰富的生活。

文化是个大问题,同时也是

很感性化、具体化、细节化的生活问题，文化心理属于来源于情感、习惯，属于经验的范畴，在后天学习的基础上形成、改变。建设文化强市、发展文化产业的基本目的是满足市民的文化需求，塑造新广州人精神，一方面我们要看到这个强大的需求，尽量满足市民的需求，另一方面也应该冷静地认识到，人们的需要在很大程度上是被动的，有时甚至是盲目的，需要正确地引导。广州的文明取决于市民的言行举止、生活态度和处事方式，引导消费实际上是在引导广州的现代文明方向。

1. 发挥各种宣传媒体的作用，提升居民文化消费热情

各种宣传媒体是人们获得信息、丰富认知的途径，主流媒体应该作为文化消费的倡导者、文化消费品的广告者、先进思想的传播者，调动居民自觉满足精神享受的欲望，并为居民享受先进、丰富、科学、健康的文化提供必要的途径、产品、方式、领域等信息。

广州虽然有着深厚的岭南文化底蕴，近年来收入也跃上了新的台阶，但人们在文化娱乐方面仍显得消费不多、层次不高。据城市居民抽样调查资料显示，大部分市民阶层对高雅艺术、传统历史与文化、科学知识、本地人文景观等兴趣度不高、消费意向不强。据 2003 年广州市 800 个样本的文艺演出市场调查结果显示，广州市居民在过去三年内到过剧场看文艺演出的比例为 44.6%，其中只有 20.2% 是自费买票去看的，有 24.4% 是非自费去看的；另有 55.4% 的人没有到剧场看文艺演出，没去看的主要原因依次是：工作太忙占 43.6%，票价太贵占 42.9%，对文艺演出不感兴趣占 22.6%，从来没想过去看文艺演出占 18.3%。又据 2005 年度广州市 1120 个样本的公众科技素养调查结果显示，城市居民对与本地文化密切相关的科普活动场所的接触情况令人担忧，其中从未去过的场馆比例：自然博物馆为 80.4%、科技馆等科技类场所为 78.3%、美术馆或展览馆为 71.4%。而没有接触这些场馆的主要原因是“不感兴趣”（占 32.7% 以上），而并非是门票、交通等其他客观因素。① 不少市民家庭带小孩去

① 国家统计局广东调查总队：《广州城市居民消费行为与生活质量研究》，载中国统计信息网 2006 年 10 月 10 日。

饮茶吃饭的多,而带去参观博物馆和自费看文艺演出的甚少。人们在健身活动上的投入也明显偏低,尽管目前广州市体育场馆面积在国内大城市中已处于一个比较高的水平,但人们自觉自费地使用体育场馆和设施的频率不高。

2. 重视文化濡化问题,广泛倡导文化"绿色消费"

广州地处沿海,是我国改革开放的前沿窗口。一方面,我们要坚持在"三个代表"重要思想和十七大精神的指引下,充分汲取中华民族的优秀传统和本土特有的文化精神,使居民的文化消费成为提高居民综合素质、促进社会快速、健康发展的有效途径;另一方面,鉴于在广州自由开放的环境下,大量腐朽文化糟粕有机可乘,应加强监督、有力打击消极、腐朽、违法犯罪的消费行为,净化文化环境,倡导健康、科学的消费观。

文化"绿色消费",主要有三层含义:一是倡导消费者在消费时选择积极健康或有助于促进开发心智的文化产品;二是在消费过程中提升个人素养、道德和人文关怀,营造和谐广州,建立爱心广州;三是引导消费者转变消费观念,崇尚自然、追求素朴,在追求精神享受的同时,注重培养美的观念,提升审美能力,关注美的内涵。

生活中审美含量的增加会促成消费审美化趋势的发展,人们的日常生活也将会因为审美含量的增加而更加美好。

3. 加大公共文化设施的投入,提供更多高质量的文化消费设施

鉴于广州市公共文化基础设施薄弱,而文化消费人口巨大,因此要一方面加大对文化馆、图书馆、少年宫、纪念馆等的设施的资源、人员投入,新建文化广场、娱乐中心等活动中心,丰富居民文化消费的场所与资源;另一方面要以长远、整体、创新的观念,导入自然科学和社会科学,来建设品味高雅、风格鲜明、科技含量高的现代化的文化基础设施,使其在为居民提供文化产品之时,以现代化的服务提高效率,同时使其成为展示全市各地历史文化与时代风貌、体现经济社会发展水平和趋向的标志性文化设施,营造一个居民能够耳濡目染的、文化气息浓厚的生活环境。

公共图书馆、博物馆等公共教育资源与北京、上海相比有所欠缺,需要进

一步加大投入。公共图书馆、博物馆、纪念馆等是一个城市重要的公共资源，通过这些场所，居民不仅可以丰富自己的文化生活，而且可以获得各类信息，学习到各种知识，为个人的发展创造更优越的条件。

从公共图书馆的数量、公共图书馆总藏量、博物馆（纪念馆）的数量3个指标来看，广州市在公共教育资源方面与北京、上海存在较大差距：2004年广州市有公共图书馆16间，比北京、上海分别少10间和12间；公共图书馆总藏量969万册（件），远少于北京、上海公共图书馆的总藏量；在博物馆、纪念馆的数量上，2004年广州市有28个，北京的博物馆、纪念馆达127个，上海有90个，远高于广州市（见下表）。从这些数字可以看出，广州市有必要进一步加大对公共图书馆、博物馆、纪念馆等的投入，为市民的学习提供更多的渠道和更丰富的物质保证。

2004年3城市公共图书馆、博物馆（纪念馆）数量比较

城市	公共图书馆（间）	公共图书馆总藏量（万册，件）	博物馆、纪念馆（个）
广州	16	969	28
北京	26	3451	127
上海	28	5852	90

（数据来源：《广州统计年鉴2005》、《北京统计年鉴2005》、《上海统计年鉴2005》）

4. 注重体现城市建筑和园林绿化中的文化内涵

我们要进行城市建筑中的“精品”建设。要根据城市的特点，在保持基本风格的基础上独具特色，同时要注重与周围环境的和谐。市区应该避免建设上的随意滥建，城市规划部门要有长远的眼光，杜绝那些设计粗糙或与周围环境不和谐的建筑，减少建设上的失误。要重视城市雕塑的建设。广州市的城市雕塑并不少，有文化内涵的很少，其原因主要在于：城市对雕塑的建设缺乏统一的规划和文化思量，雕塑雷同现象较严重，文化含量较低，缺少文化理念，缺乏反映城市文化精神的精品，尤其缺乏标志性雕塑等。应把雕塑纳入到城市建设的统一规划中，在一些重要地段要修建几个能够体现广州优秀人文精神的雕塑。在窗口地段设计和建设能够体现广州文化精神、城市整体风貌的大型标志性雕塑。

园林绿化工作一要重视街道绿化和居住区绿化；二要与市内众多的河湖水面、公园、山林绿地紧密结合，重视"风水"，形成城市绿化系统，避免无视广州地理环境和生态气候的拿来主义。而且还可把近郊的风景区和山林绿地延伸插入市区，以改善生态环境；三要选用具有地方特点的树种，绿化种植要多样化。此外，街道、广场不仅具有交通的功能，也是形成城市景观特色的文化空间。作为一个城市，应当有几条经过精心规划设计、富有地方风格的城市街道，代表着这个城市的经济繁荣度和文化水准。根据各城区、各地段文化特色、传统特点等，建设特色街道等。

5. 注意减少城市中的视觉污染，净化生活文化空间

企业广告是企业对外宣传、提升自身形象的重要途径，但是过多过差的广告会造成一种视觉的污染，这一现象已引起了许多城市的注意。广州也存在着视觉污染的问题，过多过滥的广告已严重地污染了整个城市的建设空间。广州要增加广告与周围环境的融合性，还公众一个纯净的空间，就必须处理好视觉形象与经济发展之间的关系，对城市的广告宣传要有一个整体的规划，彻底清除主要地段或重要建筑物上的广告牌，同时要注重广告与周围环境的融合，提高广告的设计水准，增加其中的文化含量。

6. 大力推进文化体制改革，吸收多方投资力量发展文化事业

分层次、分阶段推进文化企事业单位改革，完成对文化企业的公司制改革，把具有面向市场能力的文化事业单位逐步改制为企业，引导和督促公益性文化事业单位进一步加强管理、改进服务、提高效益。改革文化发展的管理体制和领导方式，实行政企、政事分开，依法规范管理，促进文化市场繁荣。积极鼓励社会力量投资文化产业，参与发展文化事业。调整优化报业、出版、广播影视、演艺、文化旅游、印刷、会展等产业结构，打造一批具有竞争优势的文化企业集团和文化产品。促进文化与经济的有机融合，积极培育和开发经济发展中的文化资源，提高经济发展中的文化含量和经济效益中的文化附加值。

文化体制改革大体可分为两大类,一类是公益性文化事业单位的改革,一类是经营性文化产业单位的改革。为了促进文化事业和文化产业协调发展,按照分类指导的原则,十六届三中全会通过的《中共中央关于完善社会主义市场经济体制若干问题的决定》明确指出:公益性文化事业单位要深化劳动人事、收入分配和社会保障制度改革,加大国家投入,增强活力,改善服务。经营性文化产业单位要创新体制,转换机制,面向市场,壮大实力。

经营性文化事业单位的一个极其重要的目标是经济效益,是非公益性的,属于文化产业单位。对于在经营性文化领域引入市场机制,实行企业化、产业化经营,无论是在党、政府主管部门,还是在学术界、事业单位内部,都已达成了广泛的共识,况且企业化管理模式在许多经营性事业单位也已实行多年了。

《中共中央宣传部、文化部、国家广电总局、新闻出版总署关于文化体制改革试点工作的意见》(中办发[2003]21号)(下面简称《试点意见》)明确指出了试点改制的范围以及改制基本方式。根据《试点意见》,根据具体情况改制可以采取以下三种方式:一是分离改制,在保持党报、党刊、电台、电视台等重要的新闻媒体和重要出版社实行国有事业体制的前提下,“广告、印刷、发行、传输等经营服务部分,可转制为企业,面向市场,搞好经营”;二是整体改制为企业,“电影、电视剧和娱乐节目的制作单位,出版物发行、印刷企业,放映、演出公司和一般性艺术表演团体。要借鉴国内外的成功经验,实施公司制改革,完善法人治理结构,建立现代企业制度,成为市场竞争的主体,在市场竞争中发展壮大”;三是进行股份制改造,有条件的单位“可以通过股份制改革实现投资主体多元化,条件成熟的可申请上市”。

党的十六届四中全会通过的《中共中央关于加强党的执政能力建设的决定》(以下简称《决定》)提出了“深化文化体制改革,解放和发展文化生产力”这一重要命题,这也是中央文件中第一次出现“解放和发展文化生产力”的提法,它反映了我们党对文化体制改革的认识更加深入,直指事物的本质。《决定》指出:深化文化体制改革,解放和发展文化生产力。根据社会主义精神文明建设的特点和规律,适应社会主义市场经济的要求,进一步革除制约文化发展的体制性障碍。事企不分，是制约广州乃至全国文化发展和文化产业发展的一大体制性障碍，经营性事业单位转制为企业是完全必要的。

第一，在社会主义市场经济条件下，“事企不分”不能适应时代发展的要求。目前，多数经营性事业单位实行的是企业化管理模式。“事业单位企业化管理”是市场经济体制与计划经济体制的交叉产物，在经济转型时期，是一项有意义的举措。但随着时代的发展，市场经济体制的完善，经济生活的很多方面都已经由市场经济体制覆盖了，市场在资源配置中越来越发挥基础性作用。文化生产不能例外，要在这样一个经济基础上生存和发展，经营性文化单位特别是已经实行了企业化管理模式的事业单位必须与时俱进，通过转制明确和确立自己的企业身份。

第二，不能适应国内、国际文化竞争。国内的文化市场，国际的文化市场，已经形成一个多样性、多元化的，在激烈竞争中生存发展，在互相比较中取长补短的局面。一种文化产品要能够在市场经济条件下站住脚，必然要参与国际、国内的文化竞争。这个竞争的市场，需要文化竞争的主体，这个主体就是一大批的文化企业。正是因为市场有这个需求，所以通过改制，塑造新的市场主体。从大环境上看，“入世”后，国外文化产品必将加快步伐闯进中国市场，事业单位是我国独有的单位类型，如果不通过转制形成新的市场主体，那么就不能真正走向国际市场、参与国际文化竞争。

第三，违反市场公平原则。长期以来，一些经营性事业单位从事完全的营利性行为，领取营业执照，缴纳税金，已经完全具备了民商主体的条件，具备了企业法人的条件，但是仍然头顶事业单位的帽子，在产品市场上与同类企业同场共技。行业管理部门往往也是这些单位上级主管部门，在市场上这些单位拥有其他同类企业所不具备的非产业性优势，破坏了市场的公平秩序，不但不利于自身发展壮大，而且也严重地阻碍了文化市场上其他主体的成长发育。由于受事业单位体制限制，分配制度也受到相当大的约束，无法实行更为公平的分配制度，无法通过合理地拉大收入差距激发员工的积极性，因此“大锅饭”、平均主义的现象仍很严重，影响了效率的发挥，影响了单位的活力。

当今社会出现了经济成分和经济利益多样化、社会生活方式多样化、社会组织形式多样化、就业岗位和就业形式多样化以及文化需求的多元化。伴随着这些深刻复杂的社会变化,文化生长和发展的物质基础、体制环境、社会条件、传播手段等等也随之发生了变化,文化工作的环境、任务、内容、形式、对象等也随之发生了变化。广州历来是改革开放的前沿,也是文化事业单位试点改革的主要城市之一。当前,广州要在文化上领先全国,广州要发展规范的文化企业,就必须加快培育文化产业的市场主体和微观基础,加快经营性事业单位的改制工作,适应我们这个时代所发生的深刻变化。

然而,由于历史积淀深,牵涉面广,职能与利益错综交织,注定了经营性事业单位转企改革,是继国有企业和政府机构改革之后的又一重大攻坚,需要稳妥、有序,需要要科学统筹、合理规划。

后　记

本书是在各方面参与的实证调查基础上,综合了前期的考察和研究成果以及分析了国内近二十年间对有关问题的阐述完成的。在写作中,运用了国内外城市学、文化学、历史学、文化人类学的有关理论,并援用了实地考察的国内外有关实证材料与图例。

本书主要的调查采访项目包括对广州荔湾、海珠、东山、越秀区的区情调查;小谷围岛调查实录;广州、珠江三角洲传统文化遗存调查。主要合作单位以及调查成果包括:广州市民间文艺家协会《民间艺术大扫描》;广州炎黄文化研究会《云山珠水绿羊城》;荔枝湾文化交流协会的西关风情市场开发项目;广州市文物管理委员会《白云区钟落潭樟岗村旅游开发》。

本书写作中主要调查项目包括:关于广州文化市场运作方式的调查;关于广州码头改造风格的调查;关于广州古桥保护情况的调查;关于广州"标志性建筑"选择取向的调查;关于代表性的"广州民间节俗"的选择运用调查;关于城市雕塑选择意向的调查等。

参与调查与撰写的人员:李大华、周翠玲、李燕、罗雨林、胡文中、刘亦文、贾云平、梁礼宏、宋黔晖。

责任编辑:夏　青
版式设计:陈　岩

图书在版编目(CIP)数据

历史文化资源与城市风格定位——以广州为实例/李大华　周翠玲　主编.
-北京:人民出版社,2008.1
ISBN 978-7-01-006718-6

Ⅰ.历…　Ⅱ.①李…②周…　Ⅲ.城市-文化-研究-广州市　Ⅳ.C912.81

中国版本图书馆 CIP 数据核字(2007)第 192888 号

历史文化资源与城市风格定位
LISHI WENHUA ZIYUAN YU CHENGSHI FENGGE DINGWEI
——以广州为实例

李大华　周翠玲　主编

人民出版社 出版发行
(100706　北京朝阳门内大街 166 号)

北京集惠印刷有限责任公司印刷　新华书店经销

2008 年 1 月第 1 版　2008 年 1 月北京第 1 次印刷
开本:710 毫米×1000 毫米 1/16　印张:16.75
字数:240 千字　印数:0,001-4,000 册

ISBN 978-7-01-006718-6　定价:30.00 元

邮购地址 100706　北京朝阳门内大街 166 号
人民东方图书销售中心　电话 (010)65250042　65289539